“1+4+X”数字化螺旋式复合应用型本科人才培养模式研究

崔 岩 刘雪丽 著

清华大学出版社
北 京

内 容 简 介

本书以地方应用型本科高校人才培养模式为核心，深入探讨国际工程教育专业认证、新工科建设与转型发展对人才培养的新要求，以及“1＋4＋X”数字化螺旋式复合应用型本科人才培养模式的理论与实践。

本书旨在为我国高等教育领域建设提供一种创新且实用的人才培养模式，以适应不断变化的时代需求和挑战。本书不仅能为我国地方应用型本科高校提供理论指导和实践经验，也能为高等教育领域的学者和研究人员提供一些有价值的参考。

图书在版编目(CIP)数据

“1＋4＋X”数字化螺旋式复合应用型本科人才培养模式研究 / 崔岩，刘雪丽著. -- 北京 ：清华大学出版社，2024. 7. -- ISBN 978-7-302-66868-8

Ⅰ. G649.2

中国国家版本馆 CIP 数据核字第 2024SL2725 号

责任编辑：谢 琛 薛 阳
封面设计：傅瑞学
责任校对：王勤勤
责任印制：丛怀宇

出版发行：清华大学出版社
网 址：https://www.tup.com.cn，https://www.wqxuetang.com
地 址：北京清华大学学研大厦 A 座 **邮 编**：100084
社 总 机：010-83470000 **邮 购**：010-62786544
投稿与读者服务：010-62776969，c-service@tup.tsinghua.edu.cn
质量反馈：010-62772015，zhiliang@tup.tsinghua.edu.cn
课件下载：https://www.tup.com.cn，010-83470236
印 装 者：天津鑫丰华印务有限公司
经 销：全国新华书店
开 本：185mm×260mm **印 张**：13.5 **字 数**：327 千字
版 次：2024 年 7 月第 1 版 **印 次**：2024 年 7 月第1 次印刷
定 价：69.00 元

产品编号：105725-01

前 言

地方应用型本科高校承担着人才培养、科学研究、社会服务与文化传承的重任。其中，人才培养是地方应用型本科高校最重要的任务。区域经济发展和行业企业发展对地方应用型本科高校大学生的专业技能、实践能力与综合素质提出了新的更高要求。探索创新复合应用型人才培养模式，从而提升人才培养质量已成为推动地方应用型本科高校转型发展的一项十分复杂又意义重大的任务。

习近平总书记指出："统筹职业教育、高等教育、继续教育，推进职普融通、产教融合、科教融汇，源源不断培养高素质技术技能人才、大国工匠、能工巧匠。"这从战略上明确了创新人才培养模式和提升人才培养质量的重要性与紧迫性。《国家职业教育改革实施方案》提出，要推动一大批地方普通本科高校向应用型高校转变，深化产教融合、校企合作。地方应用型本科高校通过大力加强政产学研深度融合，提升大学生的专业技能、实践能力与综合素质，既是地方本科高校向应用型高校转型发展的重要内容，也是国际工程教育专业认证与新工科建设背景下地方本科高校培养复合应用型人才的必然要求，有助于推动高等教育教学改革和行业企业快速发展，进而推动大学生高质量就业。

本书以习近平新时代中国特色社会主义思想为指导，以转型发展背景对地方应用型本科高校人才培养的新要求为主线，首先阐释了"1＋4＋X"数字化螺旋式复合应用型人才培养模式的构建、大学生专业技能与综合能力的提升及"双师型"教师队伍的建设等内容，其次分析了"1＋4＋X"数字化螺旋式复合应用型人才培养的路径，最后通过案例分析总结了北华航天工业学院在转型发展背景下开展"1＋4＋X"数字化螺旋式复合应用型人才培养模式的实践经验。

本书第 1 章围绕应用型本科高校人才培养模式创新的时代背景，阐述了国际工程教育认证、新工科建设与转型发展对应用型本科高校人才培养的要求，以及开展"1＋4＋X"数字化螺旋式复合应用型本科人才培养模式研究的意义、现状、思路和创新点。第 2 章围绕我国地方应用型本科高校人才培养模式的内涵及特征，分析我国应用型本科高校的发展情况与人才培养模式的现状，提出我国地方应用型本科高校人才培养存在的问题。第 3 章围绕国外应用型本科高校人才培养模式，分析德国、美国、荷兰、日本、新加坡 5 个国家的应用型本科高校人才培养模式、目标、机制、优缺点及对我国建设应用型本科高校的借鉴。第 4 章围绕"1＋4＋X"数字化螺旋式复合应用型人才培养模式的构建，在管理系统理论、教育生态学理论、共生理论和利益相关者理论的指导下，从设计思路、设计方法与动力机制等诸多方面阐释如何构建"1＋4＋X"数字化螺旋式复合应用型人才培养模式。第 5 章围绕"1＋4＋X"数字化螺旋式复合应用型人才培养路径研究，阐述了地方应用型本科高校转型发展过程中通过加强政产学研深度融合、完善本科人才培养方案、培养"双师型"教师队伍、组织各类学科竞赛等方式对大学生进行"1+4+X"数字化螺旋式专业素质、通用素质、思想政治素质，以及创新创业能力的培养。第6章主要围绕北华航天工业学院"1+4+X"数字化螺旋式复合应用型人才培养模式的实践探索，总结北华航天工业学院转型发展过程中复合应用型人才培养的成熟做法与经验，以期为我国其他地方应用型本科高校开展人才培养模式改革提供经验启示。第7章主要介绍本书的研究结论与展望。

地方应用型本科高校人才培养工作是一项长期性、系统性、艰巨性任务。北华航天工业学院从加强专业人才培养、促进政产学研深度融合、加强"双师型"教师队伍建设、提升大学生创新创业能力、培养国际化复合应用型人才等方面提出了"1+4+X"数字化螺旋式复合应用型人才培养的具体举措，促进了人才培养质量的全面提升。本书希望能在促进地方应用型本科高校人才培养模式改革，促进大学生专业技能、实践能力和综合素质的全面提升等方面发挥作用，帮助大学生实现高质量就业。

本书撰写分工如下：第2章、第4章、第6章、第7章由崔岩撰写；第1章、第3章、第5章由刘雪丽撰写。

本书获得如下项目的大力支持：

(1) 教育部高教司产学合作协同育人项目——数字化螺旋式培养"双师型"教师队伍研究(项目编号：231107038113113)；

(2) 河北省教育厅教育教学改革与研究项目——以提升解决"复杂工程问题"能力为目标的非计算机专业程序设计能力培养与研究(项目编号：2020GJJG271)；

(3) 河北省高等学校人文社会科学研究项目——河北省数字治理变革和政务服务效能提升路径研究(项目编号：SZ2023091)；

(4) 河北省应用技术大学研究会课题——数字经济发展背景下应用型高校毕业生就业质量提升路径研究(项目编号：JY2023196)；

(5) 北华航天工业学院企业横向科研项目——组织文化建设与领导绩效提升路径研究(项目编号：MKS-2023-07-H)；

(6) 北华航天工业学院教研课题——基于"翻转课堂+PBL"的"计算机专业英语"课程教学改革研究与实践(项目编号：JY-2022-65)；

(7) 北华航天工业学院马克思主义理论和思想政治教育科学研究专项"中国式现代化的中国特色和逻辑生成理路研究"(项目编号：KYSZ-2023-07)；

(8) 北华航天工业学院校级教研课题——转型发展新时期下，构建符合非计算机专业需求的大学计算机基础课程群研究与实践(项目编号：JY-2017-014)；

(9) 河北省高等教育学会"十三五"规划课题——应用型本科院校计算机专业实践教学改革研究(项目编号：GJXH2019-033)；

(10) 河北省高等教育学会"十三五"规划课题——基于互联网+的大学计算机基础教学改革研究与实践(项目编号：GJXH2017-157)。

作　者

2024年5月

目录

第 1 章 绪 论

1.1 研究背景

1.1.1 国际工程教育专业认证对应用型本科高校人才培养的要求

国际工程教育专业认证是一项致力于评估高等工程专业院校所开课程的质量，以确保其毕业生具备与国际标准相匹配的高素质和竞争力。该认证体系对我国应用型本科高校而言具有重要意义，因此应用型本科高校在人才培养方面应满足以下要求。

(1) 培养目标要明确、具体、可量化，要体现应用型人才的特点，要与社会需求、行业发展、学科前沿等因素相结合，要有持续改进的机制。

(2) 毕业要求结构清晰，要明确毕业生应具备的专业技能、实践能力与综合素质，并以此为目标不断修订和完善应用型人才培养方案和课程体系。

(3) 培养方案要合理、科学、灵活，要符合国家和地方的教育规划和政策，要体现工程教育的核心能力和专业特色，要注重对学生基础知识、专业技能、创新能力、综合素质和职业道德的培养。

(4) 师资队伍要强大、稳定、合理，要有足够数量和高水平的专业教师，要有一定比例的、具有工程实践经验和国际视野的教师，要有良好的教学管理和教师发展制度。

(5) 教学资源要充足、先进、有效，要有适应本专业发展和教学需求的实验室、工程实践基地、图书馆、网络设备等硬件设施，要有丰富的案例、课件等软件资源，要有合理的资源配置和利用机制。

(6) 教学过程要规范、有效、创新，要不断完善教学计划，完善教学组织，创新教学方法，制定合理的教学评价方案，创新教学模式，激励大学生自主学习，要充分利用校企融合的契机加强大学生实践能力。

(7) 教学质量要高效、可控、可持续，要有科学的质量评价体系和指标，要有定期的质量监测和反馈机制，要有针对性的质量改进和效果评估措施，要有促进教学质量持续提升的动力和保障。

1.1.2 新工科建设对应用型本科高校人才培养的要求

新工科建设是一项持续深化工程教育改革的重大行动计划。对于应用型本科高校而言，新工科建设在人才培养过程中提出以下几点要求。

(1) 要依据国家和地方的经济发展需要对学科专业结构进行调整和优化，改造升级传统工科专业，发展新兴工科专业，培养和塑造具备开拓思维、创新精神和工程实践能力的优秀人才。

(2) 要深化各学科间的交叉融合，促进理科与工科、工科与工科、工科与文科之间相互影响、相互渗透，大力推进各应用型本科高校、各二级学院、各学科，以及各专业之间实现工程人才联合培养，提升大学生的综合素质，培养具有国际视野与多方面技能的复合型、应用型、技能型工程人才。

(3) 要创新人才培养模式，打破传统基于学科的学院设置，探索建立未来技术学院、现代产业学院等新型教学组织模式，构建“实训—研发—创新创业”一体的新实践体系，培养具有工程实践能力、工程设计能力和工程创新能力的工程人才。

(4) 要加强政产学研深度融合，促进政府、企业、高校之间的合作与交流，推动“双师型”教师队伍建设，搭建企业实习实训平台与校园数字化实践平台，鼓励大学生积极参加大学生创新创业项目和各类学科竞赛，培养大学生的工程项目管理意识与实践能力，增强大学生的社会责任感与家国情怀。

(5) 进一步推动工程教育的国际交流与合作，积极引进国外优秀的工程教育资源，如先进的课程、教材、教师等，以提升我们的工程教育质量。此外，还应安排学生多参加一些国际交流项目，如国际研讨会、海外实习等，以帮助学生拓宽国际视野，提高他们在全球就业市场的竞争力。我们的最终目标是培养出具备国际竞争力和国际合作能力的国际化工程人才，为国家的经济发展和科技进步做出贡献。

1.1.3 转型发展对应用型本科高校人才培养的要求

高校转型发展是一个综合性的过程，主要涉及地方本科高校向地方应用型本科高校转变。这种转变不仅是提升教育质量和就业竞争力的内在要求，也是适应市场经济发展对人才培养需求的重大策略。对于地方应用型本科高校来说，转型发展对复合应用型人才培养提出了以下要求。

(1) 明确办学定位和人才培养目标。地方应用型本科高校应明确自己的办学定位，即培养满足地方经济和社会发展需求的高素质应用型人才。在教学计划和教学内容方面，应根据学校特色进行合理安排，并注重教学内容的层次性和多样性。同时，应创新教育方法和手段，培养学生的实践能力和创新创业能力。此外，还应积极推动与当地教育资源的合作共享，更好地对接当地资源，并与经济开发区、产业聚集区实现创新发展对接，推动与区域经济社会的融合发展。

(2) 建立科学的专业体系。根据社会经济发展和行业企业对复合型人才的需求，地方应用型本科高校应建立科学的专业体系，重人才培养流程，重组人才培养结构。在修订人才培养方案和设置课程体系的过程中，以将大学生培养成社会急需的复合应用型人才作为目标。学科专业体系是开展教育教学活动的依据，也是衡量地方应用型本科高校人才培养结构的重要载体。因此，应围绕国家经济发展方式进行转变，跟随产业结构进行优化调整，优先发展先进制造业、人工智能、新能源等新兴产业，结合高校自身发展特色和优势，建设一批人才紧缺的学科专业。

(3) 创新能力培养。鼓励学生积极参加科研活动和社会服务，锻炼其创新思维和批判性思考能力，以及应对未来工作挑战的能力。

(4) 鼓励校企融合。建立企业实习基地和产学研合作平台,鼓励企业工程师、项目管理人员、项目技术人员等来校开展合作授课,介绍企业真实项目案例,让学生积极参与企业项目,将理论知识真正用于社会实践之中。此外,还应鼓励校内教师与企业加强合作,促进专利转化,主动邀请企业参与地方应用型高校人才培养方案修订、课程体系设置、教材撰写、教学设计创新、新专业共建、人才订单式培养等项目的建设。

1.2 研究意义

1.2.1 研究的理论意义

国际工程教育专业认证、新工科建设、转型发展对我国地方应用型本科人才培养有以下几方面的意义。

(1) 国际工程教育专业认证(简称工程认证)是一种对工程教育质量的国际认可,它可以提高我国应用型本科高校的国际影响力和竞争力,促进我国工程教育与国际接轨,为我国工程人才的国际流动和交流创造条件。获得工程认证有助于地方应用型本科高校培养高质量创新型人才,提高大学生的就业能力和国际竞争力。

(2) 地方应用型本科高校开展新工科建设,有助于培养具有创新意识和创新思维的工程应用型人才,这不仅可以解决复杂的工程项目问题,也可以根据国际竞争形势培养具有国际竞争力的复合应用型人才,满足区域经济发展和行业企业对高等教育人才培养的需求。在学校新工科建设过程中,大学生的创新能力、实践能力与综合能力均可以得到全面的提升。

(3) 面对新时代大学生面临的各种挑战和机遇,为提升人才培养质量和帮助大学生实现高质量就业,地方本科高校开始向地方应用型本科高校转型发展。通过明确办学定位和创新人才培养模式,地方应用型本科高校加强了内涵建设,提升了社会服务水平。

综上所述,工程认证、新工科建设、转型发展对我国地方应用型本科人才培养有重要的推动作用和战略意义,有利于培养符合国家和社会需求的高素质应用型人才,为建设创新型国家和现代化强国贡献力量。

1.2.2 研究的应用价值

1. 研究工程认证对我国地方应用型本科高校发展的应用价值

工程认证作为一种国际通用的高等教育质量管理活动,围绕高等院校工程教育质量提升这一核心诉求,以各高校为基本单位,按照工程认证标准,建立工程教育质量保障体系,然后通过相应的评估手段和质量监督举措,最终实现高等院校工程教育质量改进的目标。工程认证的目的是保证高等院校人才培养的质量,向社会输送满足国际标准的工程人才,促进工程教育在国际上的交流与合作,提升工程教育的竞争力。

工程认证对我国应用型本科高校发展有应用价值,主要是因为我国正处于工业化、信息化、城镇化、农业现代化的快速发展阶段,对工程技术人才需求数量大、人员质量要求高、人员结构优、人员水平高。地方应用型本科高校作为培养复合型、应用型、技能型、创新型工程技术人才的重要基地,其人才培养工作的质量直接关系到区域经济发展和产业、行业企业发展，关系到人才的国际竞争力。工程认证引导地方应用型本科高校按照国际通用标准与要求培养高质量复合应用型人才。这有助于推动地方应用型本科高校创新教育教学模式，改革教育教学方法与手段，完善人才培养体系，提升教育教学质量，从而使大学生掌握先进技术和专业技能，成为勇担民族复兴大任的现代化优秀人才。

工程认证对推动我国地方应用型本科高校发展的应用价值体现在以下几方面。

(1) 有助于培养对接产业需求的应用型人才。在工程认证制度的引领下，我国地方应用型本科高校与政府部门、产业、行业企业，以及科研院所进行了全方位、多层次、高级别的深入交流与合作，共同参与到地方应用型本科高校人才培养方案的修订过程中，不断优化专业设置与课程体系，及时根据社会发展要求更新教育教学内容，并结合教学研究与教学改革成果，选择最能调动学生学习积极性和主动性的教育教学方法与手段，共同推动大学生校外实习基地建设，深入开展政产学研深度融合，培养优秀师资队伍，使培养的大学生满足工程类相关企业的要求，实现成功就业。工程认证强调应用型人才培养目标与毕业成果产出相一致，促进人才链、产业链与创新链的有效衔接，加强就业、产业、创业的相互融合，实现我国应用型本科高校、科研院所、毕业生和产业多方共赢，培养适销对路的应用型人才。

(2) 有助于保障应用型人才培养质量。按照工程认证体系人才培养标准与人才质量要求，我国地方高校制订了详细的教学计划、教学方案、教学实施、教学评估，以及教学改进举措，促进人才培养质量的不断优化与提升。工程认证深化了地方高校教育教学改革的进程，促进了理论知识体系与实践能力提升的有机融合，培养了大学生的实践能力，切实保障了我国地方应用型本科高校人才培养的质量和大学生的就业竞争力。

(3) 有助于培养国际化应用型人才。以工程认证为抓手开展人才培养模式创新与改革，有助于充分利用国内外各种优质教育教学资源，拓展大学生的国际视野，使其了解国际先进质量标准，不断激励自己与国际优秀高校看齐。大力推进我国地方应用型本科高校与国际高校的交流与合作，共同推动中国大学生工程实践能力提升，对于促进我国地方高校培养国际化应用型人才意义重大。

在工程认证的背景下，我国地方应用型本科高校加快了人才培养模式的改革与创新。主要通过以下几方面加快自身建设与发展。

(1) 加强工程认证的宣传和引导，提高地方应用型本科高校工程认证的意识和参与的积极性，鼓励各相关工科专业积极参与和申报工程认证，不断提升地方应用型本科高校工程教育的国际水平和影响力。

(2) 加强工程认证的准备和实施，制订工程认证的工作计划和实施方案，组织专业教师和管理人员进行工程认证的培训和学习，完善工程认证的内部评估和自评报告，积极配合工程认证的外部评估和现场考察，及时消化吸收工程认证的反馈和建议，制定和执行工程认证的持续改进计划。

(3) 明确应用型人才培养目标，紧密对接产业与行业企业的需求，构建与产业结构优化调整和行业企业快速发展需求相适应的应用型人才培养体系。工程认证制度的建立与执业准入或职业注册制度挂钩，促使地方本科高校主动对接产业需求培养应用型人才。

(4) 完善地方应用型本科高校人才培养评价体系，借鉴国际标准，强化多元与过程评价，建立反馈机制促进持续改进。

(5) 鼓励开展高质量合作办学，引进国外高水平应用技术大学的优质教育资源，培养一批应用型、创新型国际化人才。工程认证为应用型本科高校提供了与国际接轨的机会和平台,有利于我国地方应用型本科高校吸收国外优质的教育资源和办学理念,培养学生的国际视野,推进我国应用型人才培养在教育理念、学术标准、科学研究与质量保障等方面与国际接轨。在政府的支持下,多所地方应用型本科高校与德国、美国等国家建立了人才联合培养机制。

2. 研究新工科建设对我国地方应用型本科高校发展的应用价值

在我国积极推动高等工程教育改革创新的背景下,新工科建设对我国地方应用型本科高校发展具有重要的应用价值。主要有以下几方面。

(1) 新工科建设可以促进地方应用型本科高校与行业企业需求紧密对接,提升人才培养的针对性和适应性。通过深化校企融合,地方应用型本科高校可以充分把握人才培养过程中新技术、新产业、新业态、新模式的发展趋势,开设一批符合新工科理念的学科专业,培养一批具有创新思维的高质量复合应用型工程人才。

(2) 新工科建设可以推动地方应用型本科高校加强学科融合,提升人才培养的前瞻性和创新性。通过打破学科专业壁垒,地方应用型本科高校可以探索并建立工程教育的新理念、新标准、新模式、新方法、新技术及新文化,培养学生对产品和系统的创新设计、建造、运行和服务的能力。

(3) 新工科建设可以激发地方应用型本科高校不断推进改革创新的内生动力,提升地方应用型本科高校人才培养的质量和水平。通过完善政府、企业、高校三者协同育人的机制,地方应用型本科高校可以充分发挥各主体的联动作用。

综上所述,新工科建设对我国地方应用型本科高校培养高水平工程类人才具有重要的应用价值,有利于将我国建设为工程教育强国。

3. 研究转型发展对我国地方应用型本科高校发展的应用价值

研究转型发展对我国地方应用型本科高校培养社会发展急需的复合型、应用型、技能型人才具有重要的应用价值。主要有以下几方面。

(1) 积极推动地方高校转型发展有助于促进地方应用型本科高校加快与地方经济发展需求紧密对接,提升复合应用型人才培养的针对性。通过深化产教融合、校企合作,地方应用型本科高校可以及时了解和把握新产业、新业态、新技术的发展趋势和人才需求,调整优化学科专业结构,开设一批符合应用型理念的新型专业,培养一批具有实践能力、创新能力和创业能力的应用型人才。

(2) 转型发展有助于推动地方应用型本科高校的教育教学改革。为了适应新的人才培养需求,高校需要不断更新教育理念、改进教学方法,完善课程体系。

(3) 转型发展可以激发地方应用型本科高校改革创新的内生动力,创新人才培养模式,改革教育教学方法,建设“双师型”教师队伍,加强校企融合,实现专业建设和课程体系建设与地方产业结构优化调整和行业企业发展相互促进,构建地方本科高校向应用型本科高校转型发展的质量保障体系。

综上所述,研究转型发展对我国地方应用型本科高校发展具有重要的应用价值,有利于培养适应和引领新一轮科技革命和产业变革的应用型工程科技人才,有利于提升地方应用型本科高校的办学水平和社会影响力，有利于加快建设我国成为工程教育强国。

1.3 国内外应用型本科高校人才培养现状

1.3.1 国外应用型本科高校人才培养现状

1. 一些欧美国家应用型本科高校人才培养现状

(1) 德国是应用型本科高校的典范，德国应用型本科高校采用以工学结合为导向的"双元制"人才培养模式，即学生在高校和企业交替学习，获得理论知识和实践经验，同时取得职业资格证书和学位证书。德国的"双元制"人才培养模式促使德国应用型本科高校依据企业对应用型人才的需求，建立校企合作，完善课程设置，改革教学模式，建设师资队伍等。

(2) 瑞士是应用型人才培养的先驱，瑞士应用型本科高校采用全方位的"三元制"职业教育模式，即企业、学校和培训中心共同参与人才培养。在瑞士，企业和应用型高校之间是相互合作、相互促进、共同培养应用型人才的关系。瑞士应用型高校为大学生提供理论教育和学位证书，企业为应用型高校的大学生提供实训的环境和场所。瑞士的"三元制"职业教育模式帮助大学生全面提升自己的专业技能和综合素质，也使企业获得优质的人力资源。瑞士还建立了应用科技大学(UAS)等专注于应用研究和创新的高校，其专业设置、学院构成、教学目标等都与当地的特色产业紧密联系。

(3) 英国是应用型人才培养的改革者，英国应用型本科高校构建了多层次、系统化的应用型人才培养体系，包括现代学徒制、高等国家文凭、基础学位、荣誉学位等不同层次和类型的教育项目。英国的现代学徒制是一种将学校教育和企业实践相结合的教学模式，学生既要完成学校制定的理论课程，又要参与企业的实习和实训，从而获得职业技能和学位证书。为了实现应用型人才与社会发展的有效对接，英国建立了多科技术学院(CAT)等专门培养应用型人才的高校。

(4) 美国重视通识教育和跨学科课程，强调培养学生广博的知识、创新能力和综合素养。美国应用型本科高校实施研讨式和研究型教学，培养学生的创造力和实践能力，促进学生与教师、学生与学生、学生与社会的互动和合作。开展多学院或多学科联合培养硕博项目，推动了跨学科应用型硕博人才的培养。与政府、社会、产业部门建立了紧密的合作关系，响应社会的发展需求，为国家创新体系提供了人才和知识支持。

2. 一些亚洲国家应用型本科高校人才培养现状

一些亚洲国家应用型本科高校人才培养的特点和目标要求如下。

(1) 以培养适应经济发展需求的高素质应用型人才为主要任务，注重实践能力、创新能力和职业素养的培养。

(2) 以产教融合与校企合作为主要路径，创新人才培养模式，实现高校与行业企业共同培养应用型人才，服务区域经济的发展。

(3) 以建设"双师型"教师队伍为基础，提升校内教师的实践水平和企业教师的理论水平。

(4) 以构建应用型教育质量保障体系为保障，邀请企业参与到人才培养与质量评估过程中来，全面提升人才专业技能与综合素质。

具体来看，一些亚洲国家应用型本科高校人才培养现状如下。

(1) 日本的应用型本科高校主要是指工科大学，是一种专门培养工程技术人才的高等教育机构，其历史可以追溯到 1962 年。日本工科大学的教育特点是以实践教学为主、以小班制为基本形式、以项目为核心、以团队合作为手段，培养学生的工程思维和创新能力，学生的主要就业方向为建筑业、机械制造业及通信行业等。

(2) 韩国的应用型本科高校主要是指专科大学，是一种专门培养应用型专业人才的高等教育机构，其历史可以追溯到 1979 年。韩国专科大学以职业教育为主，以培养大学生的职业兴趣和职业能力为导向，以促进大学生成功就业为目标，培养大学生的专业技能和职业素养。专科大学的毕业生主要就业于服务业、金融业、医疗业等，广受企业欢迎。

(3) 新加坡的应用型本科高校主要是指理工学院，是一种专门培养应用型技术人才的高等教育机构，其历史可以追溯到 1954 年。新加坡理工学院以应用学习为主，以培养大学生的个性和职业潜能为目标，注重培养大学生的创新能力和领导力。理工学院的毕业生主要就业于科技业、媒体业、旅游业等，受到社会的普遍认可。

1.3.2 国内地方应用型本科高校人才培养现状

我国地方应用型本科高校是指以培养高素质应用型人才为主要目标，以服务地方经济社会发展为主要任务，以产教融合、校企合作为主要特色，以实践教学为主要手段，以就业创业为主要导向的高等学校。

我国地方应用型本科高校按照办学历史可以分为新建地方应用型本科高校和非新建地方应用型本科高校。其中，新建地方应用型本科高校更加注重对大学生的管理和服务；非新建地方应用型本科高校则在教师专业能力、教改项目和奖项申请等方面具有优势。截至 2021 年，全国共有 633 所应用型本科高校，其中 344 所为 2000 年后教育部批准新建的应用型本科高校，289 所为非新建应用型本科高校。

为推进应用型本科高校建设，国家共确定了 200 所应用型本科高校进行重点建设。这些“项目校”在各项指标上均优于“非项目校”，尤其是在产教融合方面，表现出了更大的工作力度和成效。

为了培养高素质复合应用型人才，地方应用型本科高校大力加强“双师型”教师队伍建设，从建立健全人才引进机制、加快校企合作、鼓励教师到企业开展挂职锻炼、开展校内教师与企业专家联合培训等方面，不断提高“双师型”教师占比与“双师型”教师队伍素质。

目前，我国地方应用型本科高校在办学条件、师资建设、内涵建设、培养过程和学生发展方面都取得了明显的进步，整体建设情况良好。教师参与行业企业实践的经历明显增多，更加适应地方应用型本科高校人才培养的需要。课程体系建设取得较好效果，夯实了大学生的理论基础。实践教学内容紧密结合企业发展实际，引入企业真实项目案例，培养大学生运用所学理论知识解决企业复杂工程项目的能力，大学生的创新能力与就业能力得到锻炼与加强。

地方应用型本科高校在“双师型”教师队伍的考核与持续性培养，以及人才培养方案的修订与完善等方面仍面临一定的困难与挑战。为此，需要进一步健全"双师型"教师队伍的考核与激励机制，不断完善人才培养方案，创新复合应用型人才培养模式，加快构建具有地方发展特色和高校人才培养特色的复合应用型人才培养体系。

1.4 研究思路

基于"1＋4＋X"数字化螺旋式复合应用型本科人才培养模式，我国地方应用型本科高校建设思路通常聚焦在以下几方面。

1. 明确定位

地方应用型本科高校建设应明确定位的问题，主要有以下几方面。

(1) 建立政产学研深度融合机制。

地方应用型本科高校应坚持以复合应用型人才培养为中心，以提升大学生专业技能、实践能力与综合素质为人才培养目标，通过建立政产学研深度融合机制，加强与政府部门、行业企业之间的互通与合作，聘请企业专家承担授课任务，鼓励校内教师到企业挂职，促进科研成果转化，充分发挥科研对教学的促进作用。

(2) 服务地方经济和社会发展。

地方应用型本科高校应以服务地方经济和社会发展为使命，加强与地方政府、产业、行业企业及社区的联系；根据当地产业结构优化调整的方向和行业企业快速发展对应用型人才的需求，调整课程设置和教学内容，改革人才培养模式。

(3) 满足行业需求。

地方应用型本科高校应明确自身在相关行业的定位，某些学校可以专注于特定的行业、产业，如制造业、信息技术、健康护理等，以便更好地培养符合这些行业、产业要求的人才。

(4) 建设特色学科。

地方应用型本科高校应根据经济和社会发展的需求，结合自身的资源条件和地域优势，开展具有特色的学科或专业，形成竞争优势，吸引优质生源，确定办学定位和发展方向，形成鲜明的办学特色和办学品牌。

(5) 加强"双师型"师资队伍建设。

地方应用型本科高校应引进和培养"双师型"教师，一方面，积极邀请企业项目工程师、技术负责人及项目管理人员担任相关课程的授课教师，讲解学科前沿知识与技术，介绍企业真实项目案例，让大学生在项目实践中学会运用所学知识，从而实现个人专业技能和综合素质的全面提升；另一方面，努力培养校内教师的实践能力，搭建教师实践锻炼平台，提高教师的专业教学水平。

(6) 展现政策导向性。

地方应用型本科高校应及时跟踪国家和地方的教育政策，把握发展趋势，以便及时调整办学方向和策略。

(7) 完善质量保障体系。

地方应用型本科高校应建立健全内部质量保障体系，加强师资队伍建设，营造质量文化，利用信息化的支持引入外部评估，推进全面质量管理。

(8) 构建数字化教学平台。

地方应用型本科高校应积极构建数字化教学平台，分享各类优秀教育教学资源、行业企业真实项目案例、大学生创新创业项目成果与学科竞赛成果等。

(9) 加强文化传承和创新。

地方应用型本科高校应结合所在地区文化和历史背景，弘扬优秀传统文化，培养学生的政治素质、创新意识与家国情怀。

(10) 促进可持续发展。

考虑到长远的发展规划，平衡经济效益和社会效益，关注环境，节约资源，在保持经济稳定增长的同时承担相应的社会责任。

总之，地方应用型本科高校的定位问题是一个复杂的系统工程，需要综合考虑多种因素，包括社会发展需求、教育政策、学校资源、市场需求等。只有明确了自己的定位和目标，才能有效地开展教育教学工作，为社会输送高质量的应用型人才。

2. 专业导向性

地方应用型本科高校"1＋4＋X"数字化螺旋式复合应用型本科人才培养应加强专业导向性，需要从以下几方面进行。

(1) 课程设置。地方应用型本科高校应以行业企业对复合应用型人才的需求为导向，设计课程体系与教学内容，确保教学内容与企业需求紧密衔接。邀请企业专家参与课程的开发和教学的设计，使教学内容更加贴合企业需求。

(2) 实习实训。地方应用型本科高校应提供充足的实习机会，让大学生在真实的职场环境中学习和成长。在企业建立应用型高校实习实训基地，与企业开展合作授课，共同培养复合应用型人才。

(3) 师资队伍建设。地方应用型本科高校应定期组织校内教师参加学校组织的教师发展培训与企业组织的培训，提升专业教师的实践技能。招聘具有行业企业工作经历的教师，将真实项目案例引入课堂。

(4) 政产学研结合。地方应用型本科高校应加强与政府、高校、企业间的合作，支持教师开展横向项目研究，鼓励大学生参与实际项目，提高理论联系实际的能力。根据企业反馈调整课程内容和教学方法，确保人才培养质量。

(5) 能力培养。地方应用型本科高校应着重培养学生的创新思维，问题解决、团队协作和沟通等综合能力。通过案例分析、模拟训练、项目实践等方式，提升学生的专业素养。

(6) 就业指导。地方应用型本科高校应加强对学生的职业生涯规划教育，帮助大学生了解行业发展趋势和岗位要求，为学生提供专业的就业指导服务，包括简历撰写、面试技巧、求职策略等。

(7) 评估机制。地方应用型本科高校应建立基于专业技能和综合能力的评估体系，而非仅关注学术成绩。对近 5 年毕业的大学生开展跟踪调查，分析调查统计结果并持续改进教学质量评估机制。

(8) 资源投入。地方应用型本科高校应积极争取政府和企业的支持，增加资源投入与经费投入，加强实验室建设，增设企业实习基地。邀请企业专家共同编制教材和内部讲义，确保教学内容与时俱进，满足企业对复合应用型人才培养的需求。

(9) 文化氛围。地方应用型本科高校应创建积极的、健康的、向上的校园文化氛围,鼓励大学生积极参加社团活动和社会实践项目。培养大学生的敬业精神和职业道德,为未来就业做好准备。

地方应用型本科高校采取以上措施可以全面提高大学生的就业竞争力,同时也有助于提升地方应用型本科高校服务地方经济发展的能力。

3. 人才培养目标探索

地方本科高校"1＋4＋X"数字化螺旋式复合应用型本科高校人才培养模式的人才培养思路如下。

(1) 地方应用型本科高校的人才培养目标应该是培养具有国际视野、创新精神、实践能力和终身学习能力的应用型创新型人才。

(2) 地方应用型本科高校应该与数字化、智能化、生态化等新型经济发展模式,以及高端装备、生物医药、新能源等战略性新兴产业领域建立起密切联系。

(3) 地方应用型本科高校的人才培养应注重实践性,创新校内外协同育人模式,深化产教融合,加强"双师型"教师队伍建设,提高学生的实践应用能力和创新创业能力。

(4) 地方应用型本科高校的建设发展受到国家的重视和支持,在办学条件、师资队伍、培养过程、产教融合、学生发展等方面都取得了明显的进步,成为应用型本科高校建设的标杆。

(5) 地方应用型本科高校的发展还面临一些挑战和问题,如办学条件和经费保障不足、师资队伍专业能力和教学水平有待提高、课程建设和教学改革不够深入、产教融合的深度和广度有待拓展、人才培养质量和就业竞争力有待提升等。

4. 课程建设思路

地方应用型本科高校的课程建设思路是以培养适应社会经济发展需要的高素质应用型人才为目标,以产教融合、校企合作为路径,以创新性、实践性、挑战性为特点,以质量为导向,以效果为检验。具体来说,"1＋4＋X"数字化螺旋式复合应用型本科人才培养模式可以从以下几方面进行研究。

(1) 课程设置。

地方应用型本科高校应该结合自身办学方向和学科专业优势,完善课程体系和不同专业背景下"课程思政"模块的教学设计,把价值引领要素及对思维方式的培养巧妙地融合在原有的课堂教学中。此外,地方应用型本科高校应及时将教师学术研究成果及科技发展前沿成果引入课堂,建设一批培养复合应用型人才的一流本科课程。

(2) 教学方法。

地方应用型本科高校应该以提升教学效果为目的创新教学方法,强化课堂设计,解决好讲好课的问题,杜绝单纯传递知识、忽视能力素质培养的现象。地方应用型本科高校应该强化师生互动、生生互动,解决好创新性、批判性思维培养的问题,杜绝教师满堂灌、学生被动听的现象。应用型本科高校应该加强研究型、项目式学习,丰富探究式、论文式、报告答辩式等作业评价方式,提高课程学习的深度和挑战性。

(3) 教学评价。

构建科学合理的多元化评价体系,既包括对学生传统知识掌握的考核,也包括对学生实践能力、创新思维、团结协作、职业道德等综合素质的评价,以及采用过程性评价与终结性评价相结合的方式,关注学生的过程学习。此外,还应定期对课程设置和教学方法进行评价,并根据评价结果持续改进。

5. 创新视角下的招生就业工作

在"1+4+X"数字化螺旋式复合应用型本科人才培养模式下,地方应用型本科高校的招生就业工作应该紧密对接产业发展和市场需求,突出应用型人才的特点和优势,创新招生就业的方式和渠道,提高招生就业的质量和效率。

(1) 招生。

地方应用型本科高校应该加强与中高职院校的合作,吸引更多具有技术技能基础和文化基础的生源,实施"文化素质+职业技能"的考试招生办法,保证招生工作的公平公正。同时,地方应用型本科高校也应该加强与应用型大学的合作,开展课程互选、学分互认,为学生提供更多的升学机会。此外,地方应用型本科高校还应该加强宣传推介,提高社会知名度,让更多的学生和家长了解和认可应用型本科教育的价值和前景。

(2) 就业。

地方应用型本科高校应对接地方产业需求来优化人才培养,强化实践教学,打造全方位就业服务体系,深化产教融合与校企合作。同时,也可以推行创新创业教育和政策引导,以缩短毕业生就业适应期、拓宽就业路径,并通过就业质量监测与反馈机制持续优化教学与就业服务策略。

6. 师资队伍建设

在地方应用型本科高校建设过程中,师资队伍建设是推动教育教学质量和学校整体发展水平高质量发展的重要内容。

(1) 地方应用型本科高校的师资队伍应该具有"双师型"的特点,即既有教学能力,又有工程实践能力。强化对"双师型"教师队伍的建设,有助于培养优质的复合应用型人才。

(2) 地方应用型本科高校的师资队伍建设应该坚持科教融合和产教融合的原则,一方面,提升校内教师的理论知识水平和专业实践技能,鼓励教师积极参与科研项目并将研究成果广泛应用于教学实践之中;另一方面,通过校企合作,邀请有丰富工程项目经验的企业专家担任合作授课教师,帮助大学生充分了解企业需求,从而积极成长为企业急需的人才,最终实现高质量就业。

(3) 地方应用型本科高校的师资队伍在建设过程中应该进一步深化人事制度改革,积极探索并建立一套符合应用型本科高校教师发展的职称评聘制度、绩效考核制度和薪酬激励制度。同时,鼓励教师投身产业技术创新和社会服务,旨在为教师提供更广阔的职业发展空间和有效的激励机制。

7. 评价体系改革

为了提高人才培养的质量,地方应用型本科高校需要改革教学质量评价体系,主要包括以下几方面。

（1）明确评价目标和标准。

地方应用型本科高校以培养具有创新精神、实践能力和综合素质的高层次复合应用型人才为目标，评价标准应充分体现复合应用型人才的专业能力、实践应用能力、思想政治素质、创新创业能力等。

（2）多元化评价主体和方式。

地方应用型本科高校教学质量的评价主体应包括学校、教师、学生、行业企业、社会等多方主体，形成多元化的评价主体机制。此外，评价方式也应注重开展过程评价，提高平时成绩占比，体现评价方式的科学性。

（3）强化评价的激励和反馈作用。

地方应用型本科高校教学质量的评价结果应作为评价学校办学质量、教师教育教学水平、学生学习成绩及专业建设水平等的重要依据。同时，地方应用型本科高校应定期开展毕业生就业情况信息反馈机制并及时向社会公布反馈结果，自觉接受社会监督。

8. 政策支持和资源保障

探索政府、学校、企业多方合作的办学模式，争取更多的政策支持和资金投入。建立有效的资源整合机制，优化资源配置，提高教育资源利用效率。提高应用型本科人才培养质量的举措，主要包括以下几方面。

（1）政策支持。

加强顶层设计，制定促进地方应用型本科高校长远发展的教育政策，为地方应用型本科高校提供政策支持。加大财政投入，支持地方应用型本科高校开展基础设施建设、实训基地建设、教师队伍建设、科技创新等工作，为地方应用型本科高校提供经费保障。营造良好的社会环境，加强应用型本科高校的宣传推介，提高地方应用型本科高校的社会认可度和影响力，为地方应用型本科高校提供声誉保障。

（2）资源保障。

加强与行业企业的合作，推动产教融合、校企合作，充分利用企业的技术、设备、场地、项目等资源，保障学生实践资源；加强与地方政府的对接，积极服务地方经济社会的发展，充分利用地方政策、项目、平台等资源，为自身提供发展保障。加强与其他高校的交流，推动应用型本科高校之间的合作与竞争，充分利用其他高校的师资、课程、科研等资源，为自身提供学术保障。

9. 国际视野和本土特色

吸收国际先进的应用型教育理念和经验，立足于中国经济发展的实际需求。推动我国地方应用型本科高校培养国际化复合应用型人才。

（1）国际视野的要求。

地方应用型本科高校应该培养具有国际视野的复合型、创新型、应用型人才，使其能够适应全球化的经济发展，参与国际合作与竞争，为“一带一路”等国家战略服务。为了实现这一目标，地方应用型本科高校应该加强国际化办学，推动产教融合、校企合作，充分利用国内外的教育资源，打造国际化的课程体系、师资队伍、学生交流、科研合作等。

(2) 本土特色的要求。

地方应用型本科高校应该立足本土，面向区域，以学科为依托、以应用型专业教育为基础、以社会人才需求为导向，优化专业结构、调整课程设置、突出专业特色、强化实践教学，提高人才培养的针对性和适应性。同时，应该注重培养大学生的本土文化认同感、民族自信心、爱国主义情感、社会责任感等，使大学生能够在传承和创新本土文化的同时，为国家和民族的发展贡献自己的力量。

1.5 研究创新点

1.5.1 理论创新

"1＋4＋X"数字化螺旋式复合应用型本科人才培养模式研究的理论创新点主要体现在以下几方面。

(1) 产教融合理论。理论上倡导教育与产业之间的深度融合，形成产学研合作机制。在实践中推动校企合作，实现资源共享和优势互补。

(2) "双元制"教育理论。参照德国"双元制"职业教育模式，加强校企合作。"双元制"教育理论强调在实际工作中学习，培养大学生的实践能力。

(3) 情境认知理论。强调知识是在具体情境中获得和应用的。该理论有助于构建实践性强的教学环境，提高大学生的学习效果。

(4) 问题导向学习理论。基于问题导向，引导大学生深入学习专业理论知识，并将理论用于实践，解决各类复杂工程项目问题，不断提升个人专业技能与实践能力。

(5) 终身学习理论。鼓励大学生养成持续学习的习惯，积极促进自我全面发展，以应对不断变化的市场需求。

(6) 创新教育理论。注重培养大学生的创新思维和创新能力，鼓励他们积极参与各类学科竞赛，尤其是政府部门和学校举办的各类创新创业的竞赛，为社会输送具有创新精神的人才。

(7) 社会责任理论。教育不仅要关注个体发展，也要注重培养大学生的社会责任感。培养能够为社会做出贡献的应用型人才。

(8) 跨学科教育理论。突破传统的学科界限，鼓励多学科交叉融合。跨学科教育有助于培养学生的综合能力和全局视角。

(9) 个性化教育理论。尊重大学生个性差异，为大学生提供定制化的教育服务。例如，针对大学生的外语水平开展分层教学。个性化教育有助于地方应用型本科高校因材施教。

上述理论创新点丰富了我国地方应用型本科高校人才培养的理论基础，为推动地方应用型本科高校创新人才培养模式和开展教育教学改革提供了新的思路和方向。

1.5.2 实践创新

"1＋4＋X"数字化螺旋式复合应用型本科人才培养模式研究的实践创新点主要体现在以下几方面。

(1) 政产学研深度融合。

在大力推动校企合作与产教融合的基础上，推动政府、学校与企业等主体进行深度合作，共建实习实训基地、开展复合应用型人才订单式培养等，从而提高大学生的就业竞争力，促进大学生的成功就业和高质量就业。

(2) 双导师制。

为提高大学生的理论知识水平和实践操作能力，地方应用型高校组织校内导师和企业导师共同指导大学生进行专项实践和毕业实习，形成校内外导师双重指导体系。双导师制可以提供更全面的教育支持，帮助大学生更好地理解和应用所学知识。

(3) 项目驱动教学。

将实际工程项目或科研项目引入课堂教学，引导大学生通过完成该项目来学习和成长。这种方式可以锻炼大学生的实践能力和社会适应能力。

(4) 模拟公司教学法。

在校园内创建模拟公司，让大学生在模拟环境中体验真实的商业运营。这种教学法有助于培养大学生的职业素养和团队协作能力。

(5) 创新创业教育。

设置创新创业类课程，开展创新创业相关知识的系统授课。鼓励和支持大学生参与各类专业学科竞赛、非专业学科竞赛，以及创新创业大赛和创新创业活动，培养大学生的创新思维、创新能力和创业意识。创新创业教育有助于为社会输送具有创新精神和创新能力的人才。

(6) 综合素质评价。

在对大学生进行综合测评的过程中，地方应用型本科高校不仅要关注大学生的学习成绩，还要重视对大学生实践能力、创新思维、道德品质、身体素质等各方面的评价。综合素质评价有助于为社会输送德、智、体、美、劳全面发展的复合应用型人才。

(7) 混合式学习。

在开展线下授课的同时，充分利用已搭建的数字化学习平台，分享优质教育教学资源，实施灵活的学习方式，提升大学生的学习效率。

(8) 实习实训平台建设。

建设和完善实习实训平台，提供真实的工作环境和实践机会。实习实训平台既是锻炼大学生实践技能的重要载体，也是企业深入了解大学生的重要载体。

(9) 师资队伍建设。

加强“双师型”教师队伍的建设，提升教师的实践教学能力。鼓励教师到企业挂职锻炼，了解行业动态，提升教学质量。

(10) 数字化平台搭建。

建设数字化平台，不仅可以实现资源共享，还利于教师之间分享教育教学方法与成熟经验，也利于大学生之间共享项目成果、比赛经验与学习方法，激发大学生的学习兴趣。

上述实践创新点展现了我国地方应用型本科高校人才培养的创新路径，有助于培养兼具扎实专业知识和较强实践能力的复合应用型人才。

1.6　本章小结

地方应用型本科高校占据我国本科高校的“半壁江山”，是培养适应产业转型升级和实现高质量发展需要的高素质应用型人才的重要基地。

地方应用型本科高校的人才培养应更注重结合地方经济发展要求和行业企业对提升大学生专业技能、实践能力与综合素质的要求，培养大学生综合运用所学知识解决复杂工程项目问题的能力。

地方应用型本科高校虽然在办学条件、师资队伍、培养过程、产教融合、学生发展等方面都取得了明显的进步，但是还面临一些挑战和问题，如办学条件和经费保障不足、师资队伍专业能力和教学水平有待提高、课程建设和教学改革不够深入、产教融合的深度和广度有待拓展、人才培养质量和就业竞争力有待提升等。通过构建“1＋4＋X”数字化螺旋式复合应用型本科人才培养模式，地方应用型本科高校找到了一条提升人才培养质量和促进大学生高质量就业的有效路径。

第 2 章 我国地方应用型本科高校人才培养模式

2.1 我国地方应用型本科高校人才培养的内涵及特征

2.1.1 我国地方应用型本科高校人才培养的内涵

我国地方应用型本科高校人才培养的内涵主要是指培养符合社会经济发展需求的应用型人才，强调理论联系实际，通过实践教学提高学生的实践能力和创新能力。主要包含以下几方面的内容。

1. 地方应用型本科高校的类型定位

我国地方应用型本科高校的类型定位通常基于其办学历史、特色和教育方向，它们大致可分为以下几种类型。

(1) 技术应用型。这类高校侧重于工程技术和应用科学教育，强调理论与实践的结合。

(2) 行业特点型。这类高校从事特定行业或领域的专业教育，如医药、农业、教育等。

(3) 地方经济服务型。这类高校紧密结合地方经济发展需求，为地方提供人才支持和技术服务。

(4) 综合应用型。这类高校提供多学科交叉的教育，培养学生的综合应用能力。

本书后续研究的我国地方应用型本科高校，专指技术型应用大学。

2. 地方应用型本科高校的人才培养目标

我国地方应用型本科高校人才培养目标是培养具有扎实的专业知识、技能和素养，能够在经济社会发展的各个领域从事应用型、创新型、复合型工作的高素质人才。

3. 地方应用型本科高校的人才培养模式特点

我国地方应用型本科高校人才培养模式以产教融合、校企合作为主要途径，着重培养大学生的创新精神和实践能力。其主要特点如下。

(1) 以产业需求为导向：关注专业与课程设置的跨学科交流，着重培养大学生的综合素质和应用能力。

(2) 以实践教学为核心：实施多种实践教学方式，如订单式培养、工学交替实践等，让大学生在真实环境中提升职业能力。

(3) 以评价改革为保障：建立多元评价体系，重视实践与创新能力评价，将评价结果与绩效、奖励、学位等挂钩。

(4) 以师资建设为抓手：完善教师标准与评价体系，培养和引进“双师型”教师，鼓励教师参与企业技术研发。

4. 地方应用型本科高校的专业设置

我国地方应用型本科高校的专业设置以服务国家发展、突出优势特色、强化协同联动、改进学科专业设置调整建设工作和完善学科专业建设质量保障机制为特点。根据教育部等五部门印发的《普通高等教育学科专业设置调整优化改革方案》，高校应以服务经济社会高质量发展为导向，重点建设新工科、新医科、新农科、新文科等适应国家战略和区域发展需求的学科专业。同时，强化优势学科专业的建设，优化特色学科专业的发展，实现分类发展和特色发展，形成独特的学术领域和专业优势。地方应用型高校应积极响应国家和区域经济社会发展的需求，以及知识创新、科技进步、产业升级的挑战，制定科学、长远的学科专业发展规划。此外，高校应完善学科专业建设质量保障机制，确保人才培养方案落实落地。

5. 地方应用型本科高校的教师队伍

地方应用型本科高校的教师队伍应具备“双师型”素质，即不仅拥有深厚的理论知识储备，而且具备丰富的实践经验，能够巧妙地在教学中融汇行业动态和技术变革，以培养学生深厚的实践能力和创新能力。为此，地方应用型本科高校应着力加强教师的激励机制和培训机制，激励教师积极参与行业企业的实践锻炼和技术研发，提升教师的工程经验和行业认知，使教师队伍更具多元化和综合化的背景优势。

6. 地方应用型本科高校的教学体系

我国地方应用型教学体系是指根据应用型人才培养的目标和特点，构建以实践教学为核心，以产教融合为特色，以质量保障为基础的教学体系，旨在培养具有实践能力、创新能力和服务能力的高素质应用型人才。

7. 地方应用型本科高校的评价体系

地方应用型本科高校的评价体系是指对地方应用型本科高校的办学条件、师资队伍、培养过程、产教融合、学生发展等方面进行综合评价的制度体系。

地方应用型本科高校评价体系的建立，旨在促进地方应用型本科高校的内涵发展、质量提升和特色突出，推动地方应用型本科高校与社会需求、行业标准、企业期望相衔接，形成与学科型本科高校有所区别、各具特色的应用型本科教育模式。

2.1.2　我国地方应用型本科高校人才培养的特征

1. 项目制教学

地方应用型本科高校不仅要教授专业知识，更要注重引导大学生运用所学知识解决实际问题，培养大学生的实践能力和创新能力。一些地方应用型本科高校还采用了项目制教学的方式，通过组织大学生参与实际的项目来增强他们的实践能力和解决问题的能力。

项目制教学是一种以项目为载体、以问题为导向、以实践为主要手段、以能力为培养目标的教学模式，是地方应用型本科高校培养高素质应用型人才的重要途径之一。

2. 强调团队协作

应用型本科高校注重培养大学生的团队协作能力。首先，人才培养目标强调创新实践能力与综合素质，大学生需要在掌握专业知识技能的同时，具备团队合作、沟通交流及项目管理等软实力，以适应社会和企业对复合型人才的需求。其次，通过产教融合和校企合作模式，如订单式培养、工学交替实践、工程实训及创新创业活动，让大学生在实际工作情境中锻炼团队协作能力，解决实际问题，提升职业素养。最后，在课程体系设计上，高校根据职业需求导向设置跨学科、跨专业的课程模块，鼓励跨专业团队合作，从而培养大学生的批判性思维和解决问题的能力。

3. 注重对接市场

地方应用型本科高校以服务区域发展为目标，根据市场需求设置专业和课程，培养实践创新型人才。其人才培养特点有以下几方面。

(1) 与企业行业合作，建立产学研用平台，提升大学生的实践和就业创业能力。

(2) 建设"双师型"教师队伍，教师具备工程、行业和实践经验，提高教师的专业和教学水平。

(3) 完善人才培养评价体系，以大学生的实践技能、就业创业能力和对社会的贡献为关键指标，提高人才培养质量和水平。

4. 培养创新创业能力

我国地方应用型本科高校注重培养大学生的实践和创新能力，以适应市场需求，与产业发展紧密结合，为大学生的职业发展奠定基础。主要方法包括以下几点。

(1) 建立以创新为导向的人才培养模式，协同校内外资源，打造特色示范课程。

(2) 加强教师创新创业教育能力，引入业界专家作为项目导师，提高教师的实践背景。

(3) 提供创新创业培训，创新培训模式，提升大学生的创新创业能力。

(4) 优化创新创业环境，便利化服务，落实保障政策，支持大学生精准创新创业。

(5) 打造创新创业服务平台，利用实践平台和校外基地，推进训练计划实施。

(6) 落实财税扶持政策，加大对高校创新创业项目的支持力度，提供优惠税收政策。

(7) 提供金融政策支持，落实普惠金融和担保贷款政策，降低贷款利率，简化贷款流程，支持大学生的创业就业。

5. 注重综合素质

地方应用型本科高校在教授专业技能的同时，还应注重培养大学生的综合素质，包括人文素养和社会责任感。具体体现在以下几方面。

(1) 以立德树人为核心，构建全面的思想政治教育教学体系，将理论知识、综合素养与专业课程深度融合，提升大学生的价值判断、选择和塑造能力。

(2) 紧跟国际先进教育理念，对接产业需求，调整人才培养方案，改革通识课程，打破学科壁垒，实现精细化、个性化教学内容。

(3) 注重内涵建设，加大投入优化实验室设施和实践教学基地，科学规划特色课程体系，强化职业生涯指导，确保大学生具备扎实的就业创业技能，以便服务地方经济社会的发展。

(4) 深化产学研用结合，精准对接产业需求，通过跨学科课程的模块设置和增加实习实训的占比，培养大学生的批判性思维、问题解决能力及实践创新能力。

(5) 关注对大学生适应“数智”时代发展的终身学习能力、创新力、数字化思维和实践动手能力的培养，为市场输送更多高质量的应用型、创新型和复合型人才。

(6) 完善评价体系，将实践能力、就业质量、创业能力作为衡量教育质量的核心指标，并作为绩效考核关键点，纳入对企业和社区的服务贡献，使高校持续提升人才培养的质量和效能。

6. 产教融合

地方应用型本科高校与行业企业合作，开展教研和开发，将产业需求和技术融入教学，提升大学生的实践能力和就业竞争力。高校支持教师和大学生到企业实习或实践，了解行业动态和市场需求；企业也参与高校人才培养，提供实践指导和职业规划。高校与企业共建实验室、实训基地等实践教学平台，为大学生提供实践机会，提高大学生的创新能力，促进高校与企业的合作和发展。

7. 实用性和针对性

地方应用型本科高校的教学方法和课程设置更具实用性和针对性，它们以社会经济发展需求为导向，注重培养大学生的实践应用能力和创新创业能力，以及适应不同行业和职业的专业素养。

8. 地方性

地方应用型本科高校服务地方人才需求和社会经济发展，生源和就业多在本地或周边。应用型本科人才培养的地方性主要体现在以下几方面。

(1) 根据地方需求和特色，确定培养目标和方向，突出专业特色和区域特色，培养适应地方产业调整和创新发展的高素质人才。

(2) 深化产教融合、校企合作，利用地方资源，建立企业主导的培养模式，加强实践教学和实习实训，提高大学生的实践能力和就业创业能力。

(3) 加强与地方政府、行业组织、社会机构的协作，参与地方建设和服务，推动创新成果的转化和应用，提升社会影响力和服务能力。

(4) 建立符合应用型人才培养特点的教师评价和激励机制，鼓励教师参与地方技术研发和服务，从而培养兼具教学与实践经验的“双师型”教师队伍。

9. 重视“双师型”教师的培养和引进

我国地方应用型本科高校在构建和引进“双师型”教师队伍方面采取了以下措施。

(1) 修订教师资格认定标准，完善教师专业技术职称评聘制度，将专业教学水平和应用实践能力纳入教师考核评价体系,确保评价全面准确。

(2) 实施教师素质能力提升计划,要求教师参与定岗实践、企业实习等活动,支持在职教师定期到企业实践锻炼。

(3) 打通行业企业高层次技术技能人才柔性任教通道,鼓励企业技术和管理人才进入学校从事教学工作,促进校企人才双向流动。

(4) 加强与企业的合作,建立校企实践教学基地和产学合作项目,提高教师的实践教学能力,丰富教师的行业背景。

(5) 依据岗位需求设计层次分明的"岗位职业能力"培训课程体系,并设立初级、中级、高级的能力认定标准,对高校专业教师进行分阶段、递进式的精细化培养。

2.2 我国地方应用型本科高校的发展现状

2.2.1 我国地方应用型本科高校的发展情况

我国的地方应用型本科高校主要起源于20世纪80年代,主要由一些职业技术学院转型而来,目的是更好地适应社会经济发展的需求,培养应用型人才。近年来,随着中国高等教育事业的发展和改革的推进,越来越多的地方应用型本科高校涌现出来,成为我国高等教育结构的重要组成部分。

在人才培养方面,早期的地方应用型本科高校主要侧重于培养具有一定专业知识和技术技能的专业技术人才。进入21世纪以来,随着国家创新驱动发展战略的实施及"一带一路"倡议的推动,我国对地方应用型本科高校的人才培养提出了新的要求。首先,地方应用型本科高校需要加强对大学生创新能力的培养,培养具有创新精神和创新能力的应用型人才;其次,地方应用型本科高校需要加强对大学生国际视野的培养,培养能够适应全球竞争环境的应用型人才;最后,地方应用型本科高校还需要加强对大学生社会责任感的培养,培养具备良好职业道德和社会责任感的应用型人才。

1. 地方应用型本科高校发展规模

地方应用型本科高校的数量持续增加。截至2022年5月31日,我国共有1270所普通本科高校,应用型本科高校占52.8%,达到633所,其中,地方应用型本科高校超过半数。2022年,地方应用型本科高校在校生1965.64万人,占全国普通本科在校生的46.4%;毕业生471.57万人,占全国普通本科毕业生的47.9%。

2. 地方应用型本科高校师资情况

据《全国应用型本科高校建设情况监测报告(2022年度)》显示,2017—2021年,我国应用型本科高校教师的行业企业实践经历明显增多,工程背景教师占专任教师的比例均值由7.41%提升至8.59%,行业背景教师占专任教师的比例均值由13.99%提升至17.09%,来自行业企业的外聘教师占专业课教师的比例均值由1.57%提升至2.46%,"双师型"教师占专任教师的比例均值由22.42%提升至25%左右。地方应用型本科高校的师资情况也大致如此。

3. 地方应用型本科高校教育经费

近年来，随着国家对应用型本科高等教育重视程度的不断提高，对于这类学校的经费投入也在逐年增加。

2020 年，全国共有 674 所应用型本科高校，其中，有 287 所公办应用型本科高校、223 所民办应用型本科高校和 164 所独立学院。2020 年全国按在校学生人均一般公共预算教育经费为 15 280.54 元，较 2019 年的 14 997.44 元增长 1.89%。其中，普通高等学校生人均一般公共预算教育经费为 28 230.68 元，较 2019 年的 27 902.74 元增长 1.18%。

4. 地方应用型本科高校科研成果

地方应用型本科高校的科研成果主要表现在发表论文、申请专利、获得奖励等方面。《中国应用型本科高校 2022 年度综合竞争力报告》显示，2019 年，地方应用型本科高校共发表论文 3.8 万篇，其中 SCI、EI、SSCI、CSSCI 收录论文 1.2 万篇，占比 31.6%；申请专利 1.8 万件，其中发明专利 1.1 万件，占比 61.1%；获得国家级和省级科技奖励 1.1 万项，其中国家级科技奖励 71 项，占比 0.6%。

2.2.2　我国地方应用型本科高校人才培养模式现状

地方应用型本科高校是为了适应国家经济社会发展的需要，培养具有较强实践能力和创新精神的高素质应用型人才而设立的。目前，我国有近千所应用型本科高校，主要包括地方本科院校、独立学院、民办高校等。

地方应用型本科高校的人才培养模式应该以社会经济发展需求为导向，以产教融合、校企合作为途径，以实践能力培养为重点，以创新创业教育为引领，形成与应用型人才培养目标相适应的课程体系、教学方法、评价机制等。目前，一些地方应用型本科高校已经在这些方面进行了一些探索和实践，如采用本科生科研导师制"四年一贯制培养计划"，实施"双高计划"，开展中国特色学徒制，建立产教融合试点城市等，取得了一定的成效，但也存在着办学定位不清晰、专业设置不合理、师资力量不足、校企合作不顺畅等问题，需要进一步加强制度保障和政策支持。

具体从以下几方面分析我国地方应用型本科高校人才培养模式现状。

1. 教育理念

我国地方应用型本科高校在教育理念上取得了显著进步，主要体现在以下几点。

(1) 统一思想，更新观念，关注大学生的综合素质和实践能力的培养。

(2) 面向社会需求，优化人才培养方案，培养适应市场需求的高素质应用型人才。

(3) 以产教融合、校企合作为主要途径，深入推进育人方式、办学模式、管理体制、保障机制改革，提高人才培养质量和效益。

(4) 以本科生科研导师制为特色，采用"四年一贯制培养计划"，革新传统人才培养模式，实现全过程高质量人才培养。

(5) 强化师资队伍建设，提升教学质量。

(6) 注重实践教学环节，推动产教融合，拓宽就业渠道，提升毕业生的社会竞争力。

(7) 加强人文素质教育,全面提升大学生的综合素养,拓展大学生的视野,培养大学生的人文情怀。

(8) 推进创新教育,培养大学生的创新思维与创业能力。

(9) 以信息技术为手段,创新教学方法和评价方式,增强大学生的实践创新能力与自主学习能力。

2. 办学定位

我国地方应用型本科高校的主要办学定位是致力于培养能够满足国家及地方经济社会发展需求的应用型和创新型人才。这些高校主要扎根于地方,紧密结合区域发展特色,为地方经济的繁荣和发展提供有力的人才保障。

3. 学科特色

我国地方应用型本科高校在人才培养过程中强调凸显学科特色,主要体现在以下几方面。

(1) 专业设置与地方产业紧密对接,满足地方经济发展的人才需求。

(2) 注重实践教学体系建设,加强与企业的合作,为大学生提供真实的实践环境。

(3) 加强"双师型"师资队伍建设,提高教师的实践指导能力。

(4) 课程内容强调实用性,紧密结合行业实际,并不断更新以反映最新发展。

(5) 推动产学研一体化,鼓励教师和大学生参与实践项目,促进科技创新和科研成果转化。

(6) 积极服务地方经济,为企业和政府提供支持。

(7) 加强与国际的交流与合作,引进国外优质的教育资源,提升学校整体办学水平。

4. 课程体系

我国地方应用型本科高校的课程体系是指地方应用型本科高校为实现人才培养目标而设置的各类课程的总体结构和内容安排。应用型本科高校的课程体系建设是应用型本科高校人才培养的核心环节,也是应用型本科高校与研究型高校、高等职业院校的主要区别之一。在课程体系方面,地方应用型本科高校注重培养学生的理论知识和实践技能,在课程设置上以满足实际工作需求为主。由于地方应用型本科高校的目标是培养面向地方、服务基层的应用型人才,因此特别注重课程的实用性和实践性。

5. 职业导向

我国地方应用型本科高校在人才培养中,也面临着职业导向方面的问题,主要表现在以下几方面。

(1) 专业设置与市场需求脱节。地方应用型本科高校需随产业和技术变化调整专业设置,满足市场需求。若未能及时调整,将导致大学生就业困难。

(2) 培养模式与职业需求不匹配。地方应用型本科高校应以职业需求为导向,注重实践和理论融合。但部分地方应用型本科高校过于理论化,实践教学不足,影响大学生职业能力的培养。

(3) 师资队伍与职业特点不匹配。地方应用型本科高校教师需具备实践经验和行业背景,但存在教师学历和职称结构不合理、实践教师数量不足等问题。

(4) 学术研究投入不足。部分地方应用型本科高校对学术研究的投入不足,影响大学生的创新能力和适应行业发展的能力。

(5) 职业规划不完善。主要涉及教育体系、社会环境和个体因素等,需多方改进。

6. 大学生主体地位

我国地方应用型本科高校强调大学生在人才培养中的主体地位,主要体现在以下几方面。

(1) 大学生主导的学习。提倡课堂互动,激发大学生的主动性与创新精神,培养大学生的自学能力和自主规划能力。

(2) 大学生主导的实践。结合实践教学,鼓励大学生亲身参与项目实习,增强大学生的实践技能。

(3) 大学生主导的科研。激励大学生参与科研活动,发掘兴趣,提高大学生独立思考和独立解决问题的能力。

(4) 大学生参与的改革。推动大学生主动参与教育教学改革,建立多方互动机制,促进大学生全面发展和个性化成长。

(5) 大学生评价体系。以大学生满意度和就业质量为评价标准,建立健全反馈机制,持续优化人才培养方案和课程体系。

7. 师资结构和队伍

我国地方应用型本科高校在人才培养中,师资结构和队伍的情况对教学质量有着重要影响。目前,我国地方应用型本科高校师资队伍的主要情况有以下几点。

(1) 师资队伍总量不足。

据有关调查数据显示,目前我国地方应用型本科高校在学科建设和人才培养上的师资需求量仍然较大,但是师资队伍的数量却明显不足。这给学校带来了一定的压力,同时也限制了教学质量和人才培养的质量。

(2) 师资队伍结构不合理。

在我国地方应用型本科高校中,许多教师是从“学校到学校”,即普通本科或者研究生毕业后直接进入教师岗位,缺乏实践经验和行业背景,不能为大学生提供有效的、专业的指导和服务。此外,一些地方应用型本科高校的师资队伍还存在学历水平和职称结构不合理、实践教师和“双师型”教师数量不足、教师参与行业企业实践的经历不足等问题,不能有效保障应用型人才培养的质量;而且,由于地方应用型本科高校在学科领域的多样性,不同专业的教师人数也不尽相同,导致师资队伍结构失衡。

(3) 师资结构与专业设置和人才培养目标不匹配。

我国地方应用型本科高校在师资结构与专业设置和人才培养目标之间存在不匹配的问题,具体表现在以下几方面。

① 部分专业的师资力量不足,可能是因为专业开设较晚或地域因素等原因导致相关教师数量较少。

② 师资队伍的总体素质有待提高，尤其是在专业对口性和实践教学经验方面存在不足，这对实现精准对接产业需求、培育高质量应用型人才构成了挑战。

③ 师资结构与专业设置不匹配的问题突出，主要表现为教师的学历层次不高、专业背景不匹配、实践经验不足等，这导致教师难以适应应用型专业的教学要求。

④ 专业设置与人才培养目标也存在不匹配的现象，这需要地方应用型本科高校进一步优化专业设置，使其与市场需求和产业发展相适应。

(4) 领军人才匮乏。

领军人才是指在某一领域或方向具有国际影响力和引领作用的高水平创新人才，他们能够开拓新的学科前沿，引领学术潮流，带领团队攻克重大科技难题，为国家和社会作出重大贡献。领军人才是应用型本科高校的核心竞争力，是提升学校教育质量和服务能力的关键因素，是培养高素质应用型人才的重要保障。我国地方应用型本科高校在建设高水平学科的过程中，往往缺乏具有影响力的领军人物，这给提高学校的科研能力和影响力带来了很大的挑战。

8. 校企合作

近年来，我国地方应用型本科高校与企业间的校企合作已成常态，这一模式在提升教学质量和培养大学生的实践能力的同时，也为企业提供了人才储备。具体表现为以下几点。

(1) 校企联合办学以实现资源共享、优势互补。

(2) 共建专业课程，根据市场需求制定人才培养方案和课程体系。

(3) 共同建立实验室、实训基地，提供真实的工作环境，增强学生的实践创新能力。

(4) 通过教师挂职学习、企业人员任教等方式培养"双师型"师资队伍。

(5) 合作开展科研项目，将学术成果转化为生产力，服务企业和学校。

(6) 联合举办培训活动，助力大学生提前适应职场。

2.3 我国地方应用型本科高校人才培养存在的问题

我国地方应用型本科高校人才培养存在的问题主要包含以下几方面。

1. 办学定位不清晰

地方应用型本科高校应该以培养具有实践能力和创新精神的应用型人才为目标，但目前有些应用型本科高校缺乏自身特色，盲目追求规模扩张和学科建设，忽视了与学科建设和社会需求的对接，导致人才培养质量与市场需求脱节。

我国地方应用型本科高校在办学定位上存在一些不清晰的问题。

(1) 办学类型定位学术化。一些地方应用型本科高校过分追求学术水平和研究型高校的标准，忽视了应用型教育的特点和社会需求，导致课程设置、教学内容、教学方法和评价体系等方面与应用型人才培养的目标不相匹配。

(2) 办学层次定位升级化。一些地方应用型本科高校盲目扩大招生规模，追求高层次的学历教育，特别是专业学位研究生教育，而忽视了本科教育的质量和特色，导致教育资源分配的不合理、教育质量的下降、人才培养的失衡。

(3) 办学目标定位虚高化。一些地方应用型本科高校不根据自身的办学条件和区域特色,制定了过于宏大和抽象的办学目标,如建设世界一流大学、国际化高水平大学等,同时缺乏具体的实施方案和评价指标,导致办学目标与实际情况脱节,办学特色和优势不明显。

(4) 办学理念滞后。有些地方应用型本科高校的办学理念没有跟上社会发展和市场变革的步伐,容易出现僵化和落后的问题。

(5) 缺乏核心优势。部分地方应用型本科高校在办学过程中没有明确自己的核心优势,在激烈的竞争环境中无法脱颖而出。

(6) 课程设置不合理。部分地方应用型本科高校的课程设置过于理论化或过度依赖教材,难以满足大学生的实际需求和行业发展的需求。

(7) 教学质量不理想。由于办学定位不清晰,部分地方应用型本科高校的教学质量难以得到保证,影响大学生的成长和发展。

综上所述,我国地方应用型本科高校办学定位不清晰的问题可能会影响到地方应用型本科高校的发展方向和质量水平,这些问题亟须解决改进。

地方应用型本科高校办学定位不清晰的原因有以下几方面：

(1) 政策制度的不完善。目前,我国对地方应用型本科高校的政策支持和制度保障还不够,如在学科专业设置、教师职称评审、学生招生考试、教育质量评估等方面,还没有形成与应用型教育相适应的标准和规范,导致地方应用型本科高校在办学过程中遇到了一些制度性的障碍和困惑。

(2) 社会认知的不足。目前,社会对地方应用型本科高校的认知还不够全面和深入,一些学生、家长、用人单位等对应用型教育仍然存在偏见和误解,认为应用型教育是低层次、低质量、低价值的教育,导致地方应用型本科高校在招生就业、社会服务等方面受到了一定的影响和限制。

(3) 应用型本科高校自身的不适应。一些地方应用型本科高校没有根据时代变化和社会需求及时调整自己的办学理念和办学方式,仍然沿袭传统的教育模式和思维方式,缺乏创新精神和实践能力,导致地方应用型本科高校在办学定位上出现了偏差和困惑。

针对地方应用型本科高校办学定位不清晰的对策建议有以下几方面。

(1) 政府层面要完善政策制度体系。政府部门要加强对地方应用型本科高校的政策支持和制度保障,制定与应用型教育相适应的学科专业设置、教师职称评审、学生招生考试、教育质量评估等的标准和规范,为地方应用型本科高校的办学提供有力的制度保障。

(2) 社会层面要营造益于应用型教育发展的社会氛围。社会各界要加强对地方应用型本科高校的认知和宣传,消除对应用型教育的偏见和误解,树立对应用型教育的正确观念,为地方应用型本科高校的招生就业、社会服务等提供帮助。

2. 课程体系不合理

地方应用型本科高校的课程体系应该以大学生为中心,根据市场需求和大学生兴趣进行动态调整,注重培养大学生的基础知识、专业技能、通用能力和职业素养,采用多种教学方法,如案例教学、项目教学、基于问题的教学、协作学习等,提高大学生的主动性、参与性和实践性,培养大学生的创新能力和解决问题的能力。但目前有些地方应用型本科高校的课程设置结构重理论轻实践,缺乏跨学科和跨文化的交流合作,难以适应数智时代的产业发展需要。

我国地方应用型本科高校课程体系不合理的具体情况主要有以下几方面。

(1) 课程设置过于体系化和学科化,缺乏应用性和针对性。一些地方应用型本科高校的课程设置沿袭了传统的学科体系,过多强调基础理论知识,忽视了与社会需求和行业发展相匹配的应用性知识和技能,导致课程内容与人才培养目标的脱节,以及课程之间的重复和冗余。

(2) 课程教学方法过于单一和传统,缺乏创新性和互动性。一些地方应用型本科高校的课程教学停留在知识传授的层面,采用教师讲授、大学生听讲的模式,忽视了大学生的主动参与和探究式学习。这导致了课程教学的低效和无趣,以及大学生学习动力和兴趣的缺失。

(3) 课程评价方式过于标准化和考试化,缺乏多样性和过程性。一些地方应用型本科高校的课程评价依赖于传统的考试和作业,过分强调知识掌握的结果,而忽视了大学生的学习过程和能力素质的培养。这导致了课程评价的形式化和应试化,以及大学生学习策略和方法的单一化。

(4) 课程建设管理过于松散和粗放,缺乏规范性和质量保障。一些地方应用型本科高校的课程建设缺乏有效的组织和指导,课程质量的监测和评估不够严格和科学,课程建设的激励和支持机制不够完善和有效。这导致了课程建设的随意性和不平衡性,以及课程建设的动力和水平的不足。

(5) 课程设置过分追求综合性。部分地方应用型本科高校的课程体系过分追求全面性和综合性,导致课程内容分散且深度不够,不能满足大学生的专业和职业发展的需求。

(6) 缺乏特色和差异化。部分地方应用型本科高校的课程体系过于雷同,缺乏特色和差异化,不利于培养高质量的专业人才。

(7) 课程更新速度慢。部分地方应用型本科高校的课程体系未能及时跟进行业发展趋势和社会需求,容易导致大学生知识面狭窄、专业素养不高。

(8) 实践教学环节薄弱。部分地方应用型本科高校的课程体系中实践教学环节较为薄弱,导致大学生缺乏实践操作经验和实战能力。

综上所述,我国地方应用型本科高校在课程体系上的不合理情况可能导致大学生的学习质量和就业前景受到影响,因此有必要对其进行改进和完善。

3. “双师型”教师队伍稀缺

地方应用型本科高校的教师队伍应该具有“站上讲台是教师,走进工厂是工程师”的“双师型”特征,即既有扎实的理论功底,又有丰富的实践经验,能够将企业行业的实际需求融入人才培养过程,引导大学生关注社会热点、全球议题,提升大学生的批判性思维和解决问题的能力。一方面,目前有些高校的教师来自研究型高校,他们接受过系统理论知识学习,理论功底扎实深厚,但实际动手能力不足,专业实践技能有所欠缺。另一方面,行业企业高层次技术技能人才成为地方应用型本科高校教师的渠道不畅通,教师管理制度学术化倾向明显,导致“双师型”教师队伍数量不足、质量不高。

我国地方应用型本科高校“双师型”教师队伍还存在一些问题,主要表现在以下几方面。

(1) 缺乏稳定的投入。由于政策限制,部分地方应用型本科高校缺乏稳定的资金投入用于“双师型”教师队伍的建设和培训，导致该领域的师资力量不足。

(2) 不同地区差异较大。在不同地域之间，“双师型”教师队伍的发展程度存在着显著的差异。发达地区的地方应用型本科高校在“双师型”教师队伍建设方面取得了较大的进展，而欠发达地区的地方应用型本科高校在“双师型”教师队伍建设方面则存在一定的困难。

(3) 没有规范化的标准。当前还没有一套完整的、规范化的“双师型”教师资格评审和认证制度，使教师队伍建设缺少有效依据。

(4) 缺乏有效的激励机制。当前没有相应的奖励和激励措施来鼓励更多的教师参与到“双师型”教师队伍的建设和发展之中，从而阻碍了人才队伍的成长。

(5) 教师素质参差不齐。由于缺乏统一的标准和规范，在“双师型”教师队伍中，教师的素质参差不齐，导致整体质量不高。

综上所述，可以看出我国地方应用型本科高校“双师型”教师队伍在建设上仍然存在一些问题，有待进一步完善和发展。

4. 产教融合不深入

产教融合是指产业相关机构与教育科研相关机构在协同培养人才和创新活动等方面进行深层次的合作，是一种通过提升双方人才培养质量和促进深度融合，从而推动产业和教育科研共同发展的一种模式。地方应用型本科高校应该重视与企业行业的合作，实现产学研用一体化，通过设置跨学科的课程模块，开展实践性教学和实习实训，让大学生在真实或仿真的环境中应用所学知识和技能，提高大学生的职业适应能力和综合素质。但目前有些地方应用型本科高校的产教融合还停留在表面，缺乏深度和广度，难以形成产教良性互动、校企优势互补的发展格局。

我国地方应用型本科高校产教融合不深入的具体情况有以下几方面。

(1) 产教融合的政策环境不完善，合作机制不够健全。目前，我国产教融合的法律法规、政策措施、评价机制、激励机制等还不够健全，导致产教融合的主体责任不明确、参与的动力不足、效果的考核不严、成果的运用不充分。产教融合政策在系统性和整体性方面存在不足，导致校企合作的状态不均衡，存在部分合作热度不高、责任承担不平衡的问题。“两张皮”现象也依然较为突出，即理论与实践、教育与产业未能有效衔接和融合。部分地方应用型本科高校的产教融合机制尚未完全建立起来，缺乏稳定的合作渠道和合作伙伴，导致合作项目和资源利用率低下。

(2) 产教融合的办学模式尚未创新。目前，我国地方应用型本科高校的办学模式还较为传统，缺乏与产业需求、技术变革、市场竞争相适应的创新模式。课程体系设计不合理，过于体系化和学科化，缺乏应用性和针对性。教学方法过于单一和传统，缺乏创新性和互动性。评价方式过于标准化和考试化，缺乏多样性和过程性。人才培养方案不灵活，缺乏个性化和差异化。产教融合的形式内容不丰富，缺乏深度和广度。

(3) 产教融合的师资队伍不壮大。目前，我国地方应用型本科高校的师资队伍建设还面临着数量不足、结构不合理、水平不高、流动不畅等问题。特别是“双师型”教师的缺乏，制约了产教融合的质量和效果。一方面，地方应用型本科高校教师缺乏行业背景和实践经验，难以与企业对接，开展应用性教学和科研。另一方面，企业技术人员缺乏教学能力和教育理念，难以进入地方应用型本科高校任教，参与人才培养和课程建设。产教融合的师资培养、评价、激励等机制不健全,影响了师资队伍的稳定和发展。

(4) 教学内容和产业需求脱节。部分地方应用型本科高校的课程设置和教学内容无法满足企业的实际需求,导致大学生的就业竞争力受到一定影响。

(5) 双向互动不够频繁。部分地方应用型本科高校在产教融合方面缺乏双向互动机制,双方未能充分利用彼此的优势资源进行合作,不利于发挥最大效益。

(6) 资源配置不平衡。部分地方应用型本科高校在产教融合方面资源配置不均衡,导致部分学院和专业的资源紧张,影响了教学质量。

(7) 政策支持力度不足。部分地方应用型本科高校的产教融合方面得不到足够的政策支持,导致部分项目和活动难以顺利开展。

综上所述,我国地方应用型本科高校在产教融合方面存在的不深入问题制约了地方应用型本科高校的发展,亟待采取相应措施加以改进。

5. 评价体系不够完善

地方应用型本科高校人才培养模式的师资队伍和评价体系不够适应和完善,有的地方应用型本科高校缺乏高水平的"双师型"教师,教师的专业知识和实践技能更新不及时、教师的激励和约束机制不完善、教师的培训和发展机会不多、人才培养的评价标准和方法不科学、人才培养的质量和水平不高。

我国地方应用型本科高校的人才培养评价体系目前存在以下几方面的问题。

(1) 目标不明确。目前尚无统一的标准来衡量地方应用型本科高校是否成功地完成了人才培养任务,导致了各地方应用型本科高之间差异较大。

(2) 方法不统一。虽然有些地方应用型本科高校建立了人才培养评价体系,但是不同地方应用型本科高校的评价方法各异,没有一个统一的标准。

(3) 不够客观公正。地方应用型本科高校缺乏公正的评价体系,很多情况下都是由教师自行评估学生,容易受到主观因素的影响。

(4) 过于注重短期成绩。评价体系往往过于关注大学生的短期成绩,从而忽视了他们的长期发展和职业能力。

(5) 评价指标不全面。目前,地方应用型本科高校的评价指标主要集中在学业表现方面,而忽视了对大学生创新思维、实践能力、团队协作能力等方面的考核。

(6) 对教师的评价不够合理。目前,地方应用型本科高校在评价教师时主要关注教学成果,而忽略了教师的实践教学能力、科研能力等方面的表现。

(7) 评价指标不全面。我国地方应用型本科高校的人才培养评价体系中,过多地关注了教师和学校的表现,而忽略了大学生的成长过程和实际情况。

(8) 评价方式单一。我国地方应用型本科高校的人才培养评价体系主要依赖于考试和成绩,缺乏对大学生的实践能力和综合素质的评价。目前,地方应用型本科高校的评价方式多以书面考核为主,缺乏多元化的评价方式,如项目评价、实习评价、比赛评价等。

(9) 校外评价缺失。我国地方应用型本科高校的人才培养评价体系尚未完全覆盖校外评价,如大学生的实习表现、就业表现等。

(10) 社会认可度低。我国地方应用型本科高校的人才培养评价体系未得到广泛的社会认可,这对于促进大学生的就业和职业发展是非常不利的。

我国地方应用型本科高校人才培养评价体系的具体改进方法有以下几方面。

(1) 引入多元化的评价方式。地方应用型本科高校应该引入多元化的评价方式，如项目评价、实习评价、比赛评价等，全面评价大学生的表现。

(2) 强化实践环节的考核。地方应用型本科高校应该强化实践环节的考核，让大学生能够在实践中学习和成长。

(3) 拓宽评价指标。地方应用型本科高校应该拓宽评价指标，除了学业表现外，还应该注重对大学生创新思维、实践能力、团队协作能力等方面的考核。

(4) 公平公正地评价教师。地方应用型本科高校应该公平公正地评价教师，既要关注教师的教学成果，也要关注教师的实践教学能力、科研能力等方面的表现。

(5) 明确人才培养目标。各地方应用型本科高校应该明确自身人才培养的目标，并将其落实到具体的评价体系中。

(6) 建立统一的标准。各地方应用型本科高校应该共同制定一个适用于全国范围内的统一评价标准。

(7) 引入第三方评价机构。可以引入第三方评价机构，以确保评价结果更加公正可靠。

(8) 注重长期发展和职业能力。地方应用型本科高校应该加强对大学生长期发展和职业能力的关注，以此作为评价的重要依据。

6. 人才培养重理轻文

我国地方应用型本科高校人才培养过程中存在重理轻文的情况，这些院校在课程设置、教学模式、教师队伍等方面，过分强调理工科的基础理论和实践技能，而忽视文科的人文素养和创新思维。

(1) 人才培养重理轻文产生的原因。

① 地方应用型本科高校的办学目标是培养适应社会经济发展需要的具备应用技术和职业技能的人才，因此更加注重理工科的学习和实践，而相对忽视了文科的重要性。

② 地方应用型本科高校的评价体系和激励机制也倾向于重视理工科的教学和科研，而忽略了文科的贡献。一些学校为了追求高水平的学科建设和科技创新，牺牲了文科的发展空间。

③ 地方应用型本科高校的师资队伍和课程体系也存在不足，导致文科教育的质量和水平不高。一些地方应用型本科高校缺乏高水平的文科教师，文科课程设置不合理，文科教学方法和手段落后，文科学习氛围不浓厚。

④ 社会和地方应用型本科高校的学生对文科也存在一定的误解和偏见，认为文科学习没有用处，不利于就业和创业。大学生对文科学习缺乏兴趣和动力，社会机构和用人单位对文科生的需求和认可不足。

(2) 人才培养重理轻文造成的结果。

① 文科人才短缺。由于地方应用型本科高校在人才培养上偏重于理工科专业，文科专业的发展相对受限，导致文科人才短缺。这在一定程度上影响了社会的文化发展和传承。

② 学科发展不平衡。重理轻文的现象使得地方应用型本科高校的学科发展出现不平衡。理工科专业的学科得到了充分的发展和支持，而文科专业的学科则相对滞后，这不利于学科的全面发展和进步。

③ 大学生综合素质培养不足。重理轻文的现象还可能导致大学生的综合素质培养不足。虽然理工科专业能够培养大学生的专业技能和实践能力，但文科教育在培养大学生的人文素养、创新思维和批判性思维等方面具有独特作用，缺乏文科教育可能导致大学生的综合素质发展受限。

7. 重继承、缺创新

我国地方应用型本科高校重继承、缺创新的情况，主要表现在以下几方面。

(1) 地方应用型本科高校在办学理念上缺乏自身的个性特色，过度仿效研究型高校，办学定位同质化。地方应用型本科高校未能结合自身优势和办学条件，对接地方经济与社会发展需求，办出特色和应有水平。

(2) 地方应用型本科高校在人才培养体系建设中，培养目标靶向游离，培养模式缺乏行业主体参与。地方应用型本科高校的人才培养目标游离于靶向之外，未能聚焦于应用型人才产出，有的甚至仅将“应用型”作为一种文字表述纳入人才培养目标中。地方应用型本科高校未能摒弃僵化的思维惯性，仍沿用研究型大学的人才培养模式，注重基础理论传承与完善的同时忽视了实践操作的培养与训练。

(3) 地方应用型本科高校的教师队伍存在“双师型”教师不足的问题，教师管理制度也明显偏向学术化。地方应用型本科高校沿袭了以理论研究为主的人才观，过分关注教师的理论教学和学术研究能力，而忽视了企业中优秀技术人才的引进和培养，以及现有教师的应用研发水平和实践指导能力的提升。地方应用型本科高校的教师管理制度基本模仿研究型大学，强调学术标准，偏离了“双师型”教师队伍建设的要求，在教师招聘、培训、职称和考核等方面，只看重教师的学术头衔、学历学位、学术科研能力等学术性指标，而忽略了对教师专业的“实践性、技能性和职业性”要求，与地方应用型本科高校师资队伍建设目标的不一致，导致地方应用型本科高校教师管理制度的失范。

(4) 地方应用型本科高校在学科专业建设中，特色不鲜明，课程设置结构重理论轻实践。地方应用型本科高校未能根据地方经济社会发展的需求，开设符合区域特色和产业优势的学科专业，而是盲目追逐热门专业或者模仿研究型高校的学科专业设置，导致学科专业缺乏特色和竞争力。地方应用型本科高校在课程设置上，过分强调理论知识的教授，忽视实践技能的培养，从而导致大学生缺乏实践能力和创新能力，难以适应社会和企业的需求。

(5) 地方应用型本科高校在科学研究和社会服务上实力羸弱，成果难以转化落地。地方应用型本科高校在科学研究上缺乏自主创新的能力和意识，多数研究项目属于跟踪性、应用性或重复性的研究，缺乏原创性和前沿性，难以形成自身的学术特色和优势。地方应用型本科高校在社会服务上，缺乏与地方政府和企业的深度合作，难以将科研成果转化为实际的技术和产品，为地方经济社会的发展提供有效的支撑和服务。

2.4 本章小结

我国地方应用型本科高校人才培养模式是指以培养适应社会经济发展需要的高素质应用型人才为目标，以产教融合、校企合作为主要途径，以实践能力为重点的人才培养模式。具体来说，我国地方应用型本科高校人才培养模式主要包括以下几方面。

1. 明确的人才培养目标

根据国家和社会对人才的需求，确定具体的人才培养目标，包括专业技能、知识结构和综合素质等方面的要求，具体建议如下。

(1) 明确人才培养目标应以经济社会发展和大学生职业生涯发展需求为导向，结合国家战略和区域产业需求，充分考虑学科专业特点和大学生个性差异，综合运用定性和定量的方法，科学合理地确定人才培养目标。

(2) 明确人才培养目标应包括专业技能、知识结构和综合素质等方面的要求，体现人才培养的层次性、系统性和全面性。专业技能要求应突出专业的核心能力和专业的基本技能，反映专业的特色和优势，符合行业标准，提高社会认可度；知识结构要求应注重基础知识、专业知识和拓展知识的有机结合，反映学科发展的前沿性和创新性，符合学术规范和学科体系；综合素质要求应涵盖思想品德、文化修养、创新精神、实践能力、社会责任等方面，反映人才培养的价值取向和人文关怀，符合社会主义核心价值观和时代要求。

(3) 明确人才培养目标应遵循动态调整和持续改进的原则，根据国家和社会对人才的需求变化，及时调整和完善人才培养目标，提高人才培养的适应性和针对性。同时，应建立健全人才培养目标的评估和反馈机制，定期对人才培养目标的实施效果进行检验和评价，及时发现和解决存在的问题，不断提高人才培养的质量和水平。

2. 专业设置

地方应用型本科高校是培养高层次应用型人才的重要基地，其专业设置应该紧密对接国家战略、区域发展、行业需求等，优先发展新兴产业和紧缺专业，改造升级传统专业，淘汰供给过剩和就业率低的专业，形成紧密对接产业链、创新链的专业体系。

以下是针对地方应用型本科高校专业设置的一些建议。

(1) 地方应用型本科高校的专业设置须瞄准普通职业和专业性职业的中间地带，避免与职业教育本科及研究型大学开设的专业重合，应该在职业院校和研究型大学的人才培养之间起到桥梁作用，与新经济、新业态、新技术，与现代农业、先进制造业、现代服务业、战略性新兴产业建立起密切联系。

(2) 地方应用型本科高校要充分借鉴发达地区应用型人才培养经验，结合地方发展和学校实际，建立以职业需求为导向、以实践能力培养为重点、以产学结合为途径的专业培养模式，不断优化设计地方应用型本科高校人才培养方案。

(3) 地方应用型本科高校要加强学科专业发展规划，主动适应国家和区域经济社会发展、知识创新、科技进步、产业升级需要，做好学科专业优化、调整、升级、换代和新建工作。

(4) 地方应用型本科高校要深化新工科、新医科、新农科、新文科建设，以新工科、新医科、新农科、新文科建设为引领，做强优势学科专业，形成人才培养高地。做优特色学科专业，实现分类发展、特色发展。

(5) 地方应用型本科高校要加强基础学科专业建设，建强数、理、化、生等基础理科学科专业，适度扩大天文学等紧缺理科学科专业布局，精准推动基础医学(含药学)学科专业建设，系统推进哲学、历史学等基础文科学科专业建设，促进多学科交叉融通。

(6) 地方应用型本科高校要完善学科专业建设质量保障机制，制定科学、规范的人才培养方案，系统设计课程体系，配齐配强教师队伍、教学条件、实践基地等，确保人才培养方案落实落地。

3. 将技术进步和产业发展要求融入课程建设中

课程建设要体现技术进步和产业发展要求，将新产业、新业态、新技术、新模式融入课程建设，地方应用型本科高校要与经验丰富的行业、企业单位共同开发课程、教材、案例、项目。

以下是一些相关建议可供地方应用型本科高校参考。

(1) 关注技术和产业的前沿动态，及时跟踪和分析新产业、新业态、新技术、新模式的发展趋势和特点，结合专业的特色和优势，选择适合的课程内容和形式，使课程具有时代性和前瞻性。

(2) 加强课程的理论与实践的结合，将新产业、新业态、新技术、新模式的实际应用场景和案例融入课程教学中，让大学生在学习中感受到技术和产业的变化和影响，提高课程的实践性和针对性。

(3) 推动课程的创新与开放，鼓励大学生主动探索和尝试新产业、新业态、新技术、新模式的可能性和潜力，培养大学生的创新意识和创新能力，提高课程的创新性和开放性。

(4) 深化课程的协同与共享，加强与经验丰富行业、企业单位的合作，共同开发课程、教材、案例、项目，充分利用各方的资源和优势，提高课程的协同性和共享性。

4. 人才培养方案要以职业需求为导向

一体化设计职业教育人才培养体系，推动各层次职业教育专业设置、培养目标、课程体系、培养方案衔接，支持在培养周期长、技能要求高的专业领域实施长学制培养。

以下是一些相关建议可供地方应用型本科高校参考。

(1) 要充分调研和分析社会职业需求的变化趋势和特点，结合地方经济社会发展规划和产业转型升级的需要，确定专业设置的方向和重点，避免盲目跟风或重复建设，提高专业的适应性和针对性。

(2) 要深化校企合作，加强与行业企业的沟通协作，参考国家、行业和地方的职业标准和技能标准，共同制定专业教学标准和课程标准，确保专业培养方案与职业能力要求相对接，提高专业的实用性和有效性。

5. 构建理论与实践相结合的课程体系

注重基础教育的同时加强实践教学环节，培养大学生解决实际问题的能力。

以下是一些相关建议可供地方应用型本科高校参考。

(1) 要坚持以大学生的发展为中心，根据大学生的年龄特点、学习需求和兴趣爱好，设计符合大学生认知规律和发展规律的课程内容和教学方法，激发大学生的学习动机和主动性，培养大学生的自主学习能力和终身学习能力。

(2) 要加强课程整合，打破学科壁垒，构建跨学科的综合性课程，促进大学生知识结构和思维方式的优化，培养大学生的创新思维能力和问题解决能力。同时，要注重课程与社会实际的联系，引入社会热点、前沿技术、生活场景等，让大学生在现实世界中解决真实问题，培养大学生的社会责任感和公民意识。

(3) 要加强实践教学，强化大学生的动手操作、实验探究、项目研究等实践活动，提高大学生的实践能力和实践水平。要充分利用校内外的实践教学资源，如实验室、实训中心、科技馆、博物馆、企业、社区等，为大学生提供丰富多样的实践学习平台，让大学生在实践中学习、在学习中实践，将理论知识与实践技能相结合，将学习与生活相融合。

(4) 要改革教学评价，以评促教、以评促学，发挥评价的导向、诊断、反馈作用。要注重过程性评价，多元化评价手段，不仅要考察大学生的知识掌握程度，还要考察大学生的实践能力、创新能力、合作能力、沟通能力等，促进学生综合能力的发展。

6. 学科专业调整

根据地方经济和产业发展的需求，灵活调整学科专业的设置，以适应社会发展的需要。

教育部等五部门印发了《普通高等教育学科专业设置调整优化改革方案》(以下简称《改革方案》)，提出要建立健全工作制度，每年根据社会人才需求、学校办学定位、办学条件等，对应用型本科高校学科专业设置调整进行专题研究，加强与地方政府、行业部门、企业等的沟通协调，主动适应国家和区域经济社会发展、知识创新、科技进步、产业升级需要，做好学科专业优化、调整、升级、换代和新建工作。

教育部高等教育司负责人在解读《改革方案》时指出，学科专业设置要面向世界科技前沿、面向经济主战场、面向国家重大需求、面向人民生命健康；引导高校分类发展、特色发展，走好人才自主培养之路；提出了服务国家发展、突出优势特色、强化协同联动三条原则。

7. 产教融合的教学方式

校企合作是地方应用型本科高校人才培养的重要途径，也是提升地方应用型本科高校办学质量和社会服务能力的有效手段。校企合作可以帮助学校了解行业动态和企业需求、调整专业设置和课程体系、提高教学质量和效果。同时，校企合作也可以为企业提供优质的人才资源和技术支持，促进企业创新发展和转型升级。

校企合作要推动形成产教良性互动、校企优势互补的发展格局，地方应用型本科高校要主动吸纳行业龙头企业深度参与职业教育专业规划、课程设置、教材开发、教学设计、教学实施，合作共建新专业、开发新课程、开展订单式培养，推动校企共建共管产业学院、企业学院，延伸职业学校办学空间，提高大学生的实践能力和职业素养。

校企合作主要有以下几种形式。

(1) 校企共建专业。

学校与企业共同确定专业方向、人才培养目标、课程设置、教学内容、教学方法等，形成一体化的人才培养方案，实现专业建设的共同管理、共同投入、共同运行、共同监督、共同评价。

(2) 校企共建课程。

学校与企业共同开发符合企业需求和大学生特点的课程，由企业提供教学资源、教学场地、教学设备、教学人员等，由学校提供教学指导、教学管理、教学评价等，实现课程建设的共同设计、共同实施、共同改进、共同考核。

(3) 校企共建实践基地。

学校与企业共同建设面向专业教学和科研创新的实践基地，由企业提供实践项目、实践指导、实践评价等,由学校提供实践安排、实践监督、实践考核等,实现实践教学的共同规划、共同组织、共同管理、共同保障。

(4) 校企共建产业学院。

学校与企业共同建设面向特定产业或领域的高水平应用型人才培养机构,由企业提供产业需求、产业资源、产业平台等,由学校提供学科优势、学术支撑、学习环境等,实现人才培养的共同定位、共同定向、共同定制、共同培养。

(5) 校企共建企业学院。

学校与企业共同建设面向企业内部员工的继续教育机构,由企业提供员工需求、员工资源、员工激励等,由学校提供教育理念、教育内容、教育方法等,实现员工培训的共同识别、共同设计、共同实施、共同评估。

8. 教学实施

要以实践能力为导向构建教学体系,人文社科类、理工类专业实践学分比例应分别不低于20%和30%,项目教学、案例教学等要在应用型本科高校教学模式中占有一定比例,大学生毕业论文设计在实习行业一线和社会实践中完成的占比,理工类专业不低于90%,人文社科类专业不低于15%。对于理工类专业,要求不低于90%的大学生能够在实习行业一线和社会实践中完成毕业论文设计,这意味着这些专业的毕业生需要将所学理论知识与实际工作紧密结合,通过解决实际问题来提升自己的专业技能和综合素质。这符合地方应用型本科高校教育注重实践性、培养应用型人才的目标。而对于人文社科类专业则不低于15%,同样强调了要在实习行业一线和社会实践中完成毕业论文设计。一方面体现了对人文学科实践性的重视,另一方面也反映了对跨学科合作和解决问题能力的需求。如社会工作、新闻传播等专业的大学生可以通过实地调查、参与社区服务等方式来完成毕业论文,这样既能增强他们的实践能力,也能培养他们的社会责任感和人文关怀。

9. 创新创业教育

鼓励大学生参与创业活动,为大学生提供创新创业的课程和指导服务,培养大学生的企业家精神和创业能力。我国地方应用型本科高校人才培养开展创新创业教育,可以从以下几方面着手。

(1) 开设创新创业课程。

创新创业课程是指以培养大学生的创新精神、创业意识和创新创业能力为目的,结合专业教育和实践教学开发开设的一类课程。创新创业课程可以分为必修课和选修课,必修课主要涵盖创新创业基础理论、方法和技能,选修课主要涉及创新创业案例分析、项目实践、导师辅导等内容。

根据国务院办公厅《关于深化高等学校创新创业教育改革的实施意见》,高校要根据人才培养定位和创新创业教育目标要求,促进专业教育与创新创业教育有机融合,调整专业课程设置,挖掘和充实各类专业课程的创新创业教育资源,在传授专业知识过程中加强创新创业教育。同时,高校要面向全体学生开发开设创新创业教育必修课和选修课,推出慕课(MOOC)等在线开放课程。

（2）建立创新创业平台。

创新创业平台是指以支持科技创新和创业活动为目的、整合各类创新要素和资源、提供创新创业服务的载体和机制。创新创业平台可以分为科技研发平台、科技成果产业化平台、科技金融支撑平台和科技资源共享平台，分别针对科技创新和创业过程中的不同需求和难点，提供相应的解决方案。

具体来说，可以从以下 4 方面打造创新创业平台。

① 科技研发平台。

协调规划科技研发平台，解决在产业化进程中遇到的关键核心技术瓶颈问题。关注国家战略需求，在人工智能、先进制造、生命健康等前沿领域前瞻性地建设一批高水平的研发平台，以集中力量突破产业普遍面临的重大技术难题。鼓励行业领军企业与高等院校及科研机构共同建立研发平台，针对产业化过程中的关键核心技术难题进行联合技术攻关，从而构建一个高效且强大的共性技术供应体系。建立明确权责、共享成果、共担风险的研发平台共享机制，支持科技型中小企业联合高等院校和科研院所围绕市场需求开展创新活动。

② 科技成果产业化平台。

完善产业化平台的建设，促进科技成果的市场化。支持企业和高校、科研机构合作建设科技成果转化平台，实现需求匹配、优势互补、利益共享，共同进行技术定制、测试检验、中试熟化、产业化开发等工作，从根本上推动科技创新成果从实验室走向市场。以国家级高新技术开发区、国家火炬产业基地、火炬创业中心、大学科技园、归国留学人员创业园等产业化平台为依托，以培育具有特色的产业集群为目标，建设以创业苗圃、孵化器、加速器等创业服务平台为核心的科技成果孵化转化基地，推动创新链和产业链的有效对接。

③ 科技金融支撑平台。

创新科技金融支撑平台，重点解决科技型企业融资难的问题。围绕创新链健全资金链，强化资金链和创新链链式对接，为企业创新活动的每一步牵线搭桥，获取风险投资。完善和规范股权交易市场和债权交易市场，探索建立众筹银行、创客银行等新型金融服务机构，建立健全科技金融支撑服务体系。发挥政府引导基金作用，充分撬动天使投资基金、创业投资基金等社会资本全面支持科技创新活动，构建多渠道、多层次的科技金融投资体系。创新金融产品，规范民间金融秩序，鼓励小额贷款公司、融资性担保公司、股权投资基金、融资租赁公司、典当行等各类融资服务组织支撑科技型企业发展。建立科技型企业信用体系，运用“互联网＋”技术构建企业大数据信用平台，建立健全科技金融风控体系。

④ 科技资源共享平台。

搭建科技资源共享平台，重点解决科技创新资源“孤岛”问题。加强顶层设计，整合现有科技资源共享平台，促进科技资源集聚，构建多层次、广领域、网络化的科技资源共享平台体系。鼓励高等院校和科研机构面向企业开放实验室及大型科研仪器设备，提高资源利用效率。支持建立产业科技资源共享联盟，鼓励依托联盟搭建科技资源共享平台，推动科技资源在联盟内部共建共享，推进产学研深入合作。建立完善科技数据库、科研仪器库、生物种质库等科技资源数据库，打造信息支撑、服务专业、良性合作的科技资源共享平台。加强科技资源共享管理服务人才培养，加快培育一批专业化科技资源共享服务机构，提升科技资源共享服务水平。

(3) 举办创新创业活动。

创新创业活动是指以创新驱动发展为核心、以创业带动就业为目标、以创造社会价值为导向、以培养创新创业人才为重点、以提升创新创业能力为手段、以促进科技成果转化为目的、以激发市场主体活力为动力、以构建创新创业生态为保障的一系列活动。

可以选择以下几种类型的创新创业活动。

① 举办比赛。组织创意文字类(如创业计划书、创业征文等)和实践创新类(如科技小发明制作、模拟店铺经营等)的比赛,激发参赛者的创新思维和创业热情,培养参赛者的创新创业能力和素养,发现和培养创新创业人才,推动创新创业项目的孵化和发展。

② 交流培训活动。邀请一些创新创业领域的专家、导师、企业家等到校园或线上平台开办创业大讲堂,进行创业政策解读、经验分享、实践指导等,为大学生提供创新创业的知识、技能、方法和资源,提高大学生的创新创业意识和信心,帮助大学生解决创新创业过程中遇到的问题和困难。

(4) 引导参与实践活动。

鼓励大学生参加校企合作项目、社区服务等实践活动,积累实践经验。

① 教育部已经出台了一系列关于深化高校学生暑期社会实践活动的指导意见,要求各地各高校结合实施“时代新人铸魂工程”,加强与“大思政课”实践教学基地等校外有关单位结对子,建立常态化交流机制,强化社会实践联动。

② 国务院办公厅也发布了《关于进一步支持大学生创新创业的指导意见》,提出要建立以创新创业为导向的新型人才培养模式,健全校校、校企、校地、校所协同的创新创业人才培养机制,打造一批创新创业教育特色示范课程。

③ 一些地方应用型高校也积极开展了校企合作项目、社区服务等实践活动,例如,华北理工大学与当地的钢铁企业合作,共同建立了产学研合作基地;苏州科技大学天平学院也积极开展社区服务活动,定期组织志愿者前往周边社区,为居民义务维修家电、宣传环保知识、文化演出等。

(5) 提供创业指导服务。

我国地方应用型本科高校为大学生提供创业指导服务主要有以下几种方式。

① 开设创新创业教育课程,培养大学生的创业意识和能力,提供创业理论知识和实践技能的教学。

② 建立创新创业实践平台,为大学生提供创业孵化空间、创业项目指导、创业资金支持等服务。

③ 引入双创导师,邀请行业专家、企业家、高管等担任学生的创业导师,进行创业政策解读、经验分享、实践指导等。

④ 加强产教融合,与行业企业建立合作关系,开展校企共建实践教学基地、产学合作协同育人项目等,为大学生提供创业实践的机会和资源。

⑤ 落实创业扶持政策,为创业者提供创业贷款、税收优惠、社会保障等政策支持,降低创业门槛和风险。

(6) 搭建融资渠道。

与金融机构、投资机构等建立合作关系,帮助大学生获得创业资金支持。我国地方应用型本科高校为学生搭建融资渠道的主要方式有以下几种。

① 利用地方应用型本科高校的创业基金，为有创业意向和创业能力的大学生提供创业启动资金、创业培训、创业指导等服务。

② 建立校内创业孵化器，为学生提供创业场地、创业设备、创业网络等硬件支持，同时引入社会资本、社会资源、社会机构等软件支持。

③ 推进产教融合，与金融机构、保险公司、投资机构等合作，为大学生提供创业贷款、创业保险、创业投资等金融服务。

④ 加强创业教育，培养大学生的创业意识和创业能力，提高大学生的创业成功率，降低创业风险，增加创业收益。

(7) 推动政策落地。

了解并利用政府对大学生创新创业的支持政策，为大学生创造良好的创业环境。为此，地方应用型本科高校需要做到以下几点。

① 加强创新创业教育，培养大学生的创业意识和能力，提供创业理论知识和实践技能的教学。

② 加强与企业行业的合作，实现产学研用一体化，为大学生提供创业实践机会和资源。

③ 落实落细减税降费政策，为大学生创业提供优惠的税收环境。

④ 落实创业贷款政策及贴息政策，为大学生创业提供金融支持。

⑤ 落实创业扶持政策，为创业失败大学生提供就业服务、就业援助和社会救助。

(8) 加强师资队伍建设。

提升教师的创新创业教学能力，提升教师在创新创业教育中的作用。以下几种方式可供各校参考。

① 建立以创新创业为导向的新型人才培养模式，健全校校、校企、校地、校所协同的创新创业人才培养机制，打造一批创新创业教育特色示范课程。

② 强化地方应用型本科高校教师创新创业教育教学能力和素养培训，改革教学方法和考核方式，推动教师把国际前沿学术发展、最新研究成果和实践经验融入课堂教学。

③ 完善地方应用型本科高校双创指导教师到行业企业挂职锻炼的保障激励政策。实施应用型本科高校双创校外导师专项人才计划，探索实施驻校企业家制度，吸引更多各行各业优秀人才担任双创导师。

④ 重视教学模式的创新，建立企业家与教师联合授课模式，以及校内课程与校外实践联动推进的方式。同时，实现线上学习与线下学习的一体化教育教学模式，以适应多元化学习需求。在授课方式上，积极探索以团队协作、案例研究、同学间互动交流和翻转课堂等为主的创新教学方法，开展以团队合作、案例教学、同学互动、翻转课堂等为主要手段的创新教学方法，提高大学生的学习积极性和参与度，培养他们的实践能力和创新思维。

⑤ 注重教材建设，组织编写创新创业教材，建设教学资源案例集，为教师提供丰富的教学内容和方法。

⑥ 打造创新创业实践平台，推动产教融合、校地合作，支持教师开展学术创业，促进高校科研成果的产出、转移和转化。

⑦ 构建“学校—学院—系部”扶持教师和学生创新创业的激励机制。激发学院、系部的特色化“双创”教育模式的发展潜力。

(9) 树立成功案例。

宣传校园内的创新创业成功案例,激励更多学生参与到创新创业活动中来。

例如,南京工业职业技术学院的"智能垃圾分类回收系统"项目,由大学生创业团队"绿色环保"开发,利用物联网、人工智能等技术,实现垃圾的自动识别、分类、回收和统计,为校园环境保护和资源循环利用提供了有效的解决方案。该项目获得了2020年全国大学生创新创业大赛银奖。

(10) 实施综合评价。

将创新创业表现纳入大学生评价体系,给予积极的表现以相应的学分或奖励。以下建议可供应用型本科高校参考。

① 建立创新创业表现的评价指标,明确创新创业表现的定义、内容、标准和方法,使评价具有科学性和可操作性。

② 实施创新创业表现的评价过程,可采用多元化的评价方式,如自评、互评、教师评、专家评、社会评等,使评价具有客观性和公正性。

③ 反馈创新创业表现的评价结果,及时给予大学生创新创业表现认可和肯定,如学分、奖励、证书、荣誉等,使评价具有激励性和有效性。

通过这些措施,我国地方应用型本科高校能够培养出具有创新精神和创业能力的高素质人才,为社会经济发展注入新的活力。

10. 现代信息技术的应用

利用现代信息技术手段,改革传统教学方式,提高教学效率和效果。我国地方应用型本科高校人才培养开展现代信息技术的应用,可以从以下几方面着手。

(1) 引入信息化教学手段。利用网络课程、虚拟实验室等工具,丰富教学手段,提高教学效率。

(2) 建设数字教育资源库。收集和整理优质的数字化学习资源,为大学生提供自主学习的平台。

(3) 提升教师信息技术素养。对教师进行信息技术培训,提高他们使用现代信息技术的能力。

(4) 推动教育信息化改革。利用大数据、人工智能等技术,实现个性化教学和精细化管理。

(5) 开设相关课程。设置与信息技术相关的课程,如编程、数据分析等,培养学生的数字化技能。

(6) 鼓励大学生参与项目实践。组织大学生参与信息技术项目开发,提高他们的实践能力。

(7) 加强校企合作。与企业合作建立实习实训基地,让大学生在实践中掌握信息技术。

(8) 举办信息技术竞赛。组织编程比赛、创新创业大赛等活动,激发大学生的学习兴趣。

(9) 支持科研创新。鼓励师生开展信息技术领域的研究,促进科技创新。

(10) 构建智慧校园。利用物联网、云计算等技术,打造安全、便捷、高效的智慧校园环境。

通过这些措施，我国地方应用型本科高校能够充分利用现代信息技术的优势，提高教育教学质量，培养适应数字化时代的高素质人才。

11. 国际交流与合作

通过开展国际交流活动，增强师生的国际视野，提升学校的国际化水平。我国地方应用型本科高校人才培养进行国际交流与合作，可以从以下几方面着手。

(1) 拓展国际合作项目。与海外高校建立合作关系，开展大学生交换、联合培养等项目，提高大学生的国际化水平。

(2) 引进优质教育资源。引入国外先进的教学理念和方法，借鉴国外高校的成功经验，提升教学质量。

(3) 支持教师出国进修。鼓励教师参加国际学术会议、短期研修等活动，提升教师的国际视野和专业能力。

(4) 吸引外籍教师来华任教。聘请具有丰富教学经验和专业知识的外籍教师，为大学生提供多元化的学习体验。

(5) 举办国际学术活动。组织或参与国际学术会议、研讨会等，促进学术交流，提升学校的国际影响力。

(6) 推进课程国际化。开设全英文或双语课程，引入国际通用教材，培养大学生适应全球化学习和工作环境的能力。

(7) 开发国际合作课程。与海外高校合作开发课程，实现学分互认，拓宽大学生的留学渠道。

(8) 加强跨文化教育。通过文化交流活动、国际志愿者服务等方式，提高大学生的跨文化沟通能力，培养他们的全球公民意识。

(9) 推动大学生海外实习实践。与海外企业合作，为大学生提供实习和实践机会，增强其就业竞争力。

(10) 建立国际校友网络。与海外校友保持联系，利用他们的资源和经验，为在校生提供职业发展指导。

这些措施旨在让我国地方应用型本科高校的大学生能够在更广阔的国际舞台上学习和成长，同时也能够吸引更多的海外学生来华学习，从而推动我国高等教育的国际化进程。

12. 师资队伍建设

“双师型”教师是指同时具备理论教学能力和实践教学能力，熟悉行业企业情况，具有相应专业技能和工作经验的教师。这种教师类型是职业教育人才培养的重要保障，也是提升职业教育质量和水平的有效途径。优化教师队伍结构，引进具有实践经验的专业人才，提升教师的实践教学能力。要加快培育“站上讲台是教师、走进工厂是工程师”的“双师型”教师，建立激励与约束机制，将教师实践锻炼情况与职称评聘、评优评先、绩效奖励、出国留学等挂钩，引导教师，特别是中青年教师朝着“双师型”教师方向发展。

以下是几点关于“双师型”教师培养的主要内容。

(1) 培养目标。各地各校要制定合理的“双师型”教师比例目标，根据不同的教育层次和专业大类，依据国家规定，制定和修订适合本级的“双师型”教师认证标准和实施方案。同时，明确相应的支持措施，实行差异化评价，并随着时间的推移不断调整和完善相关标准。

(2) 培养路径。以岗位职业能力为目标，"双师型"专业教师的培养包括"职前培养"和"职中培养"，要以分级的"双师型"教师资格为评价标准，以建立岗位职业能力培训系统为关键点，以校企双方"双师型"教师队伍培养基地为保障措施，为地方应用型本科高校培养"双师型"教师提供具体的、可操作的培养路径。

(3) 培养方式。要通过引进、培养、外聘等方式，拓宽"双师型"教师的来源渠道，优化教师队伍结构，引进具有实践经验的专业人才，提升教师的实践教学能力。

(4) 培养效果。要规范和监管"双师型"教师认定工作，确保认定过程的公开和透明。为此，应建立健全公开公示、抽查复查、第三方评估、过程追溯、责任追究等制度，并充分发挥教师的监督作用，开通投诉反馈渠道，保证认定流程规范公开、结果公正公平。要满足"双师型"教师不同的发展需求，有针对性地提供教育教学、岗位培训及企业实践等机会，促进教师的专业成长。此外，还应鼓励"双师型"教师取得行业领域的职业资格证书和职业技能等级证书，并获得相应的专业技术职务(职称)。结合学制和专业特点，对"双师型"教师的能力素质进行不超过5年1个周期的复核，重点关注聘期内的岗位业绩，促进教师知识技能的持续更新。

13. 多元化的评价机制

我国地方应用型本科高校人才培养的多元化评价机制应涵盖以下几方面。

(1) 理论与实践相结合。不仅要考察大学生的理论知识，还要关注其实践能力、创新意识和团队协作能力等多方面表现。

(2) 过程与结果并重。不仅要关注大学生的学习成果，还要关注他们的学习过程，包括学习态度、学习方法和学习策略等。

(3) 定量与定性结合。采用量化评分体系的同时，也要考虑定性的评价，如教师对大学生的观察记录、大学生自评和互评等。

(4) 自我评价与他人评价相结合。鼓励大学生进行自我反思和评价，同时也要收集教师、同学、家长和社会的意见和反馈。

(5) 短期评价与长期评价结合。除了定期的考试和考核，还要考虑大学生的长期发展，如毕业后的就业情况、职业成就等。

(6) 个性化评价。根据每个大学生的特长和兴趣，制定个性化的评价标准，鼓励大学生发挥自己的优势。

(7) 跨学科评价。对于涉及多个学科领域的项目或活动，可以邀请具有不同学科背景的专家共同参与评价。

(8) 社会评价。通过企业实习、社区服务等方式，让社会参与到大学生的评价中来，以增强评价的客观性和真实性。

(9) 持续改进。基于多元化的评价结果，及时调整教学内容和方法，持续改进教学质量。

通过这些措施，我国地方应用型本科高校能够建立一个全面、公正、科学的人才培养评价机制，从而更好地指导教学工作，提高人才培养质量。

14. 持续的质量改进

我国地方应用型本科高校人才培养进行持续的质量改进，可以从以下几方面着手。

(1) 完善质量保障体系。建立完善的教学质量评估和反馈机制，定期对教学过程、教学效果进行评价，发现问题及时改进。

(2) 优化课程设置。根据行业需求和社会发展，不断更新课程内容，引入新的教学方法和技术，提升课程的实用性和创新性。

(3) 加强师资队伍建设。引进高水平教师，提高现有教师的教学能力和科研水平，鼓励教师参与社会实践，积累实践经验。

(4) 深化产教融合。与企业合作开展实习实训、项目合作等，让大学生在实践中学习和成长，提升其实践能力。

(5) 完善实验室和实践基地建设。完善现代化的教学设施和实验设备，为大学生提供良好的实践环境。

(6) 改革教学方式。采用项目教学、案例教学等多元化的教学方法，激发大学生的主动性和创造性。

(7) 强化创新创业教育。开设创业课程，举办创业竞赛，提供创业指导服务，培养大学生的创新创业精神和能力。

(8) 培养国际化视野。通过国际交流项目、海外留学等方式，增强大学生的国际视野，提升学校的国际化水平。

(9) 加强学科专业调整。根据地方经济和产业发展需求，灵活调整学科专业设置，以适应社会发展的需要。

(10) 实施综合评价制度。不仅要考察大学生的理论知识，还关注其实践能力、创新意识和团队协作等多方面表现，全面评价学生素质。

以上内容旨在形成一种能够适应经济社会发展需要、符合高等教育规律、具有中国特色的地方应用型本科人才培养模式。这种模式强调理论联系实际，突出对实践能力的培养，力求实现人才的知识、能力、素质协调发展，满足企业和市场对应用型人才的需求。

第 3 章 国外应用型本科高校人才培养模式

3.1 德国应用型人才培养体系

1. 德国应用型高校的产生和发展

德国应用型高校(Fachhochschulen 或 Universities of Applied Sciences,应用科学大学)在 20 世纪 60—70 年代应产业需求而生,作为衔接研究型大学与职业学校的新型高等教育机构。其核心特点是理论实践并重,课程紧密对接市场需求,着重培育学生的实操能力和问题解决的技能,以满足企业和市场对技术人才的迫切需求。历经多年发展,这类高校已成德国高教体系关键组成部分,并在全球范围内因其高效就业率和创新力获得高度认可,在工程技术、经济社科及艺术等多领域成果显著。

2. 德国应用型高校学习模式的分类

德国应用型高校的学习模式主要有三种。

(1) 全日制分阶段培养:预备性实习+3.5 年学习+工程学士学位。

(2) "双元制"培养:企业合作+4 年学习+本科毕业证书+职业资格证书。

(3) 在职学习培养:业余时间+硕士学习+硕士毕业证书。

3.1.1 德国应用型本科高校的人才培养模式

德国应用型本科高校的人才培养模式的特点主要包含以下几方面。

1. 以学生为中心,社会需求为导向,实践能力培养与职业素质教育相结合

德国应用型本科高校重视大学生的个人发展和兴趣,提供多样化的课程和个性化的发展路径,鼓励大学生的自主学习和解决问题。同时,学校紧密贴合劳动力市场,与企业合作,了解行业的需求,及时调整教育的内容。学校尤其重视实践教学,让大学生在实践中将理论知识转化为实际操作技能。此外,学校还注重培养学生的职业素质,如团队协作、沟通技巧和职业道德等,为大学生未来的职业生涯打下坚实的基础。

2. 科学与人文相结合,文理渗透、理工结合

德国应用型本科高校既注重专业深度又强调通识教育的广度,致力于培养兼具创新思维与综合素养的人才。学校课程体系科学人文交融,通过开设外语、文化伦理、法律社科等通识

课程，拓宽大学生的视野，锤炼批判性思考和创新意识，并增进跨文化交流合作技能。采用模块化教学模式，鼓励大学生根据兴趣及职业规划自由组合文理科目，实现个性化学习方案，突破传统文理科界限。实践环节占据显著比例，包括实验实训、实习项目及论文研究等，确保大学生能够将理论知识转化为解决实际问题的能力，同时提升创新能力与团队协作能力。

3. 产学研结合，建立校企联盟

德国应用型本科高校与企业、行业协会、研究机构紧密合作，开展多种形式的合作项目，以实现理论到实践的过渡，帮助大学生平稳融入职场。这些合作形式如下。

(1) 双元制教育。大学生在德国应用型本科高校和企业交替学习，获得理论知识和实践技能，同时获得学位和职业资格证书。

(2) 实践教学。大学生在德国应用型本科高校的实验室、工作室或企业的实习基地进行实践教学，解决实际问题，提高工程能力。

(3) 应用研究。大学生参与德国应用型本科高校与企业、行业协会、研究机构的合作项目，进行应用研究，创新产品或服务，发表论文或申请专利。

(4) 国际交流。大学生有机会赴德国或与其他国家合作的应用型本科高校或企业进行交流学习，拓展国际视野，增强国际竞争力。

4. 实践技能培训

德国应用型本科高校因其注重实践技能培训而备受推崇，毕业生在就业市场展现出强劲的竞争力。其实践教育特色体现在：一是采用“双元制”模式，实现大学生在大学与企业间的交替学习，深度融合理论与实践经验；二是实行分阶段教学体系，包括基础、专业和深化学习阶段，根据大学生的个体发展需求设定课程内容与考核方式；三是构建“双师型”师资团队，教师兼具学术研究背景、企业实战经验及良好的教学能力，确保教学内容紧贴市场需求与行业动态；四是积极开展应用性科研项目和国际交流合作，携手企业、政府和社会各方力量进行联合研究，并通过国际交流项目培养大学生的跨文化沟通能力和全球视野。

5. 灵活的课程结构

德国应用型本科高校的课程结构非常灵活，在设立课程结构时遵循以下几个原则。

(1) 模块化课程。每个模块包含一系列相关的学习内容和目标，大学生可以根据自己的兴趣和职业规划选择不同的模块。

(2) 分阶段教育。根据大学生的学习进度和能力，将课程分为基础阶段、专业阶段和深化阶段，每个阶段有不同的课程要求和考核方式。

(3) 实践教学。通过与企业的合作，为大学生提供实习、项目、论文等实践性学习的机会，让大学生将理论知识应用于实际问题的解决。

(4) 国际化教学。通过开设双语课程、国际课程、国际专业等，为大学生提供国际交流和学习的平台，培养大学生的跨文化能力和国际视野。

6. 强大的师资队伍

德国应用型本科高校拥有强大的师资队伍，主要源于其严格的招聘标准、多元化的师资结构、实践教学经验丰富的教师及持续的教师培训和发展。这些措施确保了教师具备高等教育学历、教学和科研能力及丰富的实践经验，能够将理论与实践相结合，提供实用深入的教学。

7. 高度国际化的教育体系

德国应用型本科高校致力于打造高度国际化的教育体系，主要采取以下措施：引入国际化课程，增强大学生的国际视野和跨文化交流能力；招聘国际化师资，提升教学团队的国际化水平；开展国际合作项目，促进学术交流和资源共享；实施英语授课，吸引更多的国际留学生，并提供德语作为第二语言的课程；推广国际实习和就业机会，提升大学生的国际竞争力和就业能力；建立国际化服务平台，为国际留学生提供全方位的服务和支持。

8. 完善的教学质量保障体系

德国应用型本科高校的教学质量保障体系非常完善，其主要体现在内部和外部两方面。内部质量保障方面，高校设立了质量管理委员会、质量管理办公室等机构，制定了明确的质量目标、标准、流程和评估措施，以确保教学质量的高标准和满足大学生及社会的需求；外部质量保障方面，高校积极参与国家或地方的教育评估、学位授予评估、专业认证、教师资格认证等活动，接受外部机构或专家的监督和评价，以确保教学质量的合规性和可比性。

3.1.2 德国应用型本科高校的人才培养目标

德国应用型本科高校旨在培养具有高度职业素养和实践能力的高级应用型人才。这些人才不仅具备扎实的理论知识，还能够将所学应用于实际工作中，满足社会和行业的具体需求。德国应用型本科高校的人才培养目标主要包括以下几方面。

1. 专业知识与技能

德国应用型本科教育注重培养大学生的专业知识和技能，确保大学生具备扎实的基础，利于未来职业的发展。课程设计基于行业标准和职业要求，确保大学生掌握最新的专业知识和技能。教育强调理论与实践结合，通过实验、项目实践、企业实习等方式，培养大学生的实际操作能力和解决问题的能力，提高专业素养和职业技能。

2. 实践导向教育

德国应用型本科教育以实践为导向，通过以下三方面实现其培养目标：一是专业设置紧贴企业需求，构建多元高教体系；二是明确职业能力为培养重点，兼顾通用与专业技能训练；三是采用强化实践教学模式，无论是全日制分阶段还是双元制培养，均确保大学生在理论学习的同时进行实践锻炼(含实习)，并获取相应证书，以达成理论与实践的紧密结合。

3. 创新与批判性思维

德国应用型本科教育着重培育创新与批判性思维人才，能在多学科领域进行发现问题和创造性解决。实现此目标的策略包括：强化创新意识的培养，增加创新与创业课程以锻炼批判性、创造性思维及解决问题的能力；借鉴“双元制”模式，与企业和社会深度合作，创新实践教学手段，促进理论与实际融合；营造开放多元的学习环境，培养大学生的自主学习、终身学习的学习习惯及跨文化交流的合作技能，通过国际化教育、多元化活动加强师生互动，构建利于创新文化的学术氛围。

4. 跨学科素养

德国应用型本科人才培养注重跨学科素养，鼓励大学生跨越传统学科界限，整合不同领域的知识和技能，解决复杂的问题。为实现这一目标，德国应用型本科人才培养会注重以下几方面。

(1) 鼓励大学生跨学科学习。提供丰富的课程组合，培养综合思维和创新能力，增加职业发展可能性。

(2) 注重跨学科实践能力培养。通过实践教学环节，如实验、实训、实习等，让大学生掌握相关的技能。

(3) 培养跨学科合作能力。通过小组讨论、团队合作等方式，提高大学生的团队协作、领导力和沟通能力。

5. 国际视野与跨文化沟通

德国应用型本科高校注重全球化视野与跨文化沟通的教育，培养大学生在全球背景下理解多元文化、掌握多语种技能，推动国际交流实践并加强多元文化教育，同时借助国际合作为大学生搭建国际实习和就业平台，并提供相关的咨询服务。

6. 终身学习与自我发展

在快速变化的社会中，德国应用型本科人才培养注重大学生的终身学习和自我发展。为满足不同的需求，德国应用型本科高校会为大学生提供多种学习模式和课程的选择，包括全日制、双元制、在职攻读学位等。课程注重实践性和应用性，与企业界紧密合作，培养实际问题的解决能力和创新能力。同时，学校也很注重职业和学生的就业指导，帮助大学生树立正确的就业观，增强其就业能力和竞争力。

7. 创新创业精神培养

德国应用型本科教育注重培养具备创新创业精神的人才，以适应不断变化的社会和职业环境。通过创新创业课程、项目和竞赛，培养大学生的创新思维、创业能力和创造力。强调理论与实践结合，采用项目教学、案例教学等模式，与企业合作，强化实践教学，确保大学生具备竞争力。

3.1.3 德国应用型本科高校的人才培养机制

德国应用型本科高校的人才培养机制是一种以培养高层次的应用型人才为目标，以分阶段教育或双元教育为主要形式，以实践教学为重点，以工学结合、校企深度合作为特色的教育模式。具体来说，德国应用型本科高校的人才培养机制有以下几方面的内容。

1. 应用型本科高校的学制

德国应用型本科高校的学制一般为3～4年，其中包括一个或多个实践学期，实践学期可以是在企业、机构或研究所进行的实习、实训、课程设计、毕业论文（设计）等，也可以是在高校进行的实验、创新制作、社会实践等。实践学期的目的是让大学生在真实的工作环境中运用所学的知识和技能，解决实际问题，提高专业素养和职业适应能力。

2. 应用型本科高校的课程设置

德国应用型本科高校的课程设置以核心技能为基础，引入模块化课程，在课程内容安排上，应遵循素质教育、专业理论认知、专业操作技能和技术适应能力四个维度，由浅入深，逐渐提高难度。从基础知识的验证到实际的应用、从单一技能的掌握到综合能力的提升、从常规技能的培训到创新能力的培养，应循序渐进地进行。这样有助于大学生逐步深入学习，掌握必备的知识和技能，提高其适应未来职业发展的能力。

3. 应用型本科高校的教学方法

德国应用型本科高校着重于大学生的主体地位和能力培养的核心目标，采用多种教学策略和评价机制，如小组讨论、案例分析、项目学习、模拟实验、在线学习、学年学分制、过程考核、读书笔记、专业导论等，激发大学生的学习兴趣，培养大学生的自主学习能力、批判性思维能力、创造力、数字化思维能力和动手能力。

4. 应用型本科高校的师资队伍

德国应用型本科高校的师资队伍以具有工程背景和工程意识的教师为主，同时聘请业界知名人士和高级工程技术人员担任专业的导师，共同制定和修订专业人才的培养方案，指导大学生的实践教学和毕业论文（设计）。教师队伍的建设既注重教师的学术水平和教学经验，也注重教师的实践能力和社会联系，实现校企交流与合作。

3.1.4 德国应用型本科教育的优缺点及对我国地方应用型本科高校建设的借鉴

1. 德国应用型本科教育的优点

德国应用型本科高校以职业资格为导向，培养具有通识教育和专业能力的应用型人才，使他们能够在某一领域独立工作，解决实际问题，承担科研和技术开发的任务，引进和改进新方法和新工艺。为此，在课程设置、教学模式、教师队伍和就业指导等方面具有以下优点。

(1) 明确培养目标。德国应用型本科高校基于职业资格定向，考虑学生未来的职业需求，培养学生具备可以独立从事职业活动的人才，并具备解决实际问题的能力和承担科研项目的能力。

(2) 多元化课程设置。德国应用型本科高校在课程设置上，以技术为核心、管理为辅助，响应市场需求和工业界发展，主要提升大学生的实际技能和应对未来挑战的能力，以适应不断变化的工作环境。

(3) 多样化教学模式。德国应用型本科高校在教学模式上采用传统授课、项目引领和企业实践模式，运用项目教学、案例教学等多种教学方式，以职业行为为目标，激励大学生养成自主学习、终身学习的学习习惯。

(4) “双师型”教师队伍。德国应用型本科高校的教师具备学术研究背景和企业实战经验，招聘标准包括博士学位、企业工作经验等，并聘请兼职教授加强与政府和业界的联系。

(5) 职业和就业指导。德国应用型本科高校会为学生提供全方位的就业支持，包括职业咨询服务、新生伙伴计划、校外导师制度等，帮助大学生树立合理的就业观念并提升其就业能力。

2. 德国应用型本科教育的缺点

德国应用型本科高校人才培养模式虽然具有很多优点，但也存在一些缺点。

(1) 学科交叉融合不足。德国应用型本科高校的当前培养模式过于侧重专业知识与实践技能的教育，却忽视了对跨学科的培养，这限制了大学生的创新思维和适应复杂现实需求的能力。

(2) 课程设置相对固化。虽然德国应用型本科高校以专业为核心构建了系统全面的课程体系，但也会导致课程内容单一、专业选择受限的问题，且长时间的学制也会导致大学生的实践经验与应用能力滞后。

(3) 实践教学环节有待加强。德国应用型本科高校尽管重视学生的实践教学，但在实践中仍面临市场需求对接不紧密、教学方法单一及实践基地建设不充分等问题，从而影响大学生对于实际操作技能的掌握及未来职业发展所需素质的培养。

(4) 国际化程度亟待提升。虽然德国应用型本科高校注重国际化发展，但在实际操作中，国际化程度仍然有待提高。例如，国际交流与合作项目较少，国际课程设置不足，国际师资力量薄弱等。

3. 德国应用型本科教育对我国地方应用型本科高校建设的借鉴

(1) 明确办学定位和培养目标。德国应用型本科高校以培养高层次应用型人才为目标，与产业界紧密结合。我国应用型本科高校也应明确自身定位和培养目标，避免高低之别，并紧跟国家战略和地方经济发展，培养创新能力和实践能力兼具的人才。

(2) 理论与实践结合。德国应用型本科高校注重实践，我国应用型本科高校应加强理论与实践结合，推动学科与产业对接；优化培养方案，推动通识课程改革；打破壁垒，实现教学内容精细化、个性化。

(3) 课程设置模块化。德国应用型本科高校以核心技能为基础，我国应用型本科高校应借鉴模块化课程体系，注重核心技能培养，彰显产教融合、因材施教、知行合一特色。

(4) 加强学术评估。德国应用型本科高校通过学术评估强化教学质量、科研和毕业生质量。我国应用型本科高校应建立多维度教学评估系统、严格把关科研成果、重视毕业生就业信息、调整人才培养方案和课程内容。

(5) 推广校企合作模式。德国应用型本科高校与企业的合作是其优势。我国应用型本科高校应强化应用型定位，发挥企业教育主体作用；建立长期合作关系，根据地区需求设置专业方向；加强实践教学和科研合作；建立交流反馈机制，提高教学质量和效果。

3.2 美国应用型人才培养体系

1. 美国应用型本科高校产生的原因

美国应用型本科高校的产生主要源于两个因素：一是工业革命对技术和生产的需求，二是农业机械化的普及。这些需求推动了高等教育机构的发展，并强调实践和应用技能的培养。《莫雷尔法案》促使联邦赠地用于支持农业和机械技术教育，催生了大量赠地学院，进一步推动了应用型人才的培养。在20世纪后半期，随着经济和军事技术的发展，应用型本科高校的形式越来越多样化，得到了充分的发展。

2. 美国应用型本科高校的发展历程

(1) 萌芽期(19世纪末至20世纪初)。工业革命和技术进步催生对实践技能人才需求，早期技术学院和职业学校提供行业相关教育。

(2) 发展初期(20世纪中叶)。第二次世界战后经济科技发展促使高等教育与产业界紧密合作，政府立法鼓励退伍军人接受包括应用型本科在内的高等教育。

(3) 成熟期(20世纪后期至今)。应用型本科高校数量及影响力扩大，体系标准完善。传统学术型大学增设应用型学科以满足市场需求，课程设计创新，产学研深度合作。

(4) 国际化与多元化(21世纪)。全球化下，美国应用型本科高校吸引国际学生并开展国际合作项目，更新教育内容适应全球经济技术变化，加强创新创业教育和支持。

3.2.1 美国应用型本科高校的人才培养模式

美国应用型本科高校的人才培养模式强调实践应用、行业合作和课程实用性，旨在培养具有创新能力和实践经验的应用型人才。其培养模式主要包括以下几方面的内容。

1. 产学研合作教育

美国对应用型本科人才的培养主要是通过产学研合作教育来实现的。这种教育模式强调学校、企业、研究机构之间的紧密合作，为大学生提供实践机会，培养其应用能力和解决问题的能力。在产学研合作教育中，学校、企业、研究机构共同参与人才培养的全过程。学校提供理论知识，企业提供实践机会，研究机构提供科研支持。

2. 实践教学

实践教学在美国应用型本科教育中扮演关键角色，该模式强调通过实践获取和巩固知识，旨在提升大学生的实践操作能力和问题解决能力。其特点可概括为：

(1) 贯穿全程。从低年级到高年级，不限于实习或实验。

(2) 多样丰富。涵盖实验、实习、课程设计、项目开发等，将理论知识应用于实际工作。

(3) 自主性强。大学生自主制订实验或项目计划，进行数据分析和总结，培养独立思考和自主学习能力。

(4) 结合行业。通过校企合作、实习等方式，使大学生接触最新技术和行业发展趋势。

3. 课程设置以社会需求为导向

美国应用型本科高校课程设置以社会需求为导向，主要体现在以下几方面。

(1) 课程内容与社会经济发展和产业技术进步紧密结合，强调实验、实训、实习，提高综合职业能力和创新能力的培养水平。

(2) 教学方法多样，如项目制、问题制、案例制等，以解决实际问题为导向，培养大学生的分析问题、解决问题、协作沟通及自主学习能力。

(3) 加强与社会组织的合作，建立校企合作机制，促进课程内容与社会需求对接，为大学生提供职业相关的学习和就业机会。

(4) 开设国际化课程，鼓励大学生参与国际交流和合作，培养全球意识和跨文化适应能力，提升国际竞争力。

4. 通才教育和专才教育相结合

美国应用型本科高校在课程设计上兼顾通识教育与专业培养，具体策略如下。

(1) 在低年级阶段，要求大学生修读一系列通识课程，涵盖人文社科、自然科学、数学艺术等多领域，旨在拓宽大学生的视野、提升其批判性思维、沟通表达及跨文化理解力。

(2) 高年级时，大学生可根据个人兴趣选择专业方向，进入深度专业学习阶段，通过实践项目和校企合作，深化学习专业知识技能，增强职业素养与适应能力。

(3) 全学程鼓励大学生跨学科交叉学习，通过选修课、双学位、辅修课程及荣誉计划等方式，丰富知识结构和学习体验，以提高大学生的创新能力与综合素质。

5. 以学生为中心

美国应用型本科高校的“以学生为中心”主要包括以下几方面。

(1) 确立“以学生为中心”的教育目标和战略，融入学校的发展规划和评估体系。

(2) 发展“以学生为中心”的课程和教学，注重大学生的学习过程和体验，采用多元化的教学方法和评估方式，鼓励大学生参与课程设计、教学活动、学习项目和反馈机制。

(3) 拓展“以学生为中心”的交流与合作，与海外高校和机构建立伙伴关系，开展国际交流和访问，分享国际资源和经验。

(4) 培养“以学生为中心”的师资和管理团队，提高国际背景和经验，加强教师培训和发展，建立教师激励和评价机制。

(5) 营造“以学生为中心”的校园文化和氛围，支持国际留学生和教师的学习和生活，促进国际留学生和本土大学生的交流和融合，举办国际文化活动和节庆。

6. 国际化教育

美国应用型本科高校在国际化教育方面有着丰富的内容和实践，为大学生提供广泛的国际化资源和机会，旨在培养具有全球视野和跨文化竞争力的高素质人才。其主要内容如下。

(1) 国际化课程设置。融入全球议题、跨文化交流等课程，培养大学生的全球意识和跨文化的理解能力。

(2) 海外学习经历。鼓励大学生参与海外学习的项目,亲身体验不同的文化,提高语言和适应的能力,拓宽国际视野。

(3) 国际合作项目。与国际高校、企业和研究机构合作,为大学生提供与国际同行合作的机会。

(4) 多元文化交流活动。举办国际文化节、国际留学生组织等,促进大学生与不同国家和文化背景的人交流。

(5) 国际化师资队伍。招聘具有国际化背景和经验的教师,鼓励本校教师参与国际学术交流。

(6) 国际化评估与认证。参与国际评估和认证机构,证明其国际化教育的质量和水平。

3.2.2 美国应用型本科高校的人才培养目标

美国应用型本科高校的人才培养目标主要是培养具有专业知识、技能和素养的应用型专门人才,满足企业和市场的需要。其人才培养目标主要包括以下几方面。

1. 培养具备扎实的专业知识和技能的人才

(1) 加强基础学科教学,提高大学生综合素质。

(2) 设计符合社会需求和行业发展的课程体系,使大学生能够掌握专业知识和技能。

(3) 建设实验室和科研训练,为大学生提供实践和实习机会。

(4) 建设高水平的师资队伍,招聘经验丰富的教师。

(5) 与其他高校和企业交流合作,邀请专家教授来校授课、讲座或考察,开阔大学生的视野和思路。

2. 培养具有创新能力的人才

美国应用型本科高校注重培养大学生的创新能力,鼓励发现问题和寻求解决方案,通过科研和实习锻炼大学生的创新思维和实践能力。具体方法包括以下几种。

(1) 激发大学生的求知欲,鼓励思考和探究,培养积极向上、富有创新精神的学习环境。

(2) 注重实践教学,加强实验、实习等实践活动,使大学生在实践中发现并解决问题,提高创新能力。

(3) 鼓励创新创业,提供技术支持和资金扶持,激发大学生创新精神和创业热情。

(4) 开展创新竞赛,促进大学生交流与合作,鼓励积极参与,提升自身创新能力。

(5) 建立产学研合作机制,与企业和研究机构紧密合作,推动技术创新和成果转化,让大学生在实践中受益。

3. 培养具有良好职业素养的人才

美国应用型本科高校注重培养大学生的实践技能、职业道德和社会责任感。为此,通常采取以下策略。

(1) 强化实践教学,通过实习实训让大学生在实际环境中提升自己的实践能力和职业素养。

(2) 注重道德教育,培养大学生良好的职业道德、社会责任感及团队合作与沟通技巧。

(3) 提供职业规划和就业指导服务，帮助大学生明确职业目标、紧跟市场趋势、做好求职准备以增强竞争力。

(4) 鼓励创新与创业，支持大学生参与相关活动，以此锻炼职业技能并提升职业素养。

4. 培养具有终身学习能力的人才

美国应用型本科高校注重培养大学生的终身学习能力，使他们具备适应快速变化的社会环境的能力。采取措施如下。

(1) 注重课程设置。根据社会和行业需求调整课程，融入现代技术，确保大学生掌握最新的知识和技能。

(2) 提高教学质量。加强教师队伍建设，引进先进设备和优质教材，提高教学质量，激发大学生的学习积极性。

(3) 加强课外活动。组织丰富的课外和社团活动，拓宽大学生的视野，增强大学生的人际交往和团队合作能力。

(4) 开设特色课程。如科技创新、创业管理等，培养大学生的独立思考和自主学习能力。

(5) 引导自主学习。培养大学生主动学习习惯，锻炼自我管理和独立思考能力，成为终身学习者。

5. 培养符合市场需求的人才

美国应用型本科高校为满足市场需求，调整专业和人才培养方案。采取措施如下。

(1) 调查市场信息。定期进行市场调查，分析行业动态，调整课程和教学内容，确保大学生学到实用的知识。

(2) 重视职业规划。帮助大学生分析兴趣、性格等，明确职业目标，有针对性地学习专业知识和技术。

(3) 加强实践教学。提供实践、实习机会，让大学生发现问题、解决问题，积累经验，提高其动手能力和综合素质。

(4) 加强合作交流。与其他高校和企业合作交流，邀请专家学者讲座或实地考察，让大学生接触前沿技术和产业信息，开阔其视野。

(5) 培养复合型人才。注重跨学科思维培养，加强交叉学科研究和教育，培养大学生的复合型素质和能力，增强其就业竞争力和前景。

3.2.3　美国应用型本科高校的人才培养机制

美国应用型本科高校的人才培养机制主要包括以下几方面。

1. 课程设置

美国应用型本科高校课程设置以培养实践和创新人才为核心，特点如下。

(1) 课程灵活多变，允许大学生按兴趣和职业规划选择专业与课程，支持双专业、辅修及转专业探索。

(2) 理论联系实际，课程内容注重培养大学生在知识运用、问题解决、团队合作及创新思维等方面的能力。

(3) 强调通识教育和跨学科学习，要求大学生学习涵盖广泛领域的通识课，提升其批判思考和价值判断力，并要求至少掌握一门外语，增强语言沟通和跨文化交流的技能。

(4) 加强与产业界和社会的深度合作，为大学生提供丰富的实习实践、研究和服务项目，提高大学生的实战适应能力和就业竞争力。

2. 教学方法

美国应用型本科高校的教学方法多种多样，但总体上强调实用性和实践性，具体如下。

(1) 项目驱动教学。美国应用型本科高校重视实践活动，通过项目驱动帮助大学生深入理解知识点，提高其实际操作能力和实践能力。

(2) 合作式教学。美国应用型本科高校采用团队协作、小组讨论等形式，促进大学生的合作学习和交流。

(3) 模拟仿真教学。美国应用型本科高校通过计算机软件模拟实验，帮助大学生理解和掌握复杂的概念和技术。

(4) 在线学习。美国应用型本科高校采用视频教程、网络课程等在线学习方法，方便大学生自主学习。

(5) 导师指导。美国应用型本科高校安排导师指导，及时解决问题和辅导大学生，促进其实践进步。

3. 实践环节

美国应用型本科高校实践环节主要包括实习实训、项目研究和产教融合，旨在提高大学生的实用技能和创新能力。具体措施如下。

(1) 实习实训。美国应用型本科高校与企业、机构、社区等合作，为大学生提供多样化的实习实训机会，让大学生在实际工作场景中应用所学知识，培养职业素养和团队合作能力。

(2) 项目研究。美国应用型本科高校鼓励大学生参与教师或企业的研究项目，或自主设计和实施研究项目，解决实际问题或理论问题，培养研究方法和创新思维能力。

(3) 产教融合。美国应用型本科高校与行业企业建立长期合作关系，共同制定人才培养方案，共建研发载体，共享教学资源、科技成果和社会责任，培养高素质应用型人才。

4. 评价体系

美国应用型本科高校人才培养的评价体系主要包括以下几方面。

(1) 学习成果评估。以大学生掌握的知识技能、解决实际问题的能力为核心，通过明确目标要求和多元考核(如考试、项目、报告展示等)衡量。

(2) 满意度与参与度。关注大学生对教学服务等方面的满意程度及课堂内外活动参与情况，通过定期调查(如满意度、参与度、毕业生追踪等)进行评价。

(3) 就业深造表现。以毕业后的就业率、就业质量、深造比例和质量为实证指标，通过与雇主、行业、校友合作收集分析数据来评估大学生的就业深造状况。

3.2.4 美国应用型本科教育的优缺点及对我国地方应用型本科高校建设的借鉴

1. 美国应用型本科教育的优点

(1) 重视通识教育和跨学科课程,培养综合素养和多元文化素养。

(2) 课程设置实际应用为主,专题研讨会拓宽选课面,提高知识与技能运用能力。

(3) 实施研讨式和研究型教学,激发创造性和实践能力,提倡教学方法改革创新。

(4) 注重与企业的合作,提升毕业生就业率。

(5) 专业针对性强,满足市场多样化需求。

(6) 鼓励创新思维,提供创新空间。

(7) 贴近市场需求,与教师资源丰富,加强教学质量。

(8) 注重多领域跨界学习,拓宽大学生的视野,提升其综合素质。

2. 美国应用型本科教育的缺点

尽管美国应用型本科高校在人才培养方面有着诸多优势,但也存在一些缺点。

(1) 定位不明确,对应用型人才的内涵认识不清,易同质化。

(2) 人才培养模式不匹配,协同育人机制不健全,监管不严格。

(3) 培养体系不完善,教学与生产脱节,未能完全体现应用特点。

(4) 培养水平不高,缺乏创新性和前瞻性,难以培养高层次领军人才。

(5) 缺乏学术氛围,重实践轻理论。

(6) 学习压力大,作业项目繁重。

(7) 学费昂贵,家庭经济负担较重。

(8) 部分专业就业面窄。

(9) 社团活动有限,不利于人脉建立。

(10) 大学生服务设施及政策仍有提升空间。

3. 美国应用型本科教育对我国地方应用型本科高校建设的借鉴

美国应用型本科高校人才培养模式对我国建设应用型本科高校的借鉴价值如下。

(1) 校企合作。美国应用型本科高校与产业界和社会紧密合作,为大学生提供实习实训机会,提高其实践能力。我国应用型本科高校也应寻求合作伙伴,开展产教融合、校企共建等模式,培养大学生的应用技能和创新精神。

(2) 通识教育。美国应用型本科高校重视大学生的通识教育和跨学科课程,拓宽其知识视野和思维方式。我国应用型本科高校也应推动通识课程改革和重构,打破学科专业壁垒,实现个性化教学。

(3) 自主学习。美国应用型本科高校注重培养大学生的自主学习能力和终身学习能力,鼓励国际交流。我国应用型本科高校也应加强学习指导和职业规划,帮助大学生树立终身学习理念,培养自主学习能力和自我管理能力,拓展国际视野。

(4) 高素质师资。美国教师专业化程度高,对特定行业有深入理解。我国应用型本科高校也应建设高质量师资，引入经验丰富的教职员工，提高教师的专业素养。

3.3 荷兰应用型人才培养体系

3.3.1 荷兰应用型本科高校的人才培养模式

荷兰应用型本科高校(Hogeschool)是为大学生提供职业教育和实践培养的高等教育机构，旨在培养大学生的理论知识和实际技能，为大学生将来从事某一行业做准备。

荷兰应用型本科高校的学制一般为4年，分为两个阶段：前两年为基础阶段，大学生学习通识教育和专业基础课程，第一年的学习是不分专业的，大学生一般到大二才选择自己的专业方向；后两年为专业阶段，大学生深入学习专业课程，并进行实习和毕业设计。

荷兰应用型本科高校的人才培养模式主要包含以下几方面。

1. 课程设置注重培养学生的实践和动手能力

荷兰应用型本科高校培养实践和动手能力的方法有以下几种。

(1) 结合理论和实践的课程设计，加强实验和实训。

(2) 安排实习项目，让大学生在企业或其他工作中实践所学。

(3) 与企业合作，提供更多实践机会，参与定向培养项目。

(4) 举办专业技能和创新创业比赛，检验和提高大学生的实践能力。

(5) 教授指导学生进行课程设计、毕业设计等，提供实践建议和帮助。

2. 以学生为中心，培养学生的自主学习能力和团队合作能力

荷兰应用型本科高校采取多种措施培养学生自主学习和团队合作能力。

(1) 鼓励课堂讨论和实践活动。发挥大学生主观能动性，提升自主学习能力。

(2) 实验室全天开放制度。大学生自由安排实验时间，培养独立操作和解决问题的能力。

(3) 小组合作任务。让大学生在实践中分工协作，增强团队合作精神和沟通协调能力。

(4) 鼓励大学生跨学科合作和交流。拓宽视野，从多角度解决问题，提高创新能力。

(5) 强调终身学习理念。指导大学生的自我管理和持续学习，适应社会挑战。

(6) 个性化教学计划。根据大学生兴趣和发展需求制定教学策略，激发学习动力和潜力。

3. 积极开展国际合作和交流

荷兰应用型本科高校积极开展国际合作交流，提升学校竞争力，为大学生提供国际舞台。其主要方式有以下几种。

(1) 与国外高校建立合作关系，开展联合培养、学分互认、师生互访和学术交流等项目。

(2) 开设国际化课程，吸引国际留学生，提高教学质量和水平。

(3) 开设双学位项目，提供国际化学习经历。

(4) 招收国际留学生，促进文化交流和理解。

(5) 加强国际化师资队伍,引进外籍教师,派遣本校教师出国交流。

(6) 参与国际组织和网络,加强与国际同行的沟通和合作。

(7) 组织国际会议和研讨会,推动学科前沿发展。

(8) 推动国际化研究,积极参与欧盟等国际组织的科研项目。

4. 注重创新思维和能力培养

荷兰应用型本科高校重视培养大学生的创新思维和创新能力,主要通过以下方式实施。

(1) 研究驱动课程设计,结合科研与教学,让大学生接触前沿成果和产业动态。

(2) 设立创新创业部门,开设相关课程并支持大学生创业实践。

(3) 将实习项目融入教育体系,与企业合作解决实际问题,提升专业技能、职业素养及创新精神。

(4) 举办各类创新竞赛并颁发奖项以激励参与。

(5) 推行科研导师制度,从大一开始引导大学生参与科研活动,实现课堂内外知识与实践的深度融合。

(6) 倡导跨学科合作,拓宽视野,挖掘新的创新点。

5. 小班制教学

荷兰应用型本科高校实行小班制教学的目的是提高教育教学质量,增强大学生的参与度和互动性,培养大学生的创新能力和团队合作精神。通过小组讨论、案例分析、项目研究和模拟实验等方式,大学生在教师指导下主动探索和解决问题,分享经验,反馈意见。小班制教学的优势是可以让大学生更积极、更认真地听课,更好地跟随老师的讲课节奏,更容易获得老师的个性化指导和帮助。小班制教学的缺点是需要更多的教师资源,更高的教学成本,更大的教学管理难度。

3.3.2 荷兰应用型本科高校的人才培养目标

荷兰应用型本科高校致力于培养具有良好应用技能、创新精神、全球化视野、团队合作精神和持续学习能力的高素质人才,为行业的发展注入活力。

1. 培养应用技能型人才

荷兰的应用型本科高校深知应用技能对于大学生未来职业生涯的重要性。因此,学校更加注重实践导向的教学,确保大学生能够将所学的知识应用于实际的工作场景中。通过实验、实践项目、实习等方式,让大学生能够锻炼自己的动手能力和操作技能,从而更好地适应行业的需求。

2. 培养创新精神

荷兰的应用型本科高校鼓励大学生发挥创新精神,不拘泥于传统的思维方式和解决问题的方法。学校会提供各种创新平台和机会,如创新创业比赛、科研项目等,激发大学生的创新思维和创造力。这样的培养方式有助于大学生在未来的职业生涯中勇于尝试新的方法和思路,为行业的发展带来新的突破。

荷兰应用型本科高校着力于培养创新性人才的原因主要有以下三点。

(1) 提升创新能力。创新性人才能有效推动科技的发展,引领科技的进步,推动经济的发展。

(2) 应对市场需求。随着社会的发展和市场需求的变化,需要培养适应现代社会所需的实用型人才。

(3) 提高就业率。与行业合作,打造就业竞争力,提高就业率。

3. 培养全球化视野

随着全球化的加速发展,具备全球化视野的人才在行业中更具有竞争力。荷兰的应用型本科高校注重培养大学生的全球化视野,通过开展国际合作与交流项目,让大学生有机会接触不同国家和文化背景的人和事物。这样的经历有助于大学生的拓展视野、增强跨文化的沟通能力,更好地适应全球化的发展趋势。

4. 培养团队合作精神

在许多行业中,团队的合作是实现目标的关键。荷兰的应用型本科高校注重培养大学生的团队合作精神,通过组织小组合作任务和项目,让大学生在分工协作中锻炼自己的沟通协调能力和团队合作精神。这样的培养方式有助于大学生在未来的职业生涯中更好地融入团队,发挥自己的价值。

5. 培养终身学习者

在快速发展的时代,持续学习是保持竞争力的关键。荷兰的应用型本科高校注重培养大学生的持续学习能力,鼓励他们树立终身学习的观念。学校为大学生提供丰富的学习资源和机会,帮助大学生掌握自主学习的方法和技巧,使他们能够在未来的职业生涯中不断更新知识和技能,适应行业的变化和发展。

以下是荷兰应用型本科高校培养大学生的学习能力使用的主要方法。

(1) 灵活的教学模式。强调大学生的自我管理能力,推行模块化的课程体系,大学生可以根据自己的兴趣和需求选择合适的课程,培养大学生的自主学习习惯。

(2) 以项目为基础的教学。采用基于项目的教学方法,让大学生成为主导者,按照实际任务的步骤进行学习,同时锻炼他们的团队合作能力。

(3) 实践训练。注重大学生的实践操作和实习,让大学生有机会亲身参与社会实践,提高其解决问题的能力,培养独立学习和思考的习惯。

(4) 鼓励自主阅读和研究。鼓励大学生广泛阅读相关文献和书籍,自行开展学术研究,培养他们发现问题、分析问题和解决问题的能力。

(5) 提供学习资源。为大学生提供充足的在线学习资源,包括电子图书、数据库、讲座视频等,方便大学生随时随地进行自主学习。

(6) 评估系统。建立了完善的评估体系,对大学生的各项技能进行评估,帮助大学生认识到自己的优点和不足,为他们设定明确的学习目标,不断提高自己的能力。

3.3.3　荷兰应用型本科高校的人才培养机制

1. 教育目标与定位

荷兰应用型本科高校以实践和应用为主，是侧重培养实操能力的高等学府，与研究型大学相辅相成，构成了荷兰的高等教育体系。

荷兰应用型本科高校教育的目标与定位在于培养服务社会的应用型人才，以国际视野和实践能力为核心。其特色包括以下几个。

(1) 课程设置紧贴社会发展需求，注重大学生毕业后实际应用。

(2) 通过国际合作项目、双学位等方式拓宽大学生全球视野，提升其国际竞争力。

(3) 深度校企合作，将行业前沿融入教学，强化实践创新技能，缩短人才供需的距离。

(4) 重视外语及跨文化沟通能力培养，开设多语种课程，提高大学生的全球素养与交流能力，促进多元文化交流融合。

2. 课程体系设计

荷兰应用型本科高校的课程体系设计以培养应用型人才为目标，结合大学生需求和市场需求，将理论和实践相结合。主要体现在以下几方面。

(1) 重视理论和技能的融合，培养大学生的综合能力，有助于将学到的知识转化为实际技能。

(2) 根据专业特点设置实验和实践环节，使大学生具备实际操作能力，满足行业需求。

(3) 积极与业界企业建立紧密合作关系，开设产业实习项目，让大学生有机会亲身体验真实工作场景，从而在毕业进入职场后能够迅速适应并缩短岗位培训周期。

(4) 鼓励大学生参与创新创业，通过创新项目和比赛锻炼创新能力。

3. 师资队伍建设

荷兰应用型本科高校的师资队伍非常强大，师资队伍建设非常规范严谨，这有力保障了教育的质量和创新成果。其师资队伍建设主要表现在以下几方面。

(1) 师资队伍具备较高水平的职业资格和学术背景，能满足当今高等教育的要求。

(2) 引进外国师资，增强教学和科研实力。

(3) 构建严格的师资管理制度，提高教学质量。

(4) 不断优化师资队伍结构，培训年轻教师，加强师资建设。

4. 校企合作

荷兰应用型本科高校开展校企合作的方式有以下几种。

(1) 与企业共建实验室、研究中心、创新平台等，共享高校的设备和资源，为企业提供技术支持和服务，同时为大学生提供实践和就业的机会。例如，荷兰海牙应用科学大学与飞利浦、西门子等企业合作建立了智能电网实验室，为能源领域的创新和教育提供了平台。

(2) 与企业共同设计和开发课程、教材、教学方法等，使教育内容与企业需求和行业发展相适应，提高大学生的专业素养和就业竞争力。例如，荷兰阿姆斯特丹应用科学大学与

IBM、微软等企业合作开设了数据科学和人工智能等方面的课程，培养大学生的数据分析和编程能力。

(3) 与企业开展项目合作、订单培养、实习就业等形式，让大学生参与企业的实际问题的解决和创新活动，增强大学生的实践能力和创新能力，同时为企业输送合格的人才。例如，荷兰鹿特丹应用科学大学与飞利浦、埃森哲等企业合作开展多个项目，让大学生在企业的指导下完成产品设计、市场调研、商业计划等任务。

5. 学生评价与激励

大学生评价主要通过课程评估问卷、教师评估问卷、学习成绩和毕业调查等方式进行；大学生激励主要通过奖学金、实习机会、交换项目、创新平台、导师制度等方式进行。

6. 资源整合与优化

荷兰应用型本科高校在资源整合与优化上采取了以下措施。

(1) 运用信息技术构建教学资源平台，实现集中管理、多元展示和资源共享，提供便捷的查询、交互服务，提高教学质量。

(2) 紧密联结区域内企业、行业和社会组织，通过校企合作、产教融合、国际合作等途径，将外部实践资源融入教学，为师生提供实习就业、创业科研的机会及教师专业发展平台，指导课程改革和教学质量保障。

(3) 根据区域产业需求定制特色专业，如工程、经济、艺术、酒店管理等，对接支柱产业，培养适应地方经济社会发展的实用型人才。

3.3.4 荷兰应用型本科教育的优缺点及对我国地方应用型本科高校建设的借鉴

1. 荷兰应用型本科教育的优点

(1) 课程设置。荷兰应用型本科高校通常会根据市场的需求和行业的趋势来设置课程，注重其实践性和应用性，使大学生能够获得更多的实际操作经验和技能，提高就业竞争力。

(2) 校企合作。荷兰应用型本科高校积极与企业合作，为大学生提供实习和就业机会，同时也为企业输送合格的人才。这种合作模式有助于大学生将所学的知识与实际工作相结合，提高综合素质和应用能力。

(3) 教师队伍。荷兰应用型本科高校注重教师的实践经验和行业背景，通常会聘请有实际工作经验的教师，这些教师能够为大学生提供更贴近实际的教学和指导。

(4) 教学质量。荷兰政府和高校本身对教学质量有着严格的要求和监控，应用型本科高校也不例外。学校会采取各种措施来保障教学的质量，确保大学生能够获得高质量的教育。

2. 荷兰应用型本科教育的缺点

尽管荷兰应用型本科高校在人才培养上取得了很大的成功，但也存在一些问题和不足，主要包括以下几个。

(1) 学生综合素质参差不齐。由于荷兰应用型本科高校注重实践性和应用性,对于大学生的综合素质要求相对较低,导致大学生的素质参差不齐,对于教学和实习等环节会产生一定的影响。

(2) 校企合作深度不够。尽管荷兰应用型本科高校积极开展校企合作,但合作的深度和广度还有待加强。有些企业对于合作可能只是出于短期利益考虑,缺乏长期稳定的合作关系。

(3) 教师队伍稳定性不够。由于荷兰应用型本科高校的教师往往都有实际工作经验和行业背景,他们可能会因为各种原因(如职业发展、薪资待遇等)频繁更换工作或学校,这对于教学质量的稳定性和连续性会产生一定的影响。

(4) 国际化程度不够高。尽管荷兰的高等教育已经具有很高的国际化程度,但应用型本科高校的国际化程度还有待提高。在课程设置、教师队伍、教学质量等方面还需要进一步加强与国际接轨。

3. 荷兰应用型本科教育对我国地方应用型本科高校建设的借鉴

荷兰应用型本科高校在人才的培养上具有一些可供我国应用型本科高校借鉴的经验。

(1) 注重实践教育。我国应用型本科高校应加强对实践教育的投入,为大学生提供更多实习、实践的机会,增强其职业技能。

(2) 建立多元化师资队伍。我国应用型本科高校可以积极引进外籍教师,建立一支多元化、高水平的师资队伍,以提供更好的教育质量。

(3) 构建与企业的紧密合作关系。我国应用型本科高校应该深化与企业的合作关系,为企业输送合适的人才,并从中获取最新的市场需求和技术创新的信息。

(4) 提倡国际交流。我国应用型本科高校可以加强与其他国家的合作,开展中外合作办学、国际交换项目、双学位项目等,为大学生提供了广阔的国际视野和跨文化交流的机会。这不仅有利于培养具有全球化视野和竞争力的应用型人才,也有利于提升我国应用型本科高校的国际化水平和影响。

3.4 日本应用型人才培养体系

日本的应用型本科高校也被称为“职业大学”,其主要任务是培养具有实用技能和专业知识的人才,以满足社会和经济的需求。日本的职业大学通常会与企业进行合作,提供实习机会,并设置一些与就业相关的课程,如商务沟通、市场营销等。

在日本,职业大学通常设有专门的职业教育机构,如有专门的学校,负责提供职业技能培训。这种职业教育机构的教学内容和方法更接近实际的工作环境,能够让大学生更好地掌握职业技能和实践能力。此外,日本的职业大学还会与其他国家和地区的大学进行学术交流和合作,以提高教学质量并扩大学生的国际视野。

3.4.1 日本应用型本科高校的人才培养模式

日本应用型高校的人才培养模式的特点主要体现在以下几方面。

1. 对接产业和就业领域需求

日本应用型本科高校对接产业的需求和就业领域的方法主要包括以下几种。

(1) 建立与企业的紧密合作关系,开展产学协同教育,提供多样化的实习、实践、就业机会,培养具有实践能力和创新精神的应用型人才。

(2) 依托地方特色产业和社会需求,设置与之相适应的专业和课程,注重培养大学生的专业技能和职业素养,提高大学生的就业竞争力。

(3) 加强与国际合作,引进国外先进的教育理念和教学模式,拓展大学生的国际视野和跨文化交流能力,培养具有国际竞争力的应用型人才。

2. 强化理工科教育,培养新型产业人才

日本政府要求高中生具备数理和IT素养,为数字科学和AI打基础。日本应用型本科高校为培养新型产业人才,采取了以下措施。

(1) 强化实践教学,组织实验、实习、社会实践等。

(2) 重视跨学科交叉培养,打破学科壁垒,引导大学生多角度思考。

(3) 突出技术创新教育,加强新技术、新工艺、新材料等方面的教育。

(4) 加强校企合作,与企业和研究院所共享资源,协同开展教学和科研。

(5) 建立灵活的培养机制,实行弹性学制,让大学生自主选择课程和学习进度。

(6) 提高国际交流与合作水平,引进海外优秀的教育资源,与海外大学和科研机构合作,拓宽大学生的国际视野。

3. 深化产学研用合作,提高产学研合作的质量和效率

日本在应用型本科高校中深化产学研用合作方面,已经形成了一套比较成熟的模式。具体表现为以下几方面。

(1) 课程设置紧贴行业需求,与企业共同开发实践性和应用性强的课程。

(2) 关注企业实际需求,针对开展合作解决技术难题和满足人才需求。

(3) 积极进行校企联合研究,攻克技术难关,提高科研水平及大学生实践创新能力。

(4) 政府大力支持,制定政策提供资金,并设立专门的机构协调各方合作,实现资源共享与优势互补。

4. 创新课程设置和教学方式,培养学生的创新思维和解决问题的能力

日本应用型本科高校在课程创新和教学改革中,注重培养大学生的创新能力与解决问题技巧。具体策略包括以下几个。

(1) 开设跨学科课程,鼓励大学生自由选课以拓宽视野、激发创新。

(2) 采用问题导向式教学,引导大学生主动思考、分析问题并提出解决方案。

(3) 推行实践教学与项目式学习,与企业合作提供实际工作场景下的学习机会,并鼓励大学生参与科研创新项目。

(4) 设立创新教育平台,提供实验室、创业指导及资金支持等资源,助力大学生将创意付诸实践。

(5) 强调国际化教育，引入国际先进理念方法，促进国际交流，培养大学生的全球化视野与跨文化的交流能力。

5. 注重国际化人才培养，培养具有国际视野和竞争力的人才

日本应用型本科高校注重国际化人才的培养，采取多种措施来培养具有国际视野和竞争力的人才。这些措施包括以下几种。

(1) 开设国际化课程，拓展大学生的国际视野。

(2) 与国外大学合作办学和交流，增强大学生的跨文化的交流能力。

(3) 采用英语教学，提高大学生的国际通用语言能力。

(4) 引进国外教师和教学资源，接触国际前沿的知识和技能。

(5) 与国际企业合作，提供海外实习和项目实践的机会，提高大学生的国际工作的能力和竞争力。

3.4.2　日本应用型本科高校的人才培养目标

日本应用型本科高校的人才培养目标主要体现在以下几方面。

1. 培养应用型人才

(1) 实践能力的培养。日本应用型本科高校注重培养大学生的实践能力，通过实践教学和项目式学习等方式，大学生能够将理论知识应用于实际工作中，提高解决实际问题的能力。

(2) 技术水平的提升。在培养应用型人才方面，日本应用型本科高校注重提升大学生的技术水平。大学生通过学习和实践，能够熟练掌握相关领域的技能和工具，具备专业化的能力。

(3) 综合素质的培养。除了实践能力和技术水平的提升外，日本应用型本科高校还注重培养大学生的综合素质，包括团队协作能力、沟通能力、创新思维等，以适应不断变化的职业环境。

(4) 适应社会需求。日本应用型本科高校密切关注社会需求的变化，根据行业的发展趋势和市场的需求调整人才的培养方案，以确保所培养的人才能够满足社会的需求。

(5) 职业导向的教育。在培养应用型人才方面，日本应用型本科高校注重职业导向的教育。通过与企业的合作和实践教学，大学生能够了解行业的发展趋势和职业要求，为未来的职业生涯做好准备。

2. 培养具有创新能力的人才

(1) 强调实验、实训、实习等实践教学环节，让大学生在实际操作中锻炼创新思维。

(2) 增设与创业有关的课程，提高大学生创业技能，培养他们的创新思维和企业家精神。

(3) 加大科研投入，为大学生提供更多科学研究的机会，培养他们的创新能力和批判性思维。

(4) 支持大学生参加国内外学术会议、研讨、访问等活动，扩大他们的视野，增强创新

能力。

(5) 支持大学生参与创新项目,如创新创业大赛、竞赛等,促进大学生创新思维的发展。

(6) 借鉴国外先进的创新教育理念,培养大学生的创新精神和批判性思维,增强他们的创新能力。

3. 培养具有国际化视野的人才

(1) 培养全球化人才。帮助大学生了解世界各地的文化、经济和社会情况,培养他们成为具备全球视野的人才。

(2) 增强国际竞争力。通过国际化教育,使大学生具备在国际环境中工作、交流和竞争的能力,提高他们在全球人才市场的竞争力。

(3) 促进国际合作与交流。鼓励大学生参与国际交流和合作项目,培养他们成为具备跨文化交流和合作能力的桥梁人物。

(4) 满足社会需求。随着全球经济一体化的加速,社会对具备国际视野和竞争力的人才需求越来越大,日本应用型本科高校希望培养出这样的人才以满足社会的需求。

3.4.3 日本应用型本科高校的人才培养机制

1. 教育目标与定位

(1) 教育目标。培养具有专业技能和实践能力的高等教育人才,能够适应社会和产业界的需求,具有创新精神和国际视野,能够在各个领域发挥作用和贡献的人才。

(2) 教育定位。在高等教育体系中占有重要的地位,与研究型大学和职业教育相互补充,与社会和产业界紧密合作,以满足社会和产业界对人才的需求和期待。

2. 课程体系设计

根据应用型人才培养的目标和要求,设置相应的专业课程体系,强化实践教学环节,提升大学生的实践能力和创新能力。

1) 课程体系设计的原则

(1) 以培养具有专业技能和实践能力的高等教育人才为目标,注重大学生的职业素养和就业竞争力。

(2) 以学科的结合与重组为基础,形成新的学术领域,注重学科的交叉与融合,满足社会和产业界的需求。

(3) 以实践教学为核心,加强实验实习和工程训练,组织社会实践活动,完善毕业设计环节,提高大学生的专业能力和创新能力。

(4) 以大学生的兴趣和选择为导向,提供多样化的课程选项,增加课程的自由度和适应性,培养大学生的主动学习和终身学习的能力。

2) 课程体系设计的内容

(1) 通识教育课程占比约 20%,涵盖人文社科、自然科学等基础领域及跨学科综合课程,旨在提升大学生的基础素养与道德素质。

(2) 专业基础课程占比约 30%,着重于本专业核心理论、知识与技能的教学,包含专业导论、基础理论课、实验技能训练及跨专业通用课程，如计算机、英语沟通等。

(3) 专业实践课程占比约40%，通过专业实验、实习实训、设计项目等活动，让大学生运用专业知识解决实际问题，锻炼其实践能力和创新思维，并与社会产业界合作开展产学合作、社会服务等课程。

(4) 选修课程占比约10%，包括专业选修课和通识选修课两类，前者深化或拓展专业领域知识；后者丰富大学生跨学科学习体验和多元素养，满足个性化需求。

3. 师资队伍建设

日本应用型本科高校是以培养产业急需的专业性职业人才为目标的本科层次职业大学，其师资队伍建设受到国家和地方政府的高度重视和支持。

首先，师资队伍中既有学术型教授，也有具备丰富实践经验的行业专家。这种多元化结构使大学生既能学到理论知识，又能了解行业前沿动态和实践技能。

其次，日本高校注重教师的实践经验和职业背景。许多教师有企业或行业经验，他们将这些经验融入教学中，帮助大学生更好地理解和应用所学的知识。

最后，日本应用型本科高校鼓励教师开展产学合作项目，与企业合作进行科研和教学，这既提高了大学生的实践和就业竞争力，也为教师提供了更多的学术和职业发展机会。

4. 校企合作

日本应用型本科高校的校企合作形式包括以下几种。

(1) 共同研究中心模式。日本应用型本科高校和企业联合组建的合作机构，旨在利用双方优势进行协同研究，增强科研效能，培育适合的人才。合作项目时，日本应用型本科高校提供设备和场地，企业提供资金，成果共享。

(2) 双聘制模式。日本应用型本科高校和企业共同聘请教授或研究人员同时服务学校和企业，实现优势互补。

(3) 学生实习模式。大学生可在企业中实践所学，提升实践能力和职业素养。企业可从学生中寻找到人才，学校了解企业需求。

(4) 人才培养计划模式。企业与日本应用型本科高校共同制订人才培养计划，为企业输送合格技术人才，提供更多的就业机会。

此外，日本政府出台政策和措施支持校企合作，如设立奖学金、提供研发资金等，促进深度合作。

5. 学生评价与激励

日本应用型本科高校重视全面评估大学生的学习成果和能力，作为奖惩和调整教学策略的依据。具体评价和激励方式包括：

(1) 多元化评价。除笔试外，日本应用型本科高校还采用口试、实操等，全面考察知识、技能和综合运用能力。

(2) 过程与终结性评价结合。关注过程和结果，给予公正评价。

(3) 强调个人发展。挖掘潜能，发挥特长，提升综合能力和职业素养。

(4) 鼓励自主学习。设立具有挑战性的任务和课题，培养自主解决问题的能力。

(5) 弹性学制。允许大学生选择不同的学习路径和进度,按照适合自己的节奏学习。

(6) 提供实践机会。通过提供专业的实验、实习、实地考察等,提高实践能力和创新能力。

6. 资源整合与优化

日本应用型本科高校是指以培养具有实践能力和创新能力的专业人才为目标的高校,它们在教学资源的整合与优化方面有以下几个特点。

(1) 注重与社会需求和行业发展相结合,调整专业布局,开设符合市场需求的新专业或方向。

(2) 注重与企业合作,利用企业的技术、设备、场地等资源,开展实践教学和联合研发,提高大学生的实践能力和就业质量。

(3) 注重多学科的交叉和融合,开设综合性、设计性、创新性的课程,培养大学生的跨学科思维和综合运用知识的能力。

(4) 注重教学质量的保障和评价,建立符合应用型高校特点的教师职称评审标准,重视教师的实践经验和技术能力,鼓励教师参与行业企业的实践,加强“双师型”教师队伍建设等。

3.4.4 日本应用型本科教育的优缺点及对我国地方应用型本科高校建设的借鉴

1. 日本应用型本科教育的优点

日本应用型本科高校与产业界紧密合作,开展委托研究和技术转移实习等,通过共建研究中心进行产学研结合的开发研究。这类中心对全社会开放,鼓励企业人员与高校教师共同参与科研项目。同时,优化通识教育和专业课程的设置,增加实践教学的方法,赋予学生较大的选课自由度以满足个性化学习需求。此外,重视国际交流、引进外籍师资、开设国际化课程、提供海外学习机会,通过与海外高校的合作,实施双学位、联合培养等项目,提升大学生的国际视野及跨文化沟通的能力,增强其国际竞争力。

2. 日本应用型本科教育的缺点

(1) 治理滞后。日本应用型本科高校在与社会、产业界沟通协调上不足,导致人才培养目标和课程体系难以迅速适应变化。

(2) 体系不畅。未能有效区别于其他高校定位,缺乏特色化协同发展,难以塑造独特的人才培养品牌。

(3) 课程对接不到位。课程体系设计未充分结合社会和产业需求,反馈机制不健全,不利于创新精神和创业能力的培育。

(4) 师资短缺。应用型本科高校“双师型”教师资源有限,实践经验丰富的专业教师稀少,教学质量及指导效果受限。

3. 日本应用型本科教育对我国应用型本科高校建设的借鉴

(1) 日本的办学理念是培养适应社会和产业需求的高技能人才,增强高校的社会服务性。我国建设应用型本科高校也要紧密结合地方经济社会的发展，注重人才培养的实际效果。

(2) 日本人才培养模式以产学合作为主，与产业界紧密合作，优化人才培养方案。我国地方应用型本科高校应加强与企业和行业的合作，构建校企共建、共管、共享的人才培养机制。

(3) 日本的课程体系设计注重通识教育与专业教育的结合，以培养创新精神和创业能力为目标。我国应用型本科高校应推进课程改革，打破学科壁垒，实现教学内容的精细化、个性化，培养大学生的实践能力和创新思维。

3.5　新加坡应用型人才培养体系

新加坡作为知识型经济体，高度重视高等教育在国家发展中的关键作用。在其高教体系中，应用型本科高校以培养实践与创新能力并重的专业人才为核心，主要通过产学合作方式运作，包括五所理工学院及一所技术设计大学(SIT)。理工学院提供三年制专科教育，涵盖工程、商业、信息技术等多个领域；SIT则专注四年制本科教育，聚焦于工程、化学等应用学科。

应用型本科高校在新加坡高教体系内地位显著，毕业生数量庞大且就业率高。据统计，2019年新加坡共有5.1万高等教育毕业生，其中近半数(46.1%)来自应用型高校，达2.4万人，且该类高校的毕业生就业率高达88.9%，优于研究型大学和职业教育机构。这些毕业生为新加坡各行业输送了大量技术和管理人才，有力地推动了社会经济创新与发展。

3.5.1　新加坡应用型本科高校的人才培养模式

1. 以学生为中心

新加坡应用型本科高校的人才培养模式以大学生为中心，注重大学生的个性化发展和终身学习能力。新加坡应用型本科高校认为，每个大学生都有自己的兴趣、潜能和目标，教育应该尊重和满足大学生的多样化需求，帮助大学生实现自我发展和自我实现。因此，新加坡应用型本科高校提供了多种多样的课程和学习路径，让大学生根据自己的兴趣和能力选择适合自己的专业和课程，也鼓励大学生在学习过程中探索不同的领域和方向，拓展自己的视野和知识。

2. 以实践为导向

新加坡应用型本科高校以实践为导向，培养大学生的实践能力和创新精神。学校通过以下五方面实现这一理念。

(1) 实践教学体系。学校设置实践课程、实验室和实践基地，为大学生提供丰富的实践机会，帮助大学生掌握专业知识和技能。

(2) 校企合作。与企业合作制定人才培养方案，让大学生充分了解行业的需求和动态，及时掌握实际的工作技能。

(3) 创新创业教育。设立创新创业中心，为大学生提供创业服务，鼓励大学生开展创新创业活动，锻炼创新思维和创业能力。

(4) 实践教学师资。鼓励教师参与实践教学,提高其实践能力和教学水平,同时引进具有行业背景和实践经验的教师。

(5) 实践教学评估。设立实践教学评估机制,全面评估实践教学的课程设置、教学内容等,确保实践教学的质量和效果。

3. 以产学合作为基础

新加坡应用型本科高校与产业界和社会紧密合作,为大学生提供丰富的实践机会。新加坡应用型本科高校的人才培养模式主要表现在以下几方面。

(1) 与产业合作。通过合作办学和产业学院的建设,将行业的需求融入人才培养过程中,培养大学生的实践应用和创新能力,以及其国际视野。

(2) 动态课程设置。以经济社会的发展趋势和产业技术革新为依据,构建新的课程体系,加强实验、实训、实习环节,提升大学生理论知识的应用和实践技能。

(3) 专业实践强化。注重专业实践课程的设置,强化实验实习和工程训练,开展社会实践和优化毕业设计环节,培养专业能力和精神,激发创新精神。

(4) 产学研用合作。深化产学研用合作,设置跨学科课程模块,关注社会热点和全球议题,提升大学生的批判性思维和解决问题的能力。

(5) 政府支持。发挥政府的主导作用,设立指导机构、拨款建立技术技能发展基金,完善法律和技术标准,加强学校与企业的合作关系。

4. 以国际化为目标

新加坡应用型本科高校以培养具有全球竞争力和国际合作力的应用型人才为目标,要求大学生兼具专业知识、跨学科素养与国际视野。为实现这一目标,学校采取了以下策略。

(1) 广泛国际合作。通过建立国际伙伴关系、推进交流项目及参与国际组织活动,拓宽大学生的国际视野并构建全球化网络。

(2) 提升通用与专业的国际能力。引进和更新国际标准认证,提高教学质量,着力培养大学生在语言、文化适应及解决国际问题方面的综合能力。

(3) 强化社会责任与公民意识。通过国际志愿服务、社会责任项目及可持续发展教育的实践,引导大学生关注并积极参与全球议题,增强其国际合作与领导力,致力于世界和平与发展事业的贡献。

3.5.2 新加坡应用型本科高校的人才培养目标

新加坡应用型本科高校的人才培养目标是培养具有专业技能、创新精神和社会责任感的高素质应用型人才,为新加坡的经济社会发展和国家的竞争力提供支撑。具体来说,新加坡应用型本科高校的人才培养目标包括以下几方面。

(1) 专业技能掌握。强调对特定学科或专业领域的深入理解和实践技能的掌握,确保毕业生具备解决实际问题和应对行业挑战的能力。

(2) 创新与创业精神。鼓励大学生发展创新思维和创业精神,培养他们识别和抓住机遇、创建新知识和新技术的能力。

(3) 行业适应性。注重与行业需求的紧密对接,确保毕业生能够迅速适应并胜任相关工作岗位，以满足不断变化的就业市场要求。

(4) 终身学习能力。培养大学生的自主学习能力和持续学习习惯，使他们能够在职业生涯中不断更新知识和技能，适应快速发展的科技和社会环境。

(5) 全球视野与跨文化沟通。鉴于新加坡的多元文化背景和国际地位，强调培养全球视野和跨文化沟通的能力，以提升毕业生在国际舞台上的竞争力。

(6) 职业道德与社会责任。注重培养学生的职业道德和社会责任感，使其在追求个人职业发展的同时，能够为社会和环境做出积极贡献。

(7) 团队协作与领导力。通过各种项目和活动，培养大学生的团队协作能力和领导才能，以便他们在职场中有效地与他人合作并可能担任领导的角色。

3.5.3 新加坡应用型本科高校的人才培养机制

为实现应用型本科高校人才培养目标，新加坡采取了如下具体措施。

1. 建立基于产学研合作的人才培养联合机制

1) 建立高校间合作机制

目前，在新加坡建有新加坡技术设计大学(SUTD)和新加坡科技与设计大学(SIT)，作为专门的应用型本科高校，与国际知名大学合作，提供创新的课程和教学模式，培养具有跨学科、跨文化和跨领域能力的人才。

2) 深化产学合作机制

新加坡应用型本科高校通过构建深度校企合作机制，成功地实现了高等教育人才培养与企业发展的深度融合和共赢局面。这种合作模式体现在以下几方面。

(1) 人才定制培养与无缝对接就业。应用型本科高校与企业共同设计课程体系和实践环节，确保大学生掌握的技能能够符合企业实际需求。其毕业生经过在校期间参与企业项目、实习实训等环节，能够迅速适应职场的环境，减少企业的岗前培训成本，同时也提高了毕业生的就业质量和满意度。

(2) 科研成果转化与技术创新。应用型本科高校借助自身的学术资源与研究能力，与企业在技术研发上开展紧密合作，将科技成果快速转化为产业应用，帮助企业提升产品和服务的技术含量，增强市场竞争力，同时也有利于应用型本科高校的教师和大学生在实践中深化理论知识，提高创新能力。

(3) 资源共享与成本节约。企业利用应用型本科高校的教学设施和实验室资源进行研发活动，降低自身硬件的投入；应用型本科高校通过共享企业的生产环境和实践经验，丰富教学内容，实现教育资源的有效利用和互补。

(4) 品牌形象提升与社会责任承担。企业与知名的应用型本科高校建立合作伙伴关系，可以提升其社会形象及行业影响力，同时还积极履行了支持教育事业的社会责任。而应用型本科高校则通过与优质企业的合作，为大学生提供了接触前沿技术和管理理念的机会，进一步提升了学校的教育教学水平和社会声誉。

2. 建立终身学习体系

新加坡应用型本科高校建立终身学习体系的政策与措施主要包括以下几个。

(1) 制定全面政策和制度工具(如技能资历框架、质量保障体系及学分认证),以整合教育文凭和劳动力能力评估,设立技能创前程委员会,强化校企社联动办学。

(2) 推行五年改革计划,聚焦高等教育供给多元化,并为"技能创前程"提供多元化的学习路径和终身学习机会。

(3) 加大资金投入,增加约1亿元用于高等学府终身学习项目(如技能创前程系列课程)。自2017年起,已有12所应用型本科高校开设800个短期课程,吸引了4900名学员参加。

3. 完善人才评估机制

新加坡应用型本科高校构建了全面的评估机制,从课程设计、教学效果、实践能力到就业质量,均进行了严格而细致的考核。具体涵盖了课程与实践结合度、学生综合能力评估、校企合作成果以及就业质量统计,并通过内外评估、反馈改进机制,确保教学紧跟行业需求,持续优化人才培养质量。

4. 培养大学生创新创业能力

新加坡的应用型本科高校倾向于采取以实践为导向的教学方法,着重培养大学生的技术能力和创新能力。这种教学方法有以下几个作用。

(1) 增强大学生的实践能力。大学生参与实验、项目和设计等,提高动手能力和解决问题的能力,掌握前沿技术与知识,增强专业竞争力。

(2) 培养创新精神。实践导向教学方法有助于大学生挖掘新价值、开发新产品或服务、培养创新思维和创业能力、为社会和产业的发展做贡献。

(3) 拓展国际视野。大学生与不同国家和文化的教师和同学合作,参与国际化项目和活动,适应多元化的环境,提升其国际视野和跨文化交流的能力。

5. 培养应用型本科高校毕业生参与社会公益事业的热情

新加坡应用型本科高校的毕业生积极参与社会公益事业,如新加坡管理大学(SMU)的毕业生通过志愿服务、社会企业、非政府组织等方式,为社会的弱势群体和环境保护做出贡献。

3.5.4 新加坡应用型本科教育的优缺点及对我国地方应用型本科高校建设的借鉴

1. 新加坡应用型本科教育的优点

通过对新加坡应用型本科高校人才培养模式展开分析,我们可以得出,新加坡应用型高校人才的培养模式具有如下优点。

(1) 可以提高大学生的实践能力和创新能力,培养大学生的综合素质和职业素养,增强大学生的社会适应能力和就业竞争力。

(2) 可以满足社会和行业对应用型人才的需求,促进应用型本科高校与社会和企业的合作,为经济社会的发展提供人才支撑和技术支持。

(3) 可以促进应用型本科高校的教育教学改革,调整专业的设置和课程体系,更新教学内容和方法，提高教学质量和效果。

(4) 可以增强应用型本科高校的办学特色和影响力，形成多样化和差异化的高等教育体系，适应高等教育大众化和多元化的发展趋势。

2. 新加坡应用型本科教育的缺点

新加坡应用型本科高校人才培养模式除具有上述优点，也存在一定的缺点，主要表现在以下几方面。

(1) 可能导致应用型本科高校过分迎合市场和行业的需求，从而忽视基础理论的学习和学术研究的开展，降低应用型本科高校的学术水平和创新能力。

(2) 可能导致应用型本科高校的教师队伍结构不合理，缺乏具有高水平学术背景和实践经验的教师，影响教师的教学和科研水平。

(3) 可能导致应用型本科高校的大学生结构不均衡，缺乏具有高水平学术潜力和兴趣的大学生，影响大学生的学习和发展空间。

(4) 可能导致应用型本科高校的评价体系不完善，缺乏适合应用型本科高校的评价标准和指标，影响应用型本科高校的内部管理和外部评估。

3. 新加坡应用型高校本科教育对我国地方应用型本科高校建设的借鉴

(1) 坚持应用型和学术型的有机结合，既重视实践教学和应用研究，又不放弃基础理论和学术研究，保持应用型本科高校的学术性和创新性。

(2) 加强教师队伍建设，引进和培养具有高水平学术背景和实践经验的教师，提高教师的综合素质和能力，激发教师的教学和科研热情。

(3) 优化大学生的结构，吸引和培养具有高水平学术潜力和兴趣的大学生，提高大学生的综合素质和能力，拓展大学生的学习和发展空间。

(4) 完善评价体系，制定和实施适合应用型本科高校的评价标准和指标，建立和运行有效的内部管理和外部评估机制，促进应用型本科高校的持续改进和发展。

3.6 本章小结

本章介绍了一些欧美国家和亚洲国家应用型本科高校人才培养模式。通过分析他们的人才培养模式，发现他们有一些相似之处，也有一些不同之处。

1. 培养模式的相似之处

1) 培养目标

(1) 注重培养大学生的实践能力和应用能力，使大学生能够适应社会和经济的发展需求，解决实际的问题，服务于地方产业。

(2) 强调理论与实践相结合，设置了丰富的实习、实验、实践环节，与企业、社会组织等建立了紧密的合作关系，使大学生能够接触到实际的工作场景和问题。

(3) 采取灵活课程体系与多元学制模式，提供全日制、非全日制、工学结合、双学位或联合学位等多种途径，适应不同大学生群体的需求。

(4) 对师资队伍的专业性与实践经验均有高标准要求，聘请具备博士学历、工程师资质或有企业背景的教师，以增强教学内容的实用性和教学质量。

2) 教学内容和课程体系

(1) 强调通识教育，拓宽学生知识面，培养跨学科思维和创新能力。如美国大学采用多样课程体系要求跨领域学习；日本部分大学设立"教养学部"，推行文理交叉、多学科融合的教育模式。

(2) 注重理论联系实践，建立实践导向教学体系，通过多种途径加强大学生实践能力培养，并鼓励教师参与企事业单位实践以提升办学实用性。如，美国高校与社会组织紧密协作解决实际问题；日本高校借助政府和社会企业资源让大学生实践研究成果。

(3) 倡导自主选课制度，允许大学生根据兴趣、职业规划选择个性化课程组合，培养自主学习和终身学习能力。美国开放课程体系灵活，大学生可自由跨专业选课；日本大学生前两年可自由选择基础课程，后两年再确定专业方向并选择相关课程。

3) 管理和评估制度

(1) 强调以大学生为主体，关注其学习成果和满意度，建立多元评价体系，不仅衡量大学生的专业知识和技能，还考核其创新能力、批判性思维及团队协作等综合素质。

(2) 推行分类评估原则，重视评估的过程性和连续性，针对不同应用型本科高校的特点和发展目标设定适宜的评估标准与流程，避免单一化处理，尊重各校特色和自主权。将评估与教学改革、质量提升、内部管理等方面紧密结合，形成动态、常态化的评估机制，以促进应用型本科高校内涵发展与持续优化。

4) 教学方式和方法

(1) 均以大学生为核心，提供实习、研究及创业实践，让大学生在实际环境中学习；推行通识教育和跨学科课程体系，拓宽大学生视野，实行灵活学分制以便个性化选课和专业定向；积极构建与外部伙伴(企业、行业、政府和社会组织)的合作关系，提升大学生的就业力和社会责任感。

(2) 采用项目学习、案例分析、实验实践、实习实训等多种教学方式，强化大学生的实践能力和问题解决的能力，并促进跨学科素养的全面发展。

(3) 广泛开展与社会、企业和行业等多方合作，共建共享实训基地，推动产学研结合和社会服务活动，以增强大学生的社会适应能力和职业竞争力。

5) 师资队伍

(1) 重视教师的实践经验和应用能力，聘用具有博士学位和企业经验的教师或兼职教师。

(2) 鼓励教师进行跨学科的合作和交流，打造多元化的教学团队，应对复杂的教育问题和社会需求。

(3) 与社会、企业、行业等利益相关者合作，通过实践基地、产学研合作、社会服务等方式，提高教师的社会适应能力和职业竞争力。

2. 培养模式的不同之处

1) 校企合作

(1) 合作形式与深度。欧美校企合作形式多样，企业深度参与人才培养，如提供实践经验、教学资源等；而亚洲的合作形式相对较少，深度有限。

(2) 政策支持。欧美为校企合作提供税收优惠、资金支持等，鼓励深入合作；而亚洲的政策支持相对较少，更多基于市场需求和关系。

(3) 国际化程度。欧美的校企合作国际化程度较高，与国际知名的应用型本科高校或机构合作；而亚洲的合作较为保守，合作范围主要在国内。

(4) 企业参与度。欧美企业更积极参与，视之为人才和创新的重要途径；而亚洲的企业的参与意愿和能力受多种因素影响。

(5) 实习制度。欧美的实习制度成熟，实习机会和质量受到严格监管；而亚洲的实习机会和质量可能存在不均衡。

(6) 跨学科合作。欧美的校企合作鼓励跨学科合作，应对复杂问题；而亚洲的更侧重单一学科或专业。

(7) 创新创业支持。欧美的校企合作支持创新创业，企业提供资源和支持；而亚洲的创新创业文化和环境还在发展中。

(8) 长期合作关系。欧美校企合作基于长期、稳定的关系，实现互利共赢；而亚洲的合作关系更倾向于短期、一次性项目。

2) 实践教学

(1) 实践教学目的。欧美旨在培养大学生的创新和应用能力，解决实际问题，促进科技转移和产业发展；而亚洲则为了培养大学生的专业技能和实务能力，满足企业需求，增强社会服务的能力。

(2) 实践教学形式。欧美形式多样，包括课程设计、项目学习、实习实践等；而亚洲则相对单一，主要集中在实习实践、课程教学等。

(3) 实践教学比例。欧美实践教学比例较高，占总课时 1/3 以上，甚至 1/2 以上；而亚洲则比例较低，占总课时 1/4 以下，有些只有 1/10 左右。

(4) 实践教学师资。欧美学校的教师通常具备丰富的实践经验和实践能力，学术与实践兼备；而亚洲学校的部分教师缺乏实际操作和实践经验。

3) 课程设置和教学方法

(1) 课程配置方面，欧美国家倾向于灵活、跨学科的课程结构，不仅涵盖专业课还涉及人文社科、自然科学等多元内容以提升大学生全面素质；而亚洲国家的课程设置更着重于专业深度和精度对接行业需求，确保教学与实际工作的紧密衔接。

(2) 教学方法上，欧美教育体系多采用案例分析、项目实践及小组讨论等多元化方式，强调大学生的参与度、互动性、独立思考和批判思维能力的培养；而亚洲国家的教学方法虽然包括实践环节，但是更倾向于传统的讲授式教学，注重理论知识的基础传授。

4) 国际化程度

欧美国家的应用型本科教育通常更加注重国际化，与国际接轨的程度较高；而亚洲国家在国际化方面可能相对保守，与国际接轨的程度相对较低，具体表现如下。

(1) 国际合作与交流。欧美国家积极参与国际组织和项目，建立广泛的国际合作伙伴关系，为大学生提供丰富的国际交流和学习机会；而亚洲国家的应用型本科教育相对封闭，国际合作与交流规模和水平有限，大学生的国际视野和竞争力受限。

(2) 外语教学与学习。欧美国家重视外语教学与学习，将外语作为必修课程，鼓励大学生多学外语，提高多语言能力；而亚洲国家的外语教学与学习的重视程度不一，大学生的外语水平和跨文化交际的能力较低。

(3) 国际化课程与教材。欧美国家注重国际化课程与教材的开发和使用，引入国际标准和最新成果，反映国际前沿和动态；而亚洲国家在国际化课程与教材方面还有改进空间，课程和教材缺乏国际视角和比较分析。

第 4 章 “1+4+X”数字化螺旋式复合应用型人才培养模式的构建

高校承担着人才培养、科学研究与社会服务三大重任。对于地方应用型本科高校而言，人才培养工作是三大任务中的重中之重。地方应用型本科高校除承担一定的科学研究任务之外，更重要的是根据社会经济发展需求，培养行业企业急需的复合应用型人才。应用型本科高校要通过不断完善人才培养方案、加强学科建设与专业发展、培养“双师型”教师队伍、加强校企合作与建立实习实训基地等，实现人才培养目标，从而真正承担起社会服务的大任。在这种背景下，探索如何创新复合应用型人才培养模式，从而提升人才培养质量已成为地方本科高校实现向应用型本科高校转型发展的一项十分复杂又意义重大的艰巨任务。

本章在探讨地方应用型本科高校复合应用型人才培养模式构建时倾向于将其视作一项“复杂工程项目问题”，通过参考复杂工程项目问题的解决方案，寻求地方应用型本科高校复合应用型人才培养模式的构建思路。首先，根据地方应用型本科高校人才培养模式的特点，参考管理学、社会学、决策学、教育学、系统学、逻辑学、计算机科学等学科的知识内容，寻求相关的理论支撑；其次，根据地方应用型本科高校人才培养目标的要求，结合信息时代背景下数字经济发展和数字技术的要求，力求在人才培养模式上有所创新和突破，构建起“1＋4＋X”数字化螺旋式复合应用型本科人才培养模式的整体框架；再次，分析该人才培养模式框架中高校自身、政府部门及行业企业在应用型本科高校学科建设与专业设置、教学研究与教学改革、校企合作与产教融合、专业交流与专业互鉴、学科竞赛与能力提升、理论教学与实践锻炼、通识教育与特色发展等转型发展各方面的相互作用，从而形成“1＋4＋X”数字化螺旋式复合应用型本科人才培养模式的动力机制；最后，分析当前基于“1＋4＋X”模式与数字化模式的复合应用型人才培养困境的破解对策，以实现复合应用型人才培养质量螺旋式上升。

4.1 “1＋4＋X”数字化螺旋式复合应用型人才培养模式的内涵分析

目前，获得国际工程教育认证已成为很多地方本科高校向应用型本科高校转型发展的重要目标之一，在这种背景下，地方应用型本科高校的人才培养工作更类似于一项“复杂工程项目问题”，其中涉及高校教师队伍建设、课程体系建设与教材建设、实践教学平台建设、科学研究工作、专业建设工作、社会服务工作等多方面，具有复杂性、综合性、实践性、社会性等特性。这些因素之间又具有一定的矛盾性,如教学与科研、理论与实践、专业与通识、学科与特色等,是对立统一的关系。因此,我们需要厘清这些因素之间的相互关系,找到解决矛盾或问题的突破口。在解决实际工程项目问题时,我们需要构建一种模式或搭建一种模型,提出人才培养的目标及结构或框架,从而形成解决复杂工程项目问题的方案,并形成一种模式,使其广泛应用于各地方应用型本科高校人才培养全过程。

结合我国地方应用型本科高校人才培养模式的现状与问题,在借鉴其他发达国家应用型本科高校建设经验的基础上,积极探索适合我国地方应用型本科高校人才培养的模式。伴随着信息时代数字技术的迭代更新与发展,为培养满足社会需求的复合应用型人才,地方应用型本科高校应充分利用数字技术,构建“1+4+X”数字化螺旋式复合应用型本科人才培养模式。

4.1.1 基于“1+4+X”模式实现复合应用型人才培养质量螺旋式上升

要想清晰认识“1+4+X”模式,我们需要充分了解“1+4+X”中“1”“4”“X”各自的含义及“1+4+X”的整体含义。其中“1”是指“一体化”;“4”是指“大学生所要经历的大一、大二、大三、大四这4年的本科学习阶段”;“X”是指“大学生通过本科阶段的学习获得的各项能力的提升,即多元化拓展”。所谓“1+4+X”是指一体化实现大一至大四不同阶段本科人才培养在课程设置、教学内容、教学方法、综合素质上的协同发展,然后结合4个年级大学生不同的成长过程,推进本科教育教学质量螺旋式上升,最后对高校人才素质进行多元化拓展,融素质提升于专业课、通识课、实践课、创新创业课、思想政治理论课的全过程,促使大学生在大学阶段整个学习过程中真正获得“专业技能培养”“综合能力锻炼”与“道德素质提升”。

实行“1+4+X”教育教学模式具有重要的意义与价值。一方面,促使地方应用型本科高校在制定人才培养方案的过程中充分考虑大学生不同成长阶段的特点和能力需求,实现人才培养方案在课程设置、学分设置、学时设置、理论课程和实践课程的融通设置,大学生专业能力与通识技能及综合素质的共同提升等方面的综合考量,从而提升地方应用型本科高校人才培养的质量。在培养大学生成长成才的过程中,地方应用型本科高校也要注重提升教师队伍的理论知识水平与实践操作技能。具体来说,可以通过加强“双师型”教师队伍建设,提升教师的综合素质,尤其是提升广大教师应对复杂工程项目问题及演示企业真实项目案例的实践技能,帮助大学生全面了解行业企业对人才的需求及相关技术的市场应用前景。为了让广大学生更好地掌握实践技能,拥有真才实学和社会本领,地方应用型本科高校需要大力加强校企合作,积极建立企业实习实训基地,加速实现产教融合、协同育人目标。在校企融合过程中,广大专任教师需要积极参与企业真实项目,通过到企业挂职锻炼,获得一手教学案例资料,从而提升自身的授课水平与实践技能。另一方面,在“1+4+X”教育教学模式下,大学生可以充分利用地方应用型本科高校提供的学习平台与各类学习资源,掌握扎实的专业技能与通识技能,提升个人道德素质与思想政治水平,在专项实践锻炼与社会实践活动中提升个人的团队协作能力、人际沟通技能、语言组织与表达能力及其他各方面的能力。

4.1.2 基于数字化模式实现复合应用型人才培养质量螺旋式上升

数字化是互联网技术快速发展背景下数字经济发展的动力,也是信息技术革命开展的诱因。随着物联网、云计算、区块链及人工智能技术的快速发展，数字化已引起社会大众尤其是高校师生越来越多的关注。数字化技术引起计算机技术与网络技术的迭代更新，从而引发了信息技术革命，推动了全球化进程。在目前国际工程教育认证的背景下开展数字化建设、在高校教育教学改革过程中推动数字化实践发展，已成为提升各高校大学生自身各项技能的重要手段。在中国式现代化进程中，高等教育现代化已成为中国式现代化的重要标志之一。作为高等教育现代化的重要组成部分，数字化教育在 21 世纪的前 20 多年里发挥了十分重要的作用，在未来中国高等教育逐渐实现现代化的时间里，数字化教育将发挥更加重要的作用，以致全面影响高校广大师生的工作、学习及生活。要想在激烈的全球数字化教育竞争中取得显著优势，包括各应用型本科高校在内的全国各类型高校都应积极开展数字化教育，通过建立数字化模式，开展数字化实践，提升人才培养质量。在数字技术蓬勃发展的背景下，数字经济快速发展，带动了高等教育技术的革命。作为培养地方经济发展急需的复合应用型人才，各地方应用型本科高校要尤其重视高等教育本科人才培养中的数字化教育与实践，通过数字化人才培养模式构建，实现复合应用型人才培养质量螺旋式上升。

所谓“数字化模式”，从计算机科学角度来说，是指基于计算机系统的数字化理论，通过多进制数值计算和多值逻辑计算，建立智能的数字化系统；从哲学视角而言，是指通过建立数理逻辑和使用形式语言与方法，明确语言符号的关系和意义，从而对人的能力进行反思。哲学中的数字化是对世界真实而完全的反应，通过数字化可以更好地认识世界与万事万物。在数字化模式中，虚拟现实技术(VR)真实反映了数字化仿真效果，通过采用虚拟现实技术，使诸如数字、符号、图形图像、声音等都被数字化和虚拟化。在数字化技术快速发展的今天，数字化体现了信息技术发展的新阶段，是信息时代的重要缩影。英国的雷·海蒙德[1]主张，信息时代必然经历两个发展时期，分别是物质化信息时代和数字化信息时代。所谓物质化信息时代是指，人们通过购买电视机、电话机、传真机，以及订阅报纸、杂志、书籍等方式对某种物质进行消费的方式，获取信息并将这些信息进行传递或传播。而数字化信息时代是指，依靠各类数字、符号、图像、声音等信息载体实现通信与交流。数字化推动了人类的文明与进步，是人类文明的新形式。目前除了数字化书籍、数字化刊物、数字化图书馆、数字化博物馆、数字化社区、数字化政府、数字化社会之外，还有数字化学校。而高等学校作为培养高等教育人才的摇篮，其数字化建设程度直接关系到人才培养质量的高低及人才培养是否满足行业企业的需求。在此，需要重点认识应用型本科高校数字化人才培养的特点及重要意义。

面对区域经济社会发展和地方行业企业对各类复合应用型本科人才的需要，地方应用型本科高校应抓住“理论学习+实践锻炼+资源利用+能力提升+思政引领”这一复合应用型人才培养主线，在理论学习、能力提升与思政引领等方面积极建设数字化资源平台与设备，充分加强数字化实践，促使应用型本科高校的大学生不断提升个人的数字化实践技能，实现人才培养质量又一螺旋式上升。在数字化时代，通过对大学生专业理论学习、专项实践锻炼、企业实习实训、社会实践活动、创新创业教育、学科竞赛及项目实践等实践过程给予数字化记录，建设数字化大平台，使应用型本科高校人才培养全过程具备完整链条，这样既有助于推动大学生专业技能、综合素质、创新创业能力等得到有效的锻炼加强，又可以通过数字化实践使更多教育教学资源与科研成果得到共享，从而推动更多应用型本科高校大学生在拥有扎实专业基础和较高综合素质的基础上，不断创新、大胆创业，为大学生积极成长为应用型、技能型、复合型、创新型人才提供更为有利的资源和环境。

4.2 "1+4+X"数字化螺旋式复合应用型人才培养模式的理论基础

4.2.1 管理系统理论

地方应用型本科高校人才培养体系涵盖诸多要素，是一个具有诸多复杂基本要素的系统，其管理也是比较复杂的系统性工程。这些基本要素涉及专业设置、学科设置、课程设置、教学内容、教学方法、师资队伍、实验环境、图书资料配置、实习基地建设、国际化人才培养等诸多方面。所有的这些要素在地方应用型本科高校人才培养过程中发挥着十分重要的功能或作用，这些功能或作用在人才培养体系中不是简单相加的，而是根据各组成要素的特点、性质与功能形成一种相互影响、相互作用、相互制约的关系，通过一定的搭配与组合，形成一种类似于"1+1>2"(整体功能大于各组成要素功能之和)的效果。如何使整体系统功能大于各组成部分或要素之和，实现系统功能最优化，是应用型本科高校人才培养管理系统理论要研究的主要内容。

高等教育管理系统理论来源于系统科学。自 20 世纪 40 年代后期开始，系统科学理论逐渐兴起，通过从系统的视角去认识和研究客观世界，从而形成一种认识世界和改造世界的科学理论与方法。现代世界是一个开放的世界，高等教育管理也是在一个开放的系统中进行的，可能会面临各种临时突变的、不定性因素的影响。所谓系统[2]，简言之，是指处于一定环境之中的若干要素相互影响、相互作用、相互制约，为实现一定功能和整体目标所组成的有机统一体。这些系统中的各个要素既相互区别，又相互联系，共同组成整体系统不可分割的部分。

依据管理系统理论，系统内各要素之间彼此联系，同时又与其他系统内的要素相关联，要从整体出发，明晰各要素间的关系，并据此寻找管理最优化目标。因此，高校管理者特别重视运用系统管理理论分析高校人才培养的策略。地方应用型本科高校人才管理系统理论主要运用现代科学技术与方法，通过架建起技术科学、自然科学、社会科学等各类科学门类之间的桥梁与纽带，形成以系统为中心的理论模式，从而为地方应用型本科高校在人才培养工作中成功解决各类复杂工程项目问题提供新的思维模式与技术路线。

进入新时代，习近平总书记[3]多次强调，要着力推进社会治理系统化、科学化，不断完善中国特色社会主义治理体系。高校治理系统化属于社会治理系统化的范畴之一，同样要注重寻求系统整理最优化。同时，系统又具有层次性，某一个系统可以成为更大系统的要素或子系统，而同时系统内各要素又可以构成更小的子系统。各系统通过与系统环境相互作用，当系统逐渐走向熵增或混乱时，需要通过添加负熵因子，即开展变革或创新等，实现熵减，从而驱使系统有序运转。

在新时代国际工程教育认证和地方高校转型发展背景下，为实现人才培养质量的不断提高，在创新本科人才培养模式之前，地方应用型本科高校可以依据管理系统理论，借鉴相关管理系统方法，从以下几方面分析与探讨人才培养模式。

(1) 矛盾性。系统各组成要素之间相互影响、相互制约，彼此之间是对立统一的关系。作为一个对立统一的矛盾结合体，我们要充分看到其中统一的一面，即地方应用型本科高校的人才培养目标是培养社会需要的复合应用型人才，作为人才培养模式的各组成要素或部分，都应在此目标的指导下进行人才培养模式的改革与创新。

(2) 整体性。在分析人才培养模式时，地方应用型本科高校要充分分析影响人才培养质量的各个要素，并将其视作有机联系的统一整体，通过探索各组成要素间的联系与区别，明晰它们之间的逻辑关系，从而建设一个高效、合理、有序的组织管理架构。

(3) 协同性。地方应用型本科高校要全面分析与探索人才培养过程中各系统之间、系统各要素之间、各系统或子系统与环境之间的关系，使其协同发展、相互融通，产生最大利益的协同效应。

(4) 动态性。本科人才培养体系作为地方应用型本科高校的一个最重要系统，是社会系统中的一个重要系统之一，随着就业形势、社会需求、技术革新等外部环境的变化而变化。因此，地方应用型本科高校人才培养系统具有动态性，要根据区域经济发展要求、市场需求变化、国家政策调整等环境变化，适时进行调整与改革。以地方应用型本科高校人才培养为例，通过调研我们了解到，2～3 年调整一次人才培养方案。这些地方应用型本科高校依据行业企业对应用型人才各方面技能的需求，在采纳行业企业专家意见及各应用型本科高校教育专家意见的基础上，不断修订与完善人才培养方案，提高人才培养质量，从而促进大学生就业与创业。

在 21 世纪的前 20 年时间里，我国高等教育获得快速发展，高校大学生人数逐年增加。由于国际形势复杂多变及一些其他因素的影响，包括地方应用型本科高校在内的各高校积极探索人才培养模式创新与改革，如促进跨学科专业发展、增设双学位专业、开设跨专业选修课、建立企业实习实训基地、引进企业导师开展合作授课，以及指导大学生毕业论文与毕业设计等。这些变革性举措虽然取得了一定的成效，但是尚未真正改变原有的人才培养模式。要想实现人才培养模式的创新与发展，地方应用型本科高校必须从整体综合考量人才培养模式中各要素间的关系，充分发挥各组成要素的作用，以实现各子系统与构成要素协同有序运行与发展。

综上所述，地方应用型本科高校在构建人才培养模式时可基于管理系统理论进行如下几点应用。

(1) 坚持统筹优化的管理思想。在地方应用型本科高校中，建有各二级学院、系或部、教研室等纵向层级结构，还建有教学单位、科研单位、教辅单位、后勤部门、校办企业等横向组织部门，是一个由学校领导、中层干部、广大教师和全校学生等诸多要素构成的复杂社会管理系统。“1+4+X”数字化螺旋式人才培养模式中的“一体化”培养社会急需的复合应用型人才体现了应用型本科高校对系统要素进行综合分析与统筹优化的思想。

(2) 采用目标管理(MBO)的管理方法。管理系统理论告诉我们，整体而言，应用型本科高校人才培养质量除依赖各组成要素的作用以外，还需要通过要素间的结构优化，产生一种“组合效应”，在应用型本科高校人才培养目标的指导下，设置各部门或各项工作的分目标，从而建立完善的目标管理网络，实现系统功能最大化。例如，在某专业教学内容的设置上，根据社会对复合应用型人才技能的要求和该专业的人才培养目标，设置大一至大四的课程体系，并注重课程内容设置上的连贯性、关联性、层次性、创新性等特性，避免不同学习阶段课程内容设置中出现重复、冗余、难易颠倒及逻辑混乱等问题；同时，注重大学生在不同成长阶段的能力要求，力求培养理论知识扎实、实践技能突出、综合素质较高的优秀的、社会急需的、拥有高端技术技能的复合应用型人才。此外,关于地方应用型本科高校教师队伍建设方面,也同样需要采用目标管理方法,以提升教师实践技能为目标,加快建设"双师型"教师队伍,实现教师素质和技能持续性提升,从而满足地方应用型本科高校人才培养的需求。

(3) 坚持动态调整的管理决策。面对纷繁复杂的国际形势与诡谲多变的社会环境,地方应用型本科高校必须建立健全组织机构和管理系统,通过建立科学化、民主化、数字化的决策中心,形成科学有效的整体规划,在计划、组织、协调、控制等各个管理阶段,确保学校政策得到有力贯彻与执行,从而避免决策行动偏离决策目标。在决策过程中,各级管理部门及学校教学单位、广大师生要在调查研究的基础上,为决策层提供咨询论证与科学依据,通过充分运用数字化技术,搜集相关信息与资料,从而进行决策追踪与动态调整,使地方应用型本科高校人才培养目标不偏离预定发展轨道,实现人才培养质量螺旋式上升。

综上所述,运用管理系统理论研究人才培养模式时,地方应用型本科高校要充分挖掘各组成要素的积极性与主动性,实现各组成要素优势互补和统筹调整,从而实现地方应用型本科高校人才培养系统整体性最优。

4.2.2 教育生态学理论

进入21世纪以来,我国高等教育大众化和国际化趋势愈加明显,高等教育不再精英化。在这样的国内外教育背景下,高校必须清晰认识自身的人才培养目标,选择合适的人才培养模式,积极开展与提升人才培养质量相关的探索与实践,以培养社会需要的应用型、复合型、技能型人才。《国家中长期教育改革和发展规划纲要》明确指出:"坚持以国家发展需要和社会需求为导向,以提高思想道德素质和创新能力为核心,完善现代国民教育和终身教育体系,注重在实践中发现、培养、造就人才,构建人人能够成才、人人得到发展的人才培养开发机制。"基于内外部复杂多变的教育环境与就业形势,探索人才培养模式的改革之路,寻求适合地方应用型本科高校长远发展的人才培养模式,是高等教育生态学理论的研究范畴。

教育生态学是将教育学与生态学相结合的一门学科,以生态学理论为基础,探讨教育与社会、自然、文化、科学等各环境因素之间的关系。美国学者沃乐(W. Waller)最早提出与教育生态学相关的一些概念与理论,其著作《教学社会学》(1932年)详细介绍了"课堂生态学"的理念。教育生态学理论应用到高等教育领域始于英国学者阿什比(Ashby)。阿什比在20世纪60年代提出了"高等教育生态学"的概念。而正式提出"高等教育学"概念且进行详细描述的是美国学者劳伦斯·克雷明(L. A. Cremin),他在1976年撰写了《公共教育》一书,对此进行了深入阐释。此后,教育生态学成为一门独立的学科门类,广泛开设于美国多所高校中。

我国也有许多学者和专家专注于教育生态学理论的研究。吴林富[4]在其《教育生态管理》(2006年)一书中写道:"教育生态系统是由教育的生态主体和生态环境组成的复合多元的整体系统。"潘强[5]等学者认为,教育生态学通过采用系统分析的方法,研究教育生态系统的组成、功能、规律,以及实现系统物质、能量与信息交互平衡的方法。在基于国外关于教育生态学理论的基础上,也有许多学者开展了高等教育生态学的研究。任凯[6]等学者(1992年)指出,"高等教育生态系统的结构就是高等教育系统内部各因素之间的联系形式,以及各因素与外部环境等诸因素之间的关系形式"。贺祖斌[7]在其著作《高等教育生态论》(2005年)中分析了高等教育生态视域下的人才培养模式,他指出:"包括教育者和受教育者在内的人是整个高等教育系统的核心要素。人在高等教育系统中占据主导地位,高等教育系统是以人(教育者和受教育者)为中心的生态系统。而高等教育生态环境是指以高等教育为中心,对高等教育的发生、发展和存在具有制约和控制作用的多维空间和多元环境,包括外部的自然环境、社会环境和规范环境。”

在以上研究的基础上,我国一些高校学者开始探索和研究高等教育生态系统下的各类型和各层次高校人才培养模式问题。胡春蕾[8]等学者认为,“高校面临的双重压力和形势困境是高校人才培养模式的症结。其中,双重压力来自创新型人才培养与就业质量提升的人才培养目标;形势困境主要来自高等教育大众化与国际化的倾向。要实现高校人才培养模式重构,必须重新审视高校教育生态环境,通过重新设计基于学校层次的目标体系、专业人才培养方案与具体课程和教学活动,探索人才培养模式改革。面对复杂且特殊的高等教育生态环境,各层次高校应结合高校自身的资源、环境等条件,确定适合自身实际情况和稳步持续发展的人才培养模式”。

根据教育生态学理论,地方应用型本科高校人才培养系统也是生态系统的一种,涵盖生物因素与非生物因素两方面。其中,生物因素主要是人,包括高校各层级领导、广大师生及部门管理人员等;非生物因素包括学校的地理位置、校园环境、教学设备、教学条件、校园文化、组织机构、管理制度与管理模式等。依据管理生态学理论[9],地方应用型本科高校管理者应根据高校内外部生态环境建立一种多样化的、能促进广大师生获得最优化发展的生态共同体。这是一种以一定方式紧密联系且相互作用的有机结合体,通过平衡各个要素之间的相互关系并使其相互合作、各得其所,从而提高地方应用型本科高校人才培养质量。

基于教育生态学理论研究,地方应用型本科高校积极开展人才培养模式的探索研究。以师资队伍建设为例,面对复杂多变的外部环境和严峻的就业形势,各地方应用型本科高校纷纷开展“双师型”队伍建设。以校企合作、产教融合为抓手,地方应用型本科高校广大教师纷纷到企业中挂职锻炼,了解企业对人才的技术需要并开展实际工程项目,接触真实项目案例,并形成相应实践教学资源,用于专项实践教学环节的教学工作,在“双师型”教师队伍建设过程中,教师将企业真实项目案例引入课堂,既可以有效提升大学生的学习兴趣和学习积极性,又可以锻炼大学生的实践操作技能,满足行业企业对应用型人才的技术要求。

作为地方应用型本科高校,其发展也需要充分考量内外部生态环境。依据教育生态学理论,应用型本科高校在构建人才培养方案过程中应做到以下几点。

(1) 整合地方应用型本科高校人才培养体系各组成要素及资源。厘清学校领导、中层干部、专任课教师、行政管理人员、教学管理人员、大学生等群体各自的职责与任务,建立各部门、各机关间的有效交流渠道,整合学校各类资源,全面实现“全员育人、全程育人与全方位育人”。

(2) 充分利用内外部环境因素,实事求是创新地方应用型本科高校人才培养模式。从高等教育内外部环境要求出发,依据社会发展及行业企业对复合应用型人才培养的要求,整合各类资源,以本科人才培养质量提升为目标,构建“1+4+X”数字化螺旋式复合应用型本科人才培养模式。

(3) 建立满足国际工程教育认证要求的国际化复合应用型人才培养体系。为积极应对国际环境对复合应用型人才的要求,我们主张在开展国际工程教育认证的背景下,以专业人才建设为引领,着重培养大学生的专业技能,加强实践锻炼,通过建立数字化实践教学平台,开放数据资源库,为大学生提供更多的机会与更好的平台进行专业实践操作,从而实现人才培养质量螺旋式上升。

(4) 构建复合多元的地方应用型本科高校人才培养整体系统。首先,要明确地方应用型本科高校高等教育的生态主体、教育环境及生态主体与教育环境之间的生态结构。这里的生态主体主要是指地方应用型本科高校。其次,要实现地方应用型本科高校与其发生、发展与存在的外部环境之间的生态平衡,在专业设置、课程设置、教学内容设置、教学方法使用及师资力量配比上,与地方应用型本科高校的人才培养目标相关联,避免出现人才培养模式中各要素相脱节的问题。最后,整合地方应用型本科高校人才培养各要素资源,通过一体化建设人才培养体系,促进地方应用型本科高校复合应用型人才培养过程中教研科研管理、学科专业建设、“双师型”教师队伍培养、创新创业教育、思想政治教育等协同发展。

4.2.3 共生理论

在地方本科高校向应用型本科高校转型发展的过程中,政府、高校与社会之间是一种共生关系。所谓“共生关系”,简言之,是一种相互依存、合作共赢的关系。1879 年,德国学者德贝里在研究多种生物的生存现象时最早提出了共生理论,并指出共生理论由共生环境、共生关系和共生要素组成。

随着社会的发展,“共生”的概念已经突破了生物学研究的范畴,逐步拓展到社会的各个领域。学者袁纯清[10]指出经济组织中存在着共生现象,并将共生理论应用于对小型经济的研究中,由此证明了共生现象广泛存在于社会发展之中。从本质上而言,共生理论追求的是一种互利互助、合作共赢的状态。因此,人们在处理社会问题时,应坚持合作共赢的理念,多角度、全方位看待问题。荷兰著名经济学者洛埃特·劳德斯多夫等[11]指出:“政府、企业和大学三者是一种相互联系,协同进化的关系。”

以共生理论为研究的理论基础,地方应用型本科高校转型发展的共生环境是地方经济社会发展和地方产业结构优化调整对复合应用型人才的迫切需求。共生关系是在政府、高校和社会的共同作用下,各组织之间相互结合的具体形式,如校企合作、政产学研深度融合等。共生要素,又称共生单元,是参与地方应用型人才培养的基本构成要素,即政府、高校和社会。依据共生理论,政府、高校与社会三者之间在促进地方应用型本科高校转型发展和实现应用型本科高校人才培养质量快速提升过程中是相互依存、相互作用、共同成长的发展关系,通过建立“政府—高校—社会”共生机制,促进三者之间的相互分工与配合,最终实现合作共赢与协同发展。“政府—高校—社会”之间的共生关系如图 4-1 所示。

基于共生理论研究视角,地方应用型本科高校要充分认识到培养复合应用型人才过程中各组成要素间的共生关系,通过密切联系、相互配合、开展合作等形式,适应共生环境要求,从而实现共生要素间的协同育人目标。在地方应用型本科高校构建“1+4+X”数字化螺旋式复合应用型人才培养模式之前,可以借鉴共生理论方法,从以下几方面对人才培养进行充分的分析与论证。

(1) 建立以学生为中心的人才培养模式,正确认识教师与学生在教育教学过程中的关系。在地方应用型本科高校中,教师与学生之间也是一种共生关系。没有教师“传道授业解惑”,就不会有学生各项技能的获取与提升;而如果没有学生,教师授课就没有了对象,不仅面临课程体系的调整,而且可能引起专业设置上的调整乃至相关专业的取消。因此,作为地方应用型本

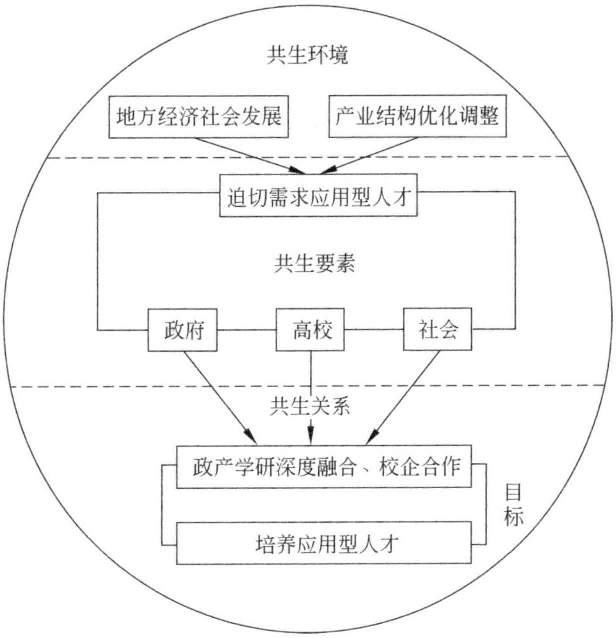

图 4-1 “政府—高校—社会”之间的共生关系

科高校，要坚持以学生为中心，以提升学生专业技能与综合素养为目标，以满足地方经济社会发展和行业企业发展需要为方向，向社会输送应用型、复合型、技能型、创新型人才。

(2) 建立以教学为中心的高校管理模式，实现科研辅助教学、行政服务教学。要正确认识在地方应用型本科高校人才培养过程中教学、行政、科研三者之间的关系。总体而言，三者也存在着一种共生关系。教学工作是高校的中心工作，没有教学工作的有序开展和教学活动的顺利进行，其他一切科研活动及行政工作都无从谈起。与此同时，教学工作的顺利开展也离不开科研活动的有序开展和行政工作的有效实施。在教学活动中，将教师科研项目及科研成果引入课堂，不仅可以夯实大学生的理论知识基础，也有利于提升大学生的实践水平。在地方应用型本科高校中，各行政部门、科研部门及教学部门的行政工作与科研工作也与教学活动相互影响、相互制约。因此，要充分认识教学、科研、行政三者之间的共生关系，使其在地方应用型本科高校复合应用型人才培养中相得益彰、相互促进、协同发展。

(3) 建立以专业技能提升为方向，以通识技能、创新创业能力、思想道德素质提升为目标的教学管理模式。作为一名地方应用型本科高校大学生，在就业择业过程中，既要拥有扎实的专业技能，也要具有一定的外语水平和计算机操作技能，同时还要具有一定的诸如人际沟通能力、团队协作能力、语言表达能力、组织管理能力、创新创业能力、思想道德素质等技能和素质。这些专业技能、语言技能、计算机技能及其他综合素质对于培养行业企业需要的人才来说都是不可或缺的。在目前相对严峻的就业形势下，大学生需要正确处理大学阶段专业学习、通识课学习及各项活动之间的关系，合理分配时间，全面提升自我，积极成长为社会需要的复合应用型人才。

4.2.4 利益相关者理论

地方应用型本科高校是一个比较典型的利益相关者组织机构。地方本科高校在向应用型本科高校转型发展过程中，政府、高校及董事会、相关行业企业及广大师生纷纷成为地方应用型本科高校的治理主体。地方应用型本科高校正从相对单一的行政管理模式走向各利益相关者共同治理的模式。

党的十八届三中全会对深化教育领域综合改革提出明确要求，即推进教育治理体系和治理能力现代化。将治理元素有效引入地方应用型本科高校人才培养过程中，有利于改变地方应用型本科高校传统的行政管理模式和教学模式，强化地方应用型本科高校中一线专任教师、大学生及行业企业等其他利益相关者的主体地位，在地方应用型本科高校人才培养工作中，建立各利益相关者共同治理、相互影响、相互促进、相互制约的新型治理体系，使各利益相关者形成关于复合应用型人才培养的合作治理网络，从而推动地方应用型本科高校治理能力现代化。

1963年，利益相关者理论作为一种理念，首先由美国斯坦福研究所提出，然后迅速在西方国家发展起来，成为西方国家一种非常重要的公司管理理论。在该治理理念的影响下，20世纪70年代，世界上许多国家开始推行治理变革。1984年，美国学者弗里曼在其所著《战略管理：利益相关者方法》一书中明确提出了利益相关者理论。弗里曼[12](R. E. Freeman)认为："利益相关者(Stakeholder)是指那些能够影响一个公司的目的并受一个公司目的影响的群体和个人。利益相关者理论提供了有关公司战略管理的新思维。"依据利益相关者理论，组织的发展离不开利益相关者的支持和投入。由于高校职能不断细化，难免会在职能分割过程中出现利益分化和矛盾冲突。为有效应对这些问题，高校开始对利益相关者实行分散化治理。美国学者亨利·罗索夫斯基最早将利益相关者理论引入高等教育。1990年，亨利·罗索夫斯基[13]在其所著的《美国校园文化：学生·教授·管理》一书中阐述了"大学的拥有者"概念，并将其划分为最重要群体、重要群体、部分拥有者、次要群体4层不同重要程度的组成群体，一定程度上体现了高等教育过程中的利益关系，对高校开展有效治理产生了积极作用。在地方应用型本科高校治理过程中，学校领导、各二级学院中层干部、广大一线教师、教学管理人员、行政及科研管理人员、大学生、政府部门、大学出资者，以及定向接收大学生就业的企业或单位都是地方应用型本科高校的重要利益相关者。

地方应用型本科高校承担着人才培养、科学研究与社会服务的重任。在目前国家大力加强社会主义文化强国建设的背景下，各地方应用型本科高校也肩负着文化传承的任务。对于地方应用型本科高校来说，可以将利益相关者分为4个层次，分别是学生、教师、校领导及学校管理人员所在的核心利益层，财政拨款者和定向培养单位等组成的重要利益层，提供教科研经费及学校助学贷款等的中间利益层，以及行业企业与社会公众等边缘利益层。总之，地方应用型本科高校的利益相关者众多，只有正确处理这些利益相关者之间的关系，及时解决各类利益冲突，才能更好地向社会输送优质的应用型、复合型、技能型、创新型人才。

从地方应用型本科高校人才培养的视角来看，目前其利益相关者之间的冲突主要表现在以下几方面。

(1) 政府是地方应用型本科高校的主要出资者和举办者，学校自主管理权有限。以专业设置为例，地方应用型本科高校首先需要向教育主管政府行政部门提交专业设置的申请，然后由政府部门进行专业评估与审核并下发专业审核通过通知。从校领导任命到教师招聘及教师岗位设置，再到各类教研教改项目及科研项目立项与结项，甚至高校日常运作及学校发展模式改革，教育行政部门都拥有较大的决定权，而地方应用型本科高校自身则处于一种被管理、被支配的地位。

(2) 教师与学生之间存在博弈关系。在地方应用型本科高校人才培养模式中，学生作为核心利益层占据绝对的中心地位，各高校努力采取措施提升大学生的专业能力与综合素质，但是同处于人才培养核心利益层的教师素质的发展则相对有所欠缺。部分教师在学校发展过程中通过主持或参加横纵向科研项目、指导学生参加各类学科竞赛，以及到企业挂职锻炼或考取相应实践类证书成长为“双师型”教师。但是对于教师素质的持续性提升及教师实践技能的不断加强，高校则显得略有乏力。如何调动教师积极性和促进教师全面发展，使教师将自身精力更多用于人才培养上，是一个需要认真思考的问题。

(3) 地方应用型本科高校与行业企业之间也存在博弈关系。地方应用型本科高校希望自身培养的人才能够满足行业企业的需要，最终成功就业。而行业企业希望高校能够根据企业对复合应用型人才的需求来开展人才培养工作。受到就业形势及社会大环境影响，地方应用型本科高校中仍有相当比例的大学生选择考研深造，关注的重点也在深层次理论知识的学习上，忽视了地方企业对复合应用型人才实践技能的需求。

基于利益相关者理论研究视角，地方应用型本科高校要充分认识在培养复合应用型人才过程中各利益相关者间的关系，充分发挥各利益相关者间的作用，使其相互配合，共同提升人才培养质量。依据利益相关者理论，地方应用型本科高校在构建人才培养模式时应努力做到以下几点。

(1) 各利益相关者应加强联系与合作，共同为实现组织目标而努力。作为利益相关者的高校与企业应加快产教融合、校企合作步伐。因此，地方应用型本科高校在制定人才培养方案过程中应积极听取企业意见，了解企业对应用型人才的技能要求，并在各专业实习实训环节，大力邀请企业管理者或工程项目人员介绍企业真实项目案例，使青年大学生真正了解企业需求。为招聘到优秀毕业生，企业也应与地方应用型本科高校展开积极合作，通过构建人才联合培养模式、建立地方应用型本科高校实习实训基地，以及接收地方应用型本科高校教师到企业进行挂职锻炼等方式，实现行业企业与地方高校相互合作、互利共赢。

(2) 创新人才培养方式方法，树立大学生在人才培养中的主体地位。为提升青年大学生的专业技能，专任教师应充分发挥大学生的学习积极性与主动性，让大学生真正参与到教师的科研项目中，接触前沿科学技术及真实科研环境，并了解企业横向科研项目和政府纵向项目的科研要求，从而提升个人专业技能与实践能力。地方应用型本科高校积极推进教学方法改革，以学生为中心，改变传统以教师的“教”为主的授课方式，通过推行翻转课堂、PBL、OBE 等教学模式改革，提升大学生的综合能力，包括专业实践技能、课堂展示能力、语言组织能力、团队协作能力等。在课程设置上，地方应用型本科高校应充分听取相关专家、学者、企业及广大师生的意见和建议，通过多方论证，完善课程体系和教学内容设置，实现大一至大四课程设置在知识内容和技能层次上的层层递进，一体化推进人才培养质量螺旋式上升。

(3) 各利益相关者加强资源整合，创新应用型人才培养模式和机制。在目前移动互联网、大数据、智能化、云计算、人工智能、物联网、区块链等计算机技术快速发展的信息时代，伴随着数字经济的快速兴起与发展，政府、高校、企业纷纷着手开展数字变革。在这样的背景下，地方应用型本科高校应充分抓住信息技术革命的契机，建立数字化实践平台，为广大师生提供学习和实践的机会。通过开展数字化实践，共享优质教学资源、企业真实项目案例及历届创新创业项目大赛、"三创赛"、计算机设计大赛、全国电子设计大赛、数学建模大赛、"蓝桥杯"大赛，以及"挑战杯"大学生创业计划大赛与"揭榜挂帅"项目及"红色专项"等大学生竞赛项目成果。广大教师可以通过指导大学生参加学科竞赛和数字化实践项目，不断提升大学生的专业技能和通用素质。

为最大限度上满足各利益相关者在地方应用型本科高校人才培养中的要求，地方应用型本科高校积极探索人才培养模式改革。"1＋4＋X"数字化螺旋式复合应用型人才培养模式正是在这样的研究背景下提出来的。通过"1＋4＋X"模式和数字化实践模式实现复合应用型人才培养质量螺旋式上升。在这一人才培养模式中，各利益相关者充分参与人才培养全过程，并积极为人才培养质量提升建言献策，努力培养满足地方经济社会发展和行业企业需要的复合应用型人才。

4.3 "1＋4＋X"数字化螺旋式复合应用型人才培养模式的框架设计

4.3.1 "1＋4＋X"数字化螺旋式复合应用型人才培养模式的设计思路

(1) 以管理系统论观点指导地方应用型本科高校人才培养模式设计。地方应用型本科高校人才培养本身就是一个复杂的系统，内含高校教学管理系统、行政管理系统、科研管理系统、教师管理系统、学生管理系统、后勤配套管理系统等多个子系统及相关组成要素。各子系统之间相互关联，共同构成了人才培养系统。若各子系统自行其是、互不考虑，易于造成实际管理过程及结果脱离人才培养目标的结果。只有各子系统相互促进、相互融通、协同进步，才能实现地方应用型本科高校人才培养持续性发展。目前，部分地方应用型本科高校在专业人才培养过程中，按照国际工程教育认证的要求，设置了完整且详细的人才培养目标。在此目标指导下，许多一线专任教师、基层教学管理人员等纷纷加强对学生专业技能的培养，积极联系企业管理人员及项目组工程人员开展合作授课，促使学生专业素质得到较大提升。

(2) 以教育生态学观点指导地方应用型本科高校人才培养工作。地方应用型本科高校人才培养的目标是培养应用型、复合型、技能型、创新型人才，以便更好地为地方经济社会发展做好服务和贡献力量。因此，满足地方经济社会发展要求和行业企业对应用型人才的要求是地方应用型本科高校人才培养的最终目的。地方应用型本科高校要根据就业环境和就业形势变化，努力做好教育教学工作，积极推动地方本科高校转型发展，实现地方应用型本科高校在专业设置、课程设置、教学内容选用及教材编写上的相互促进，促进大学生高质量就业。

(3) 以共生理论为基础推进地方应用型本科高校人才培养质量螺旋式上升。要充分认识政府部门、地方高校、行业企业在地方应用型本科高校人才培养中的共生关系，在设计人才培养方案及开展实践教学时充分发挥各自在人才培养中的积极作用，实现三方协动，从而提高大学生的就业率、就业质量和就业水平。

(4) 以利益相关者理论设计地方应用型本科高校人才培养相关工作。例如，地方应用型本科高校应充分认识人才培养中教师的角色和地位，明晰“双师型”教师队伍建设在应用型高校人才培养中的作用，通过鼓励教师通过到企业挂职锻炼、到企业培训学习、真正参与企业工程项目、指导学生学科竞赛、进行校内教师教研科研交流及进行资源信息数据共享等方式提升自己的实践能力，从而更好地开展实践教学工作，一体化促进学生实践技能的提升。

4.3.2 “1+4+X”数字化螺旋式复合应用型人才培养模式的设计方法

地方应用型本科高校人才培养工作涉及的组成要素及相关方面众多，要培养满足社会需求的复合应用型人才，必须在一定理论的指导下，遵循高等教育发展规律，明确开展复合应用型人才培养的思路与方法，设定人才培养目标，然后在此目标的指导下，探寻有效的人才培养机制与策略。

1. 明确构建人才培养模式的目标

地方应用型本科高校在开展本科人才培养工作时，首先应明确人才培养的目标，即提升大学生知识水平、综合素质与就业技能三方面的内容。其次地方应用型本科高校要切实做到人才培养目标与研究型高校人才培养目标以及高职高专类院校人才培养目标相区别。

在知识学习方面，地方应用型本科高校要求学生掌握基本原理及理论，以此为基础，大学生的知识层次逐渐提高、知识内容逐渐增加、知识难度逐渐加深，形成了既有深度，又有广度，还有难度的知识体系，有助于大学生掌握扎实的专业理论基础，在本科毕业后成功就业。在综合素质方面，地方应用型本科高校要求大学生既要具有较强的专业素质，又要具备较好的综合素质，要将专业素质与综合素养相结合，通过认真学习通识类课程，如思想政治理论课程、大学语文、大学英语、高等数学、大学物理及跨专业选修课、法律辅修或中华优秀传统文化相关课程等，不断提升自身的综合素质，实现科学素质与人文素质共同提升。这也是促进应用型人才整体素质提升的有效策略。在专业技能方面，地方应用型本科高校要求大学生不仅要掌握扎实的专业技能，而且要掌握较好的英语技能、计算机技能，以及创新创业技能、团队协作技能、人际沟通技能、组织管理技能等相关方面的综合能力。

之所以要求学生掌握扎实的专业技能与良好的综合能力，一方面是由于这些能力是作为一名复合应用型专业人才需要掌握的技能；另一方面是由于在目前较严峻的就业形势及较复杂的国际局势下，青年大学生只有具备这些技能，才能更好地在社会上生存与发展，也才能更好地实现个人价值与社会价值。章跃[14]等学者指出，“地方院校工程应用型本科教育的目标要同时注重知识、素质与能力三方面。大学生不仅要具备扎实的理论体系，也要具有创新能力和技术应用能力，还要有一定的非专业素养，这是工程应用型本科人才高素质的体现”。

2. 构建复合应用型人才培养模式

在充分考虑复合应用型人才培养目标的基础上，地方应用型本科高校应积极构建“1+4+X”数字化螺旋式复合应用型人才培养模式。在充分考虑当前就业环境、就业形势与大学生就业技能要求的背景下，这一人才培养模式力求实现大学生在大一至大四不同学习和成长阶段学习内容、学习深度、实践技能、综合素质等方面的一体化与多元化拓展，并充分运用信息时代背景下数字技术变革带来的便利，开展数字化实践，以构建有助于复合应用型人才培养的环境与长效机制，实现人才培养质量螺旋式上升。

3. 设定复合应用型人才培养的技术路线

地方应用型本科高校复合应用型人才培养目标的实现离不开学科建设、专业建设、课程体系建设、师资队伍建设这 4 个层面的内容。总体而言，这 4 个层面的内容是相互联系、相互影响的。我们可以从加强这 4 个层面的建设入手，努力提升地方应用型本科高校复合应用型人才培养质量。

在学科建设方面，目前我国地方应用型本科高校存在特色不够突出、研究方向不聚焦、学科带头人缺乏、师资队伍结构不合理、经费投入不足、学科与专业分离等问题。为加强学科建设，地方应用型本科高校必须正确处理教学与科研的关系，将人才培养质量提升到学校发展生命线的高度，挖掘或突出地方应用型本科高校的教育教学特色，加强教师队伍建设，积极争取政府财政支持和吸引企业投资以充盈人才培养经费投入，聚焦研究方向，促进学科发展与专业建设协同发展，实现科研辅助教学与科研成果为社会所用的目标。

在专业建设方面，我国地方应用型本科高校面临着受地方政府支配、“双师型”教师队伍素质提升缺乏动力及实验室建设不足等方面问题。为加强专业建设，地方应用型本科高校必须正确认识政府、高校、企业之间的关系，积极申报发展潜力较大的专业并积极争取政府政策及财政支持，努力建设装备齐全、功能多样、技术领先的实验室环境，加快培养一支实践技能不断提升的“双师型”教师队伍，并根据专业招生规模与师资力量配比，制订专业人才培养方案和计划。

在课程体系建设方面，我国地方应用型本科高校也存在着一定不足。例如，在培养大学生的就业能力方面，有些地方应用型本科高校开设了丰富的相关课程，包括大学生职业生涯规划、大学生就业指导、大学生创新创业教育、大学生创业基础等。这些课程的设置无疑有利于提升大学生的就业技能。但是在具体建设课程时也存在内容重复和课程设置前后衔接不合理等问题。例如，由于师资力量有限，有些专业将大学生创业基础开设在大一阶段，而将大学生职业生涯规划设置在大二阶段，将大学生就业指导设置在大三阶段，在具体内容讲授上，由于师资变动等原因，可能造成某些内容的交叉，使学生重复学习创业或规划等方面的内容。有些专业通过修订人才培养方案，将大学生职业生涯规划与就业指导进行了整合，整合后的课程原计划贯穿整个大学 4 年，但是在具体实施过程中，也存在教学任务安排与教学计划不符等问题。有些地方应用型本科高校的专业到大三阶段时仍未讲授职业规划或就业指导相关课程，使部分大学生不能及早制订大学 4 年学习规划，学习效果受到较大影响。因此，对于此类就业创业类课程，地方应用型本科高校应努力完善相关课程体系建设，通过采用“1+4+X”人才培养模式，切实做到“一体化”培养大学生大一至大四不同成长阶段就业能力的不断提升，促进大学生多元能力培养。

此外，在师资队伍建设方面，我国地方应用型本科高校也存在一定的不足。例如，“双师型”教师比例仍须继续提高，占高校全体教师比重要达到 70%以上；招聘的教师多数为各研究型高校毕业的博士和硕士，鲜有企业工作的经历；高校教师挂职企业时间相对较短，难以全面提升教师的实践技能。而且“双师型”教师结构上也存在着不合理之处，虽然企业教师在各专业小学期实习实训过程中发挥了重要作用，但是需要看到的是，由企业教师承担授课任务的课程数量仍相对较少。在其他诸如毕业设计等教学环节，企业导师真实指导毕业设计占比也不高，多数学生仍主要由校内导师进行指导，无法真正发挥企业导师的指导作用。随着我国产业结构优化升级和社会经济不断发展，各行业企业对应用型人才的培养提出了更高的要求。

4. 构建复合应用型人才培养模式的新框架

综上所述，为了培养满足社会发展和企业发展需要的复合应用型人才，地方应用型本科高校应改变传统的人才培养模式，积极构建人才培养体系新框架。该框架以深化复合应用型人才知识体系、增强复合应用型人才综合素质、提升复合应用型人才就业技能为目标，主要基于“1＋4＋X”模式和“数字化”模式实现螺旋式培养复合应用型人才，如图 4-2 所示。

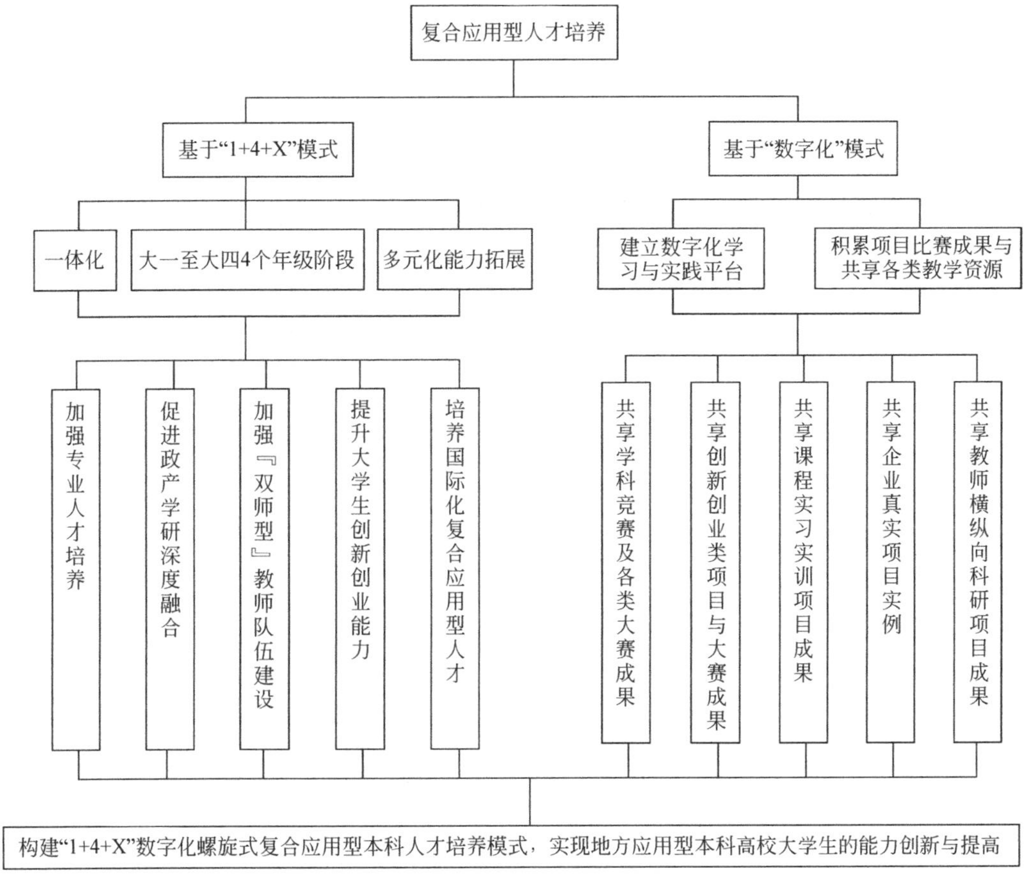

图 4-2 “1＋4＋X”数字化螺旋式复合应用型人才培养模式框架

由图 4-2 可知：

(1) 要一体化设定大学生本科 4 年的人才培养目标。具体来说，要细化学生在大一至大四不同阶段人才培养的分目标，各分目标的完成是为了实现人才培养的总目标。因此，要从宏观视角和长远目标出发，通过一个个子任务和子目标的完成，驱动总任务和总目标的完成。

(2) 要一体化设置专业人才培养的课程体系和教学计划。通过完善人才培养方案中的课程设置、学期安排、学时学分安排、师资力量安排等完善课程体系，使相近或相关课程的设置实现内容上、技能上、方法上的逐级递进与接续发展，同时也使专业课程的设置实现理论知识、实践操作、资源共享、企业对接等学习深度和能力要求方面的逐步提升。

(3) 要一体化提升复合应用型人才的专业技能、综合素质及其他各项能力。通过修订人才培养方案，合理设置专业课程的理论学时与实验学时占比、专项实践教学环节的学时分配及实践地点、社会实践环节的考核内容与考核要求、通识通修类课程的学习目标与学习要求、学科竞赛与实践学分的兑换及要求等，使学生的专业技能、综合素养与其他就业相关技能得到加强与锻炼。

(4) 要数字化实践专业教学资源、学科竞赛资源及其他各类项目或活动。通过搭建网络教学平台，分享网络教学资源，将已有的科研成果、教学资源、企业真实项目案例、创新创业教育资源与教学活动相关的教研教改论文、科研论文、创新类学术科技作品、创业类项目、专业类赛事中的获奖作品、相关专利与软件著作权等进行数字化建设，使全校广大师生均可以利用数字化平台开展数字化实践活动，提升自身的各项技能，从而有效应对瞬息万变的就业环境和企业要求。

4.3.3 “1＋4＋X”数字化螺旋式复合应用型人才培养模式的特征

“1＋4＋X”数字化螺旋式复合应用型人才培养模式的特征主要有以下三方面。

(1) 在现有学科建设与专业建设的基础上建立“1＋4＋X”数字化螺旋式复合应用型人才培养模式。“1＋4＋X”模式从校企共建学科平台与校企共办专业出发，以大学生专业技能与综合素质提升为中心，以师资队伍建设为纽带，以教学改革、教学研究、教学与科研相融合为抓手，将大学生的全面发展作为专业建设目标，通过建设“双师型”教师队伍，实现校内教师与企业教师集体备课、项目共研，以及共同指导大学生学科竞赛与毕业设计等，促进数字化螺旋式培养复合应用型人才。

(2) 调动一切积极因素，实现学生理论知识、实践技能与综合素养有机融合与共同提升。进入21世纪以来，面对高等教育由精英化向大众化转变的时代背景，我国地方本科高校纷纷探索改革发展之路，提出向应用型本科高校转型发展的目标。为了提高人才培养质量，地方应用型本科高校开始探索促进自身转型发展的人才培养模式，充分发挥高校各组成要素的功能与作用，调动一切积极因素，促进大学生在理论知识、专业技能、实践能力、道德素质、创新能力等各方面各领域综合素质的全面提升。

(3) 以提高人才培养质量为目标，以实现大学生高质量就业为导向，以培养社会经济发展和行业企业需要的复合应用型人才为指引，构建“1＋4＋X”数字化螺旋式复合应用型人才培养模式。地方应用型本科高校明确了自身人才培养目标及要求，注重区分应用型本科高校、研究型高校、高职高专类高级在人才培养目标上的不同，在教育教学、科研、比赛、项目及各类活动中不断提升大学生的专业实践技能及其他各方面实践能力，同时努力将大学生培养成为行业企业急需的复合型、应用型、技能型、创新型人才，为日后积极投身到各行各业各领域的社会主义事业的建设中去奠定了基础。

4.4 “1+4+X”数字化螺旋式复合应用型人才培养模式的动力机制

从物理学的角度上来说，动力是使机械做功的各种作用力，分为水力、风力、电力、畜力等。从管理学的角度上来说，动力是推动各项工作、事业等前进和发展的力量。从哲学的角度上来说，动力是人类思维的终极性和无限性，在马克思主义哲学中，矛盾是事物发展的源泉与动力，实践是认识发展的动力。教育学中的动力是指推动教育事业发展的驱动力。在应用型高校人才培养过程中，解决出现的各类教育问题，尤其是人才培养难以满足社会需求方面的问题，是推动应用型本科高校人才培养目标实现的动力。

动力机制是指在事物发展过程中推动事物发展变化的构造、功能和条件，或是事物赖以运动、发展、变化的不同层次的推动力量，以及它们产生、传输并发送作用的机理和方式，体现了事物发展过程中各种动力因素的内在联系、传导过程与作用原理，揭示了各组成要素间的相互关系及如何实现功能最优的方式方法。在我国，周碧琼等[15]学者指出：“不同利益主体的利益诉求形成了动力源，这些动力源又形成了引力、压力与助推力，通过相互影响与彼此间博弈，最终耦合形成场力。”

在我国，推动高等教育改革的动力机制主要包括政治力量、经济力量和学术力量。其中，政治力量主要来自政府部门，代表党和国家的意志。经济力量主要来自提供经济资助的企业和作为消费者角色的大学生个人及其家长的意愿。学术力量主要来自高等教育专家、学者与高校教师群体。对于地方应用型本科高校而言，其动力机制主要包括地方政府部门、行业企业及师资队伍。三者之间是一种相互联系、相互影响、相互促进、相互制约的关系，共同构成了推动地方应用型本科高校人才培养质量提升的动力机制。

4.4.1 充分发挥政府引导作用

政府在高校人才培养中发挥着重要的作用，尤其是对于公办地方应用型本科高校而言，其学科建设、专业设置、招生规模、教师招聘、财政收支、校园建设、干部任用等各方面都受到政府部门的影响和制约。因此，作为地方应用型本科高校，要充分发挥政府部门在其转型发展中的引导作用，积极推动人才培养模式改革。

为促进地方本科高校向应用型高校转型发展，我国各省、市及地区出台了一系列的地方性政策法规用于复合应用型、技术技能型人才的培养，成效显著。以河北省为例，为指导河北省地方本科高校转型发展的实践，提升人才培养质量，使人才培养满足京津冀区域政治、经济、文化、社会协同发展要求，河北省相关政府部门陆续出台了一系列的地方性政策文件，相关文件详见表 4-1。河北省通过出台这些政策文件，对本省地方应用型高校的转型发展提供了相应的指导意见，在加大高校财政经费支持、扩大高校办学自主权、鼓励企业与高校之间进行技术成果转化、引导高校提供社会服务、培养高素质应用技术型人才等方面发挥了重要作用。

表 4-1 河北省关于高校转型发展方面的政策文件

政策文件名称	发文机关	发文时间
《中共河北省委教育工委河北省教育厅 2014 年工作要点》	中共河北省委教育工委、河北省教育厅	2014-3-6
《河北省人民政府关于加快发展现代职业教育的实施意见》	河北省人民政府	2014-7-17
《河北省教育厅关于遴选本科高校转型发展试点学校的通知》	河北省教育厅	2014-10-8
《中共河北省委教育工委河北省教育厅 2016 年工作要点》	中共河北省委教育工委、河北省教育厅	2016-3-10
《河北省本科高校转型发展试点工作实施方案》	河北省教育厅、河北省发展和改革委员会、河北省财政厅	2016-6-30
《河北省促进科技成果转化条例》	河北省人大法制委员会	2016-9-22
《河北省教育厅关于开展高等学校科技评价改革试点工作的通知》	河北省教育厅	2017-8-14
《关于深化高等教育领域简政放权放管结合优化服务改革的实施意见》	河北省教育厅、省机构编制委员会办公室、省发展和改革委员会、省财政厅、省人力资源和社会保障厅	2017-9-29
《河北省人民政府办公厅关于深化产教融合的实施意见》	河北省人民政府办公厅	2018-4-16
《中共河北省委 河北省人民政府关于全面深化新时代教师队伍建设改革的实施意见》	河北省委、省政府	2018-9-6
《河北省人民政府印发关于推动创新创业高质量发展打造“双创”升级版若干政策措施的通知》	河北省人民政府	2019-2-14
《河北省职业教育改革发展实施方案》	河北省人民政府	2019-2-23
《河北省高职扩招专项工作实施方案》	河北省教育厅、省发改委、省财政厅、省人社厅、省农业农村厅、省退役军人事务厅、省公安厅	2019-6-24
《关于深化项目评审、人才评价、机构评估改革的实施意见》	中共河北省委办公厅、河北省人民政府办公厅	2019-7-12
《河北省城乡规划专业人才培养方案》	河北省教育厅、河北省自然资源厅	2020-2-24
《河北省教育厅 河北省发展和改革委员会 河北省财政厅关于开展本科高校转型发展试点验收评估的通知》	河北省教育厅、河北省发展和改革委员会、河北省财政厅	2020-8-12
《关于加快医学教育创新发展的实施方案》	河北省政府办公厅	2020-12-27
《关于建立保定市政协参政议政和应用型人才库工作方案》	保定市政协	2022-4-26
《河北省教育厅等十部门关于深化现代职业教育体系建设改革的若干措施》	河北省教育厅等十部门	2023-2

文献来源：河北省人民政府、教育厅、人力资源和社会保障厅、财政厅网站。

为进一步推动地方本科高校向应用技术型高校转型发展，各省政府、省教育厅与省科技厅等部门积极搭建地方应用型本科高校转型发展的平台，并积极引导行业企业与地方应用型本科高校加强校企合作，建立专门的协同创新中心和创新创业中心，为促进高校科研技术成果转化及产学研深度融合发挥了重要作用。

总体而言，在各级地方政府的引导下，地方本科高校在向应用技术型高校转型发展过程中取得了显著成效，为区域经济社会发展培养了一批应用型、复合型、技能型、创新型人才，但是也面临着一系列的困难和瓶颈，需要在探索应用型本科高校转型发展的道路上，不断克服和突破。

1. 面临的困难

这些困难和瓶颈主要表现在以下三方面。

(1) 促进应用型高校转型发展的相关法律法规不完善。

地方应用型本科高校的转型发展离不开健全的法律法规支持。我国目前尚未出台专门针对产学研深度融合及校企合作要求的法律法规，相关的配套法规和细则也不健全，如缺乏针对地方应用型本科高校毕业生的就业准入规定和参与校企合作的企业税收优惠具体实施细则。此外，为明确地方应用型本科高校及相关企业双方之间的权利与义务，校企之间一般是通过签订战略合作协议的方式，自行拟定合作条款内容，法律效力相对较低。

(2) 政策可操作性程度不高，给予应用型高校的办学自主权不够。

为推动地方本科高校向应用技术型高校转型，地方政府出台了一系列政策文件，但在具体操作过程中面临多重困难。一方面，政策规定较笼统宽泛，缺乏详细的政策引导。例如，关于“双师型”教师队伍建设要求几乎贯穿于所有转型发展文件中，但是却缺乏具体的实施方案和细则；关于人才引进方面，地方应用型本科高校仍然偏向于引进“研究型”的博士，而关于技术技能型人才的引进力度则相对较弱。另一方面，地方应用型本科高校的办学自主权相对较小，政府在专业设置、招生计划、财政拨款、职称评审等方面仍然拥有实际控制权。

(3) 政府经费投入不足，对于应用型高校的财政支持力度相对较弱。

与研究型高校相比，地方应用型本科高校获得的经费支持普遍较低。要想加快实现转型发展目标，地方应用型本科高校必须加大经费投入，用于改善实验室条件和聘请企业专家开展合作授课。而政府财政经费的投入对于地方本科高校转型发展来说却是杯水车薪，捉襟见肘。

2. 应对的策略

基于地方应用型本科高校人才培养存在的上述困难与挑战，政府部门需要加强顶层设计，建立“高校—社会”间的引导机制。具体来说，涉及以下三方面内容。

(1) 完善相关法律法规，做好配套政策支持。

为促进地方本科高校向应用型高校转型发展，政府需要完善产教融合与校企合作方面的法律法规，明确各方的主体责任、法律义务及利益分配，减少纠纷的产生。此外，国家需改革高校分类评估方法，建立针对应用型高校的评估办法及分类指导条例，且在专业设置和招生方面授予应用型高校相应的自主权，充分做好应用型高校转型发展的政策支持。

(2) 加大财政支持，构建激励机制。

政府部门需要加大对地方应用型本科高校转型发展的财政支持，增加合作授课的经费投入，着力改善地方应用型本科高校的实验室条件。此外，政府需积极构建地方应用型本科高校转型发展的激励机制，对转型发展力度大且效果好的高校给予资金支持，对于积极参与校企合作的企业给予税收优惠和资金奖励。

(3) 搭建校企合作平台，建立健全评估机制。

一方面，政府部门应积极搭建行业企业与应用型高校战略合作的平台，促使高校定向培养企业所需人才；另一方面，政府应建立健全应用型高校转型发展评估机制，积极引入第三方评估机构，并做到政务公开，接受社会监督。

综上，政府部门在推动地方应用型本科高校人才培养质量提升过程中，发挥着极其重要的作用，是地方应用型本科高校人才培养模式构建的动力机制之一，因此，必须充分认识到政府的功能与作用，积极争取政府支持，从而推动地方本科高校更好更快地转型发展。

4.4.2 满足行业企业社会需要

在我国，党和国家历来重视地方本科高校人才培养工作。推动地方本科高校向应用型高校转型发展是高等教育适应经济社会发展和产业结构优化调整要求，在高等教育领域进行的供给侧结构性改革。2015 年 10 月 21 日，教育部、国家发展和改革委员会、财政部联合发布了《关于引导部分地方普通本科高校向应用型转变的指导意见》[16]，提出了高校转型发展的基本思路、主要任务、配套政策和推进机制，鼓励有条件的地方本科高校开展转型试点工作，积极探索适应区域经济社会发展要求的应用型人才培养模式。校企合作、产教融合作为地方应用型本科高校人才培养的一种模式，是地方行业企业参与到地方应用型高校教育教学工作与人才培养工作的有效举措，对于推动地方应用型本科高校高等教育持续、快速、健康发展具有积极推动作用。

从利益相关者视角来看，高等院校的责任划定、资源获得、制度安排发生了从"单一的国家责任"走向"广泛的社会责任"、从"有形"走向"无形与有形并重"、从"自治自给"走向"合作开放"、从"单一行政管理"走向"共同治理"的转换。依据利益相关者理论，政府已不再是高校治理的唯一责任主体，企业及其他基金会、董事会、科研机构等社会组织也是高校治理的责任主体，共同担负着高校治理的责任。许多企业出于对人才培养质量的要求，与高校展开了交流及合作，并制定了高校人才培养相关的校企合作、产教融合协议，通过直接出资、接收高校教师挂职锻炼、接收高校大学生实习实训、派遣企业项目管理人员及某些技术领域工程师到高校开展合作授课等方式，直接或间接参与高校治理工作，促进了高校人才培养质量的提高。

目前，在我国地方应用型本科高校人才培养过程中，行业企业及一些社会组织发挥了积极的作用，但是也面临一系列的问题与瓶颈。

1. 面临的困难

通过分析，这些问题与瓶颈主要体现在以下几方面。

(1) 部分行业企业与新建地方应用型本科高校合作意愿不强，合作力度急需加强。产生这一问题的原因主要包括两方面。一方面是部分企业在对各层次和各类型高校的认识上存在一定的偏差。长期以来各行业企业更愿意与办学历史悠久的重点院校开展战略合作，与地方应用型本科高校合作的意愿不足。另一方面，地方应用型本科高校在发展过程中曾有意追求专业的多覆盖，导致地方应用型本科高校的专业设置与区域经济社会发展和行业企业的耦合度不高，难以满足人才培养对于区域发展和行业企业的有效供给。随着国家对地方本科高校转型发展的重视，各级政府陆续出台了一系列鼓励行业企业参与地方高校人才培养的优惠政策。各行业企业需要抓住机会，加强与地方应用型本科高校的战略合作。

(2) 校企双方人才培养标准不一。产生这一问题的原因在于，地方应用型本科高校从高等教育培养目标出发，力求培养全方位人才，促进学生专业技能与综合素质全面提升，实现学生全面发展。而企业从自身需要出发，力求培养精尖技术型人才，对于学生的专业技能要求较高，而对于学生在创新创业、身体素质、人际交往、组织管理、政治素养等方面是否具有卓越的技能与表现的关注度则相对较弱。从这一点来，校企双方应加强交流与合作，尤其是地方应用型本科高校应积极邀请企业人员来校参与人才培养方案修订，合理分配各门类课程的学时学分及专业课程中理论学时与实践学时的分配。

2. 应对的策略

为正确应对校企合作、产教融合中出现的上述问题，可以采取以下措施。

(1) 倡导各行业协会与公司企业增强社会责任感，树立协同育人理念。在全社会慢慢形成一种风气，鼓励企业积极参与地方应用型本科高校人才培养工作。

(2) 地方企业可通过成为地方应用型本科高校理事会成员，积极参与到应用型本科高校人才培养过程中。例如，企业可派相关人员参与地方应用型本科高校人才培养方案制订，也可以通过接收地方应用型本科高校教师到企业中挂职锻炼、派遣企业员工参加高校培训学习、建立企业学院、签订实习实训协议等措施加强产学研深度融合及校企合作，培养企业发展需要的人才。

作为地方应用型本科高校，要坚持产学合作、协同育人。通过建立地方应用型本科高校与企业之间的合作关系，走出一条地方应用型本科高校高质量持续性发展的道路。作为地方应用型本科高校，要根据企业的需要与反馈有针对性地为企业培养应用型、复合型、技能型、创新型人才，将大学生的理论知识学习与实践活动锻炼有机结合起来，做到人才培养要面向市场、面向企业、面向社会，从而提高地方应用型本科高校的办学实力与办学水平。目前，地方应用型本科高校的主要任务就是人才培养，通过校企合作，提升人才培养的力度、水平与素质，同时做到人才培养符合产业结构调整与社会发展的需求。

坚持需求引领与人才培养高质量发展是地方应用型本科高校教育现代化的着力点和侧重点。我国目前的地方本科高校高等教育正面临转型升级的压力，培养满足现代化建设要求和产业发展要求的高级复合应用型人才，已成为当前社会的实际需求。习近平总书记指出，“要统筹职业教育、高等教育、继续教育，推进职普融通、产教融合、科教融汇，源源不断培养高素质技术技能人才、大国工匠、能工巧匠”。地方应用型本科高校在进行人才培养时要注重培育全面发展的应用型人才，既要注重提升大学生的专业技能，也要对在校大学生进行价值引领，引导他们到祖国需要的行业中去，到可以实现个人价值与社会价值的企业中锻炼自己，成长成才。

由此可见，行业企业也是地方应用型本科高校创新复合应用型人才培养模式的动力机制之一，只有正确把握双方在人才培养中的关系，才能更好地构建和创新人才培养模式。地方本科高校在向应用型高校转型发展的过程中需要充分利用区域发展优势和产业结构发展趋势，加强校地校企合作，培养满足行业企业需求的应用型人才。与我国相比，西方发达国家在建设应用技术型大学方面已经积累了丰富的经验，值得我国地方应用型本科高校借鉴。其中德国的"双元制"职业教育模式、英国的"三明治"(高校—企业—高校)人才培养模式、芬兰的"产教融合"教育模式、日本的"产学研"人才培养模式等，其实质都是通过加强校地校企合作，培养符合社会需求的应用技术型人才。

4.4.3 建设"双师型"教师队伍

师资队伍建设也是推动地方应用型本科高校改革与创新人才培养模式的动力机制之一。虽然在转型发展的过程中，各地方本科高校逐渐将培养应用型、复合型、技能型、创新型人才作为人才培养目标，但长期以来，地方本科高校主要以"扩大办学规模、培养学术型人才"为目标，这就导致地方应用型本科高校在人才招聘上，以招聘学术能力强的博士研究生为主，很少从企业中选聘优秀的项目负责人、技术负责人或有多年工作经验的工程师作为授课教师投入到地方应用型本科高校的教育教学过程中。

中国目前处于产业结构优化调整的关键时期，为满足国内行业企业对应用技能型人才的大量需求，我国一些地方本科高校开始向应用型本科高校转变，以培养一大批具有时代精神、扎实理论知识、丰富实践经验、过硬技术能力的复合应用型人才作为人才培养目标。我国地方应用型本科高校由于办学时间不长，现有"双师型"师资力量仍相对比较薄弱。为更好地提升人才培养的质量，地方应用型本科高校必须加强"双师型"教师队伍建设。

所谓"双师型"教师，简单来说，是指兼具理论教学知识和实践教学能力的教师，是基于地方应用型本科高校对于教师专业能力及素质的实际需要提出来的，又称"双素质型"或"双师双能型"教师。作为"双师型"教师，既要具备扎实牢靠的专业理论储备，又要具备较好的实践能力，可以指导学生积极应对并处理各类复杂工程项目问题。有的学者也将"双师型"教师解释为具备教师资格证和执业资格证的教师。

1. 面临的困难

目前我国"双师型"师资队伍建设主要存在以下四方面的问题与困境。

(1) 在转型发展的探索过程中，部分教师对"双师型"的理解存在偏差，一味追求考证，忽视了自身实践技能的提升。许多地方应用型本科高校近五年才开始对"双师型"教师开展认定工作。一定程度上来说，这些高校对于"双师型"教师的认识还不到位，忽视了教师的实践教学能力、专业实践能力和在实践过程中对学生的指导能力等各方面能力的提升。

(2) 部分地方应用型本科高校尚未针对"双师型"教师建立专门的考核与激励机制。相当一部分地方应用型本科高校教师在获评"双师型"教师之后，处于"一劳永逸"的状态，没有提出持续性的能力提升举措，尚未建立完善的、针对"双师型"教师队伍建设的年度考核机制与激励机制。

(3) 部分地方应用型本科高校教师培养体系不健全。教师主要通过参加学校组织的培训或学习提升自身的教学水平，大部分教师缺乏在企业中挂职锻炼的经历，尤其是学校招聘的新教师，多为刚从高校毕业的博士或硕士，以及从其他高校引进的教师，他们虽具有较强的理论水平、科学研究能力和教学研究能力，但是缺乏在企业中开展实际项目的经验，实践操作技能与工程项目问题的解决能力有待进一步提高。

(4) 地方应用型本科高校在校企合作授课中聘请的部分企业人员在授课过程中缺乏教

学技能和课堂掌控的技巧，使得授课成效亟待提升。这些企业教师虽有丰富的实践经验，但是理论水平与课堂把控技巧有待提升。高校与企业合作不够紧密、高校重视程度不足也是造成这一现象的重要原因。

2. 应对的策略

作为地方应用型本科高校的“双师型”教师，不仅需要胜任学生在专业知识学习过程中完整讲授理论知识的教学任务，同时还需要具备较强的指导学生实践活动的专业实操技能。因此，地方应用型本科高校在培养“双师型”教师队伍的过程中，需要采用和传统研究型高校教师培养模式不同的方式方法。具体来说，主要涉及以下三方面内容。

(1) 对“双师型”教师有一个正确的认识。“双证”的获得是培养“双师型”教师的一个有效途径，高校教师通过加强实践锻炼，获得证书，体现了自身实践技能的不断提升。但是也要清晰认识到，作为地方应用型本科高校，最重要的任务是培养行业企业和社会经济发展需要的复合应用型人才。如何让学生掌握高超的实践技能，是应用型高校教师必须重点考虑的问题。学生实践技能的锻炼和提升是培养“双师型”教师队伍的目的与方向。只有学生具备较好的专业实践技能、创新创业能力，以及其他方面的素质和能力，才能更好地择业与就业。

(2) 要对教师授课水平、职业道德及专业素质进行综合的培训。作为高校教师，首先，要具备完备的理论知识体系，掌握扎实的理论知识和教学技巧；其次，要具备高尚的道德情操，关心、爱护学生，热心教学与教研，积极投身到祖国的高等教育中；再次，作为地方应用型本科高校教师，要不断加强自身专业实践技能，可以通过到企业中进行挂职锻炼、积极参与学校组织的实践培训及实践教学交流活动、承接企业横向合作课题与教育部产学合作协同育人项目等方式不断提升自身教研能力与科研水平；最后，在校企合作、产教融合过程中，教师要积极参与并充分发挥作用。通过积极参与企业真实项目、协助负责合作授课的企业教师开展教学活动，以及促进科研成果转化等方式，提升高校教师的专业实践技能，同时提升企业教师的理论教学水平，最终实现大学生专业水平与实践技能的同步提升。

(3) 完善针对“双师型”教师的考核机制与激励机制。地方应用型本科高校要制定完善的考核制度与激励机制，在全校形成一种良好的教育教学环境，使广大教师不断提升自我素质，通过积极指导学生专项实践、学科竞赛，以及其他各类赛事和项目，实现教师与学生实践技能的不断提升。对于已取得的相关实践成果、创新技术、项目经验等，可以通过数字化平台进行记录与分享，从而实现广大师生在这些活动中实践技能与综合素质的螺旋式提升。

此外，作为地方政府部门也可以根据地方应用型本科高校人才培养定位和自身发展实际，专门制订针对应用型本科高校“双师型”教师职称评审的制度和方案，破除职称评审“唯高水平论文论”“唯纵向项目论”的弊端，从而促使地方应用型本科高校一线专任教师将更大精力用于提升自身的实践技能上，通过推动高水平、结构化专业教育教师教学创新团队的建设，促进专业理论与专业实践教师、校内专职教师与企业兼职教师开展合作教学，创新教学项目，从而有效解决教师队伍“双师素质”不足的问题。

总之，“双师型”教师是地方应用型本科高校人才培养的重要动力机制。对于地方应用型本科高校“双师型”教师的培养，着重在于加强教师对于企业项目的实践操作技能的锻炼与提升，要以培养高水平专任教师队伍和专业带头人为重点，通过外引内培、自主提升、校企合作等形式,打造一批专兼结合、结构合理、德才兼备、富有活力的"双师型"专业教学团队。通过系统培养地方应用型本科高校教师的理论讲解能力和实践操作能力,使应用型高校教师不仅具备良好的职业素养、扎实的专业基础知识和能力,并且具备适应经济社会发展的实践创新能力。只有不断加强"双师型"教师队伍建设,地方普通本科高校才能真正地转型为应用型高校,从而培养更多的满足社会需求的技术技能型、复合应用型人才。

4.5 本章小结

本章归纳了"1+4+X"数字化螺旋式复合应用型人才培养模式的相关理论,包括"1+4+X"数字化螺旋式复合应用型人才培养模式的内涵、理论基础、框架设计与动力机制。首先,指明了该模式的两个立足点与目标,即基于"1+4+X"模式与数字化模式实现复合应用型人才培养质量螺旋式上升;然后,分析了"1+4+X"数字化螺旋式复合应用型人才培养模式的理论基础,即从管理系统理论、教育生态学理论、共生理论、利益相关者理论4个理论入手,分析复合应用型人才培养模式的构建原理;接下来,提出了"1+4+X"数字化螺旋式复合应用型人才培养模式的框架设计,重点介绍了"1+4+X"数字化螺旋式复合应用型人才培养模式的设计思路、设计方法与该模式的特征;最后,分析了"1+4+X"数字化螺旋式复合应用型人才培养模式的动力机制,介绍了动力与动力机制的内涵,在此基础上提出,政府部门、地方应用型本科高校及高校教师是"1+4+X"数字化螺旋式复合应用型人才培养模式的动力机制,通过明晰这些动力机制对于复合应用型人才培养的意义与重要性、具体分析这些动力机制中存在的不足或遇到的瓶颈,提出改进这些动力机制的举措。通过本章内容的介绍,可以使大家对"1+4+X"数字化螺旋式复合应用型人才培养模式的相关理论有更加深入的了解,从而推进地方应用型本科高校人才培养模式的改革与创新。

第 5 章 “1+4+X”数字化螺旋式复合应用型人才培养路径研究

随着数字经济的快速发展与职业分工的不断细化，社会对具有高端技术技能及扎实专业基础的复合应用型人才的需求日益迫切，各地方应用型本科高校也在人才培养工作实践中形成了多样的人才培养模式，其中，“1＋4＋X”数字化螺旋式复合应用型人才培养模式是基于地方应用型本科高校人才培养方案制订和教育教学实践工作出发，针对制约地方应用型本科高校复合应用型人才培养的瓶颈，探索出的一套人才培养模式。这一模式的构建，不仅有利于调动社会资源共同开展高等教育实践育人，培养社会急需的应用型人才，也有利于提升地方应用型本科高校师资力量，培育具有高端技术技能和实践经验的“双师型”教师队伍，从而不断提升学生实践技能，培养行业企业需要的复合应用型人才。基于“1＋4＋X”数字化螺旋式复合应用型人才培养模式，地方应用型本科高校开展了关于这一模式的具体人才培养路径的探索，从培养地方应用型本科高校大学生的专业素质、通用素质、思想政治素质及创新创业能力等几方面入手，提出人才培养的具体对策。

5.1 “1＋4＋X”数字化螺旋式专业素质的培养

总体而言，专业素质的培养主要包括专业理论知识的学习与专业实践技能的锻炼两方面。因此，地方应用型本科高校“1＋4＋X”数字化螺旋式复合应用型人才专业素质的培养主要包括“1＋4＋X”数字化螺旋式专业理论知识的学习与“1＋4＋X”数字化螺旋式专业实践技能的锻炼两方面。

5.1.1 “1＋4＋X”数字化螺旋式专业理论知识的学习

经过理论探索、文献研究与实践总结，得出地方应用型本科高校大学生可以在高校人才培养方案的完善、教学方式方法的改革、教师理论水平的提升及数字化学习平台的搭建等过程中加强“1＋4＋X”数字化螺旋式专业理论知识的学习。

1. 完善培养方案课程体系与教学内容

专业人才培养方案体现了专业各方面全方位发展的有机统一，其构成要素之间以及构成要素内部各组成部分之间紧密联系、不可分割。经过对数所地方应用型本科高校进行考察，我们发现其本科人才培养方案从内容上来看，主要涉及培养目标、要求、学时、学分、课程体系、教学计划安排、专业课程简介等方面。部分特色类地方应用型本科高校甚至加入了专业特色、能力与要求等。

我国学者张德祥等[17]指出，高校的存在与发展是以知识为基础的活动，大学的发展、改革必须关注学科知识生产模式的变革。人才培养方案往往会映射出知识生产模式变革与人才培养目标、理念和模式之间密切联系的内在轮廓，同时也反映出了知识人才培养活动全过程的影响。我国早期计划经济时代的人才培养方案在苏联模式影响下，其方案的培养目标要求及课程体系等具有突出的知识导向和理论导向。随着21世纪前20年我国高等教育持续发展的积淀，在转型发展的背景下，我国地方应用型本科高校不断修订和完善人才培养方案，切实做到人才培养方案的内容符合学科建设及专业人才培养需求，通过人才培养方案中课程体系优化与教学内容更新，实现了专业内容全覆盖。

在完善专业人才培养方案课程体系建设之前，作为地方应用型本科高校需要明确三方面的关系。一是明确产业、行业、企业对于高等教育人才培养质量的要求与应用型本科高校人才培养目标之间的关系。将产业、行业、企业三者结合起来，从而了解其对人才培养质量的要求，在此基础上，地方应用型本科高校明确办什么专业、如何办专业，以及专业人才培养的目标。行业协会作为地方应用型本科高校开展校企合作的纽带，拥有大量的企业资源与人才需求信息，只有科学设计和不断修订完善人才培养方案，才能切实满足社会对复合应用型人才的需求。二是明确岗位、能力与课程三者相结合是科学设计人才培养方案课程体系的有力举措。地方应用型本科高校的人才培养目标主要是培养高素质高技能的复合应用型专门人才，通过追寻市场人才需求定位与了解大学生生源情况，掌握地方应用型本科高校的人才培养目标，然后依照市场岗位定位进行大学生的职业能力分析，在此基础上，按照职业岗位任职要求设计课程体系与教学内容。三是明确实习基地、师资力量与管理制度对于专业人才培养中资源配置问题的解决与人才培养过程中对大学生的能力要求之间的关系。地方应用型本科高校的大学生能力高低及专业技能掌握的情况是影响大学生就业的重要因素，而要想掌握扎实的专业理论知识，必须重视专业基础理论课教学的全面性与层次性。所谓的“全面性”主要是指专业课程内容的全面性覆盖，实现专业知识内容的体系化。而所谓的“层次性”主要是指专业课程内容在深度上、难度上、衔接上的层次递进性，体现了专业教学内容由浅入深、由易入难、由简入繁、由奠定理论基础到开展技术创新上逐渐递进的特点。

关于地方应用型本科高校课程体系建设的具体举措主要涉及以下几方面。一是邀请企业专家和行业标准制定的有关专家参与专业人才培养方案制订，从而明确人才培养目标。二是重视专业基础理论课建设，适当增加专业基础理论课的学时、学分比重，充分发挥专业基础理论课的重要性。三是合理设置专业课、专业基础课、专业选修课、通识通修课、社会实践课等各类课程的学时、学分分配。四是根据行业技术要求及社会对应用型人才的需求开设专业核心课程，而且专业核心课程的开设学期要遵循地方应用型本科高校人才培养的目标要求与层次性要求，实现课程设置的一体化与统一性，以促进地方应用型高校人才培养质量螺旋式上升。五是选用最新教材或校企联合编制教材。地方应用型本科高校要根据教学大纲要求，选用合适的、代表最新应用型人才培养成果的教材，或者编制适合教学大纲与教学计划要求的教案、讲稿或校内讲义，实现教材内容或授课内容与人才培养要求相呼应。

2. 以学生为中心，改革教学方法

依据传统高等教育教学范式，教师、教材、课堂处于教学活动的中心，学生作为授课的对象，往往处于被动学习的地位，是教学活动中的边缘区域。许多高校把知识传授作为核心的教学模式，师资和硬件条件往往被视为办学质量的衡量标准。这种传统教育教学范式实际上是把教学的手段当成了目标，造成的结果是学生学习兴趣不高、学习效率较低、学习能力不强、学习效果不好。这种以教师为中心的高等教育保障制度，不利于高校人才培养质量的提升。总体而言，这种“以教师为中心”的传统教学范式存在以下五方面的弊端。一是高校教师在授课过程中存在讲课模式化、内容填鸭式、思路教条式及方法随意式等问题，忽视了青年大学生学习兴趣的提升、个性化发展的需求，以及学习主动性和积极性的培养。二是缺乏完善的人才培养考核机制。对于大学生学习情况的考核，往往采用“试卷表现定成绩”的教学评价模式，缺乏对课堂其他方面，如能力展示、课堂讨论等方面的考核，难以有效提升大学生的学习兴趣和学习热情。三是教师授课内容多为经验总结，未能真正体现学术研究与行业企业对复合应用型人才的需求。四是教师选用的教材往往历经数届学生，鲜少采用体现前沿技术与水平的最新版教材，不能真正做到与世界接轨，也无法让学生掌握专业技术发展前沿动态与最先进技术。五是教学方法陈旧单一，缺乏教学方法改革与创新，导致大学生的学习积极性不强，学习效果有待增强。

为改变“以教师为中心”的传统教学模式所带来的种种弊端，同时努力提升大学生的学习积极性与学习效果、提升大学生的学习能力与综合技能，必须由“以教师为中心”的传统教学范式向“以学生为中心”的新型教学范式转变。根据该教学范式，学生学习是高等教育教学的中心。在舒尔曼领导下，1998—2008 年十年间，美国卡内基教育促进会进行了“以学生为中心”的高校教学改革，提出以改进大学生学习为目标，以管理和课程为对象，以对大学课堂进行学术研究为特色，组建了全国性的网上交流学习平台，为高等教育教学改革提供专业支持与咨询服务，并分享改革成果，取得了巨大成功。以美国马里兰大学为例，以满足学生需求和培养学生成才为中心的教育理念深入人心，一切教育教学工作始终围绕着学生成长成才这个中心工作展开，尤其注重大学生自在自为意识和创新能力的培养，学校所有优质资源均为学生成长成才服务。

为提高青年大学生对于专业理论知识的学习，地方应用型本科高校应在“以学生为中心”的基础上，积极开展教学方法改革。所谓教学方法，在高等教育教学管理过程中，不仅仅是一种程序、技巧，更是教育教学理念的集中反映。在高等教育由精英化向大众化转变和信息技术快速发展的背景下，如何提高人才培养质量，从而培养高级复合应用型人才，是许多地方应用型本科高校需要重点思考的问题。而掌握扎实的专业理论知识是提升人才培养质量的前提与基础。为促进大学生拥有丰富的专业理论知识储备，地方应用型本科高校必须加大教学改革力度，积极探索教学方法改革。具体而言，地方应用型本科高校可以通过转变教育教学观念、鼓励大学生主动参与教学活动和教学过程、改革考试考核方式，以及建立教师考核与激励机制等举措来实现地方应用型本科高校教学方法改革。教学方法改革的目标不仅在于改变传统的学生被动接受学习与机械训练的情况，也在于培养学生处理信息、获取新知识及分析解决问题的能力。为了实现地方应用型本科高校这一教学方法改革的目标，探究式教学方法逐步受到推崇与重视。所谓探究式教学方法(inquiry-oriented teaching)，

是广大教师在充分理解探究精神的基础上，在自由创设的、有结构的、能促进学生认知与情感发展的情境中，让学生自己动手、动脑，主动获取科学知识、专业技能与发展探究能力的一种教学方式，是当前国内外高等教学改革中被大力倡导的一种主流教学方式。探究式教学作为高校课堂教学与新课程教改中的一种极具开发性的教学模式，已成为我国地方应用型本科高校开发学生创新精神与创新意识、增长学生专业知识与提升学生实践技能的重要教学方法。一般来说，探究式教学主要通过以下四种方式开展教学活动。一是创设研讨情境，激发学生学习兴趣；二是正确认识教与学的关系和地位，引导大学生积极参与教学活动与教学过程；三是在某些适合推行“翻转课堂”的课程中推广教学方法改革，搭建学生展示平台，鼓励学生创新与思索；四是在实践中探究，在探究中提高，教导学生查找信息及数据的方式、方法与渠道，锻炼学生的自主学习能力和水平。布鲁纳[18]曾说：“教一个人某门学科不是要使他把一些结果记下来，而是教他参与把知识建立起来的过程。”任何一种成功的教学都必须通过学生的积极参与得以实现。因此，作为以培养高级复合应用型人才为目标的地方应用型本科高校必须真正做到“以学生为中心”，在教学过程中积极推进教学研究与教学改革，在教研教改中努力提升学生的学习能力和水平。

3. 提高教师理论水平，促进教师专业持续发展

高校教师在地方应用型高校复合型人才培养过程中不仅担负着“传道授业解惑”的重任，更担负着培养学生专业技能及就业所需的各项综合技能的任务，是将大学生培养成为社会需要的创新型、技能型、应用型人才的领路人。对于同一节课，一位老师讲，学生学得兴趣盎然，觉得上课是一种享受；换一位老师讲，学生学得索然寡味，上课可能就成了受罪。由此可见，授课效果的不同与学生学习成效的不同，在一定程度上也依赖于教师授课水平的高低。

作为一名高校教师，一方面，必须具备扎实的理论知识基础，掌握专业技术领域发展的前沿动态与技术理论，要丰富文化知识，在授课过程中或解答学生疑惑过程中信手拈来，游刃有余。苏联教育家柯瓦列夫有这样一段名言：“教师应当知道的东西要大大超过他们要教给学生的范围，要具备更宽广的科学视野。否则，他就不能唤起学生对本门学科的兴趣，就不能满足学生的需要。”在我国积极构建学习型社会和高校积极构建学习型组织的社会背景下，作为应用型本科高校的广大一线教师，只有不断丰富自己的知识储备，积极成长为“学习型教师”，才能解答学生的各种问题，让学生充满学习该理论知识的兴趣、信心与决心，同时才能更好地把课讲好、讲透、讲深，让学生掌握扎实的专业理论知识。所谓“学习型社会”，是指在信息社会中，随着科学技术的迅速发展，信息与知识的急剧增长，知识更新的周期缩短，创新的频率加快，对人的素质的要求提高，人力资源的重要性增加，学习就成为个人、组织及社会的迫切需要。所谓“学习型组织”，主要是指通过培养弥漫于整个组织的学习气氛，充分发挥成员个体的创造性思维能力而建立起来的一种有机的、高度柔性的、扁平的、符合人性的、能持续发展的组织。而地方应用型本科高校也是这样的“学习型组织”，与企业追求生产效率与产品利润不同的是，在高校这种组织中，广大教师需要将教育教学成效、学生成长成才与自身素质提升充分联系起来，通过持续提升自身专业理论知识，提高学生的理论水平，通过建立愿景、团队学习、系统思考、鼓励创新、自我超越等不断提高自身的理论水平，从而夯实学生的专业理论基础。另一方面，高校教师也要积极参与政府部门、行业企业及学校

组织的相关培训学习活动,认真学习授课方式与技巧,持续性提升自身的教学水平,实现自身在专业教学中的持续性发展。

4. 建设数字化理论学习平台,共享教学资源与案例

作为 21 世纪现代化高等教育的重要组成部分,数字化技术已经成为我国各类高校培育数字化人才的重要手段。随着互联网技术的快速发展、计算机的广泛应用与普及,地方应用型本科高校教育教学方式也受到了较大影响,逐渐建立了覆盖全校域的校园网络,成为开展数字化人才培养的前提与基础。

为提高人才培养的理论化水平,地方应用型本科高校可采取以下三点举措。一是建设先进的数字化校园软硬件设施。从硬件方面来看,更新与完备数字化多媒体教室设施,提升教师理论课授课教学效果。从软件方面来看,在多媒体教室安装最新的教学软件、多媒体播放插件,引进数字化学习软件,尤其要及时引进先进的教学软件系统和辅助教学平台等,实现理论教学知识的立体化、形象化、生动化展示,提升学生的学习兴趣与热情,激发学生思考和学习的主动性与积极性。二是建设数字化学习平台。为确保学生能够清楚地掌握专业理论知识脉络与知识要点,地方应用型本科高校应积极搭建数字化学习平台,在诸如学习通、尔雅学习平台等平台建设课程教学内容,并及时将教学案例、教学资源、学习视频与资料等上传至学习平台,以便于学生巩固专业理论知识的学习效果。三是推进校园数字教学系统的全面应用。在课程教学材料检查、课程考试考核及小组研讨成果展示等环节,广泛应用数字教学系统,提升过程管理质量。除按照课程分享教学资源与案例以外,教师也可通过某专业需要具备的专业能力将该专业的课程进行归类,以能力为基准,搭建能力平台,该平台下详细介绍该专业不同年级和学期的能力要求、应掌握的知识,以及对应的学习资源与教学案例。

5.1.2 "1+4+X"数字化螺旋式专业实践技能的锻炼

在《国家中长期教育改革和发展规划纲要(2010—2020 年)》指导下,教育部、中宣部等多部门于 2012 年 1 月联合提出了《教育部等部门关于进一步加强高校实践育人工作的若干意见》,对即将开展的新时代高校实践育人工作进行了全面部署和规划,要求深化实践教学环节,以培养大批具有创新精神和实践能力的复合应用型人才。

地方应用型本科高校复合应用型人才对专业技能的认识和掌握是一个不断积累、深入实践的过程,是由实践到认识,再由认识指导实践的过程。在掌握专业知识与技能的过程中,大学生的认识随着专业知识的实践学习而不断深化。对于地方应用型本科高校大学生而言,在学习专业理论知识之后,只有切实将理论知识用于指导实践,才能更好地掌握专业知识,获得扎实的、高超的专业技能。要想满足行业企业的认可与需要,地方应用型本科高校大学生必须拥有较好的专业实践技能,通过大学四年的学习与锻炼,积极成长为一名复合应用型、技术技能型人才。而要想实现这一人才培养目标,青年大学生必须在努力学习理论知识的基础上,加强实践技能锻炼。对于地方应用型本科高校而言,可以通过重视实验教学的设计与安排、加强校企合作与产教融合、提升教师实践教学能力,以及建设数字化实践教学平台等手段来提升地方应用型本科高校青年大学生的实践操作技能。

1. 重视实验教学的设计与安排

在国际工程教育认证背景下，实验教学环节是提升大学生专业技能的重要渠道和方式，是学生在学习专业理论知识之后，将理论知识用于实践锻炼的机会和平台，对于学生更好地掌握专业技能具有十分重要的作用。从总体上来看，可以从以下五方面入手设计实验教学环节。

(1) 合理安排专业课程的实验教学。具体而言，包括合理分配人才培养方案中专业课程的理论学时与实验学时的比重、建设优良的实验课程环境、提供充分的设备服务能力与充足的资金支持等。以地方应用型本科高校计算机相关专业实验教学环节为例，为提升计算机专业学生的计算机操作技能及相关专业技能，必须合理安排计算机程序设计基础、数据结构、计算机组成原理、计算机网络原理、数据库原理与应用等专业核心课的实验学时比重，定期更换新型计算机设备，以保证程序及系统运行，确保学生有更多的时间可以将理论所学用于实践锻炼。

(2) 丰富实验教学内容。教师在实验室上课时，除了实践操作该课程实验教材上的案例以外，也可将教师的科研项目成果、学生学科竞赛成果引入实验教学过程中。例如，教师的纵向科研课题往往是在政府部门或学校科研部门已立项和已结题的项目，相关科研成果往往体现了前沿科技动态，将这些科研成果用于教学实践，有利于学生专业水平的提升。而关于教师的企业科研项目，由于这些项目是在学校和企业签订合作协议的基础上，为解决企业工程项目中面临的问题而设立的，因此，项目所包括的专业技能更能满足企业对人才培养的要求，加强学生此类专业技能的培养更易于促进学生成功就业。

(3) 编写符合人才培养目标要求的实验教材或讲义。所谓复合应用型人才就是将成熟的理论和技术应用到行业企业实际生产或运营中去的技能型人才。实践课教学是将理论知识应用到实践中去的重要渠道，也是实现理论教学与未来实践应用的桥梁和纽带。实验教材作为开展实践教学的基本工具，其完整性、多样性、实用性对于培养大学生参与实践活动的积极性，进而培养大学生的创新意识与实践技能具有十分重要的意义。因此，作为地方应用型本科高校必须重视实验教材建设。目前，在地方应用型本科高校实验教材建设过程中，还存在一些问题，例如实验教材的针对性不强，缺乏行业特色与专业特色，不能满足应用型教学要求；实验教材内容教学质量不高，缺乏系统性、完整性与科学性，未能建立起比较全面、系统和反映前沿技术要求的实验知识体系；实验教材内容设计未能与理论教材进行较好的衔接，导致没有实践工作经验的本科生在学习过程中困难重重。基于上述问题，作为地方应用型本科高校要根据自身转型发展要求和各专业人才培养目标要求，制订切实可行的实验教材建设规划，认真处理课程的理论知识体系和实验知识体系的衔接与对应问题，简化实验教材的理论叙述，突出知识点之间的结构关系，强化专业基本能力、核心能力与实践应用能力的训练，通过与龙头企业或行业协会合作设计实习实训课程体系及编写实验教材，提高实验教材的实用性；并根据学校发展特色和专业培养特色，提高实验教材或实验讲义在内容设计上的先进性、完整性、适应性、特色性与层次性，从而提升大学生的实验技能及实践水平，将大学生培养成为社会发展急需的复合应用型人才和高级技能型人才。此外，地方应用型本科高校也要根据数字经济与数字社会发展要求，积极建设数字化实验教材，在满足实验教师教学需求的基础上，突破传统实验教材的使用模式，设计合理的、循序渐进的实验操作流程，使广大学生能够通过独立思考、自主学习开展实践锻炼，既培养大学生手脑并进的理念，也可切实增强大学生的独立思考能力与问题解决能力。实验教材数字化建设是地方应用型本科高校教育教学改革的要求，通过构建一体化、多层次、渐进式实验内容体系和实现实验课程教材数字化，可以将学科原理、专业要求、培养模式、授课要求、学习目标等信息通过数字化教学平台有目的、有步骤、分层次、分阶段地传递给广大学生，结合学生个体发展特点、能力水平和学习阶段培养复合应用型人才。总体而言，实验教材数字化要突出实验课程的专业性、创新性、实用性和便捷性四方面的特性，以便大学生开展实验学习与训练。

(4) 加强实验室一体化建设与管理。我国目前正处在高级应用型技术转型升级的关键阶段，地方行业企业对培养复合应用型人才的需求量越来越大。特别是国际工程教育认证与新工科建设对高级复合应用型人才培养提出了更高的要求。对于地方应用型本科高校而言，实践教学环节已成为教学过程中最重要的组成部分。作为实践教学重要环节的实验室教学，要以服务社会需求为导向，以提高学生实践技能为目标。构建适合地方应用型本科高校自身发展实际的实验室建设与管理体系，已成为评价应用型高校办学条件、办学水平与转型发展成果的关键性指标。目前，我国地方应用型本科高校在实验室建设方面主要存在建设与规划相脱离、实验功能单一、实验室管理不规范等问题。为满足高校实验室对复合应用型人才创新能力和实践能力的培养要求，地方应用型本科高校应加强一体化全周期实验室建设。实验室建设工作覆盖项目申请、审核、立项、建设、验收几个环节。实验室建设项目的申请要以学科建设、专业发展和专业人才培养方案的目标要求为依据，以实验室功能与实验教学目标相契合为目标。所谓实验室一体化建设，简言之，就是实验室建设要为整个学科所有专业开展实践教学服务，甚至也要为其他学科其他专业实践教学体系建设服务。

(5) 加强实验室信息化建设与管理。我国地方应用型本科高校实验室建设与管理方式依然较陈旧，部分高校仍然采用传统的人工分散管理的方式，信息化程度较低，导致实验室仪器设备管理落后，“高精尖”实验设备闲置率较高，难以充分发挥实验室功能与实验教学成效。基于这些问题，地方应用型本科高校应加快构建网络化实验室，为实验室信息化管理提供硬件基础，同时促进教学资源信息化，利用通信网络将教学内容直观展现在学生面前。此外，还可以通过利用计算机仿真技术建设虚拟实验室来辅助实验教学，这不仅可以节省实验资金与场地，还可以激发大学生自主学习，提升实验教学效果。而对于实验室管理中的各种问题，也可以通过采取信息化管理和开放实验室等措施来实现实验教学过程管理效率及实验仪器设备使用管理效率的提高。

2. 提升教师实践教学能力

在地方应用型本科高校人才培养的过程中，学生专业实践技能的锻炼和提升离不开教师实践教学能力的不断加强与提升。为培养适应社会发展和行业企业需要的高素质、创新型复合应用型人才，必须努力提升教师的实践教学能力。这里的教师既包含专业课授课教师，也包括实验教师，还包括合作授课过程中聘请来校授课的企业工程师或项目管理人员。所谓教师实践教学能力，主要是指教师为实现课程实践性教学目标，在教学过程中注重培养学生实践动手操作技能的能力，这种能力与理论性教学能力相对应，是地方应用型本科高校教师必须具备的能力。

(1) 加强高校“双师型”教师队伍建设。在地方应用型本科高校，一线专任教师的实践教学能力直接关系到大学生实践动手能力的高低及学生在毕业后能否适应社会的发展要求，同时也关系到高校的实践教学效果和人才培养质量。为提升学生专业实践技能，作为授课专任教师，必须持续提升专业实践能力，努力成长为一名高素质的"双师型"教师。作为高校，要鼓励广大一线教师积极参与企业项目，到企业进行挂职锻炼，了解社会发展及行业企业对专业人才专项实践技能的要求，并在应对企业复杂工程项目问题时，厘清解决思路、技术要求和应对策略，将其形成一个个真实的实践教学案例，用于开展实践教学或在课程实验课堂与学生进行讨论和分析。地方应用型本科高校教师只有不断提升自身实践能力，才能更好地培养技术技能型、复合应用型人才。因此，高校教师要重视自身实践锻炼与素质提升，坚持参加学校及其他部门或组织主办的专业实践技能培训活动或专业实践类大赛，从而积累实践经验，并根据大学生专业水平，结合其不同学习阶段专业实践能力要求，开展专业实践教学活动，以实现地方应用型本科高校大学生专业实践技能一体化螺旋式提升。

(2) 促进实验教师能力提升。对于地方应用型本科高校而言，要想建设高水平应用型大学实验室，除了具有先进的设备资源及完善的管理体制以外，还要拥有一支素质较高、结构合理、技术一流的复合应用型实验师资队伍，这对于地方本科高校转型发展也是至关重要的。目前，在部分地方应用型本科高校、部分地方应用型本科高校的部分二级学院或系部仍存在对实验教师重视不足、定位不明、实验教师队伍结构不合理、实验课质量不高等问题。通过对产生这些问题的原因进行分析，我们发现有些地方应用型本科高校或二级学院片面地将实验教师定位为教辅人员，将其工作职责仅归纳为开关实验室、保障实验室卫生及进行实验室设备登记管理等几方面，未能充分发挥实验教师在实践教学环节中的功能与作用，一定程度上造成了人才资源的浪费。有些地方应用型本科高校或学院虽然安排了实验教师参与实验课程或专项实践环节的教学，但是由于对实验教师工作量认定方法不同，在实验教师职称评审中对实验教师教学质量未作要求等，造成部分实验教师不愿意参与实验教学，或者即使承担实验教学任务，也不重视自身实验教学质量的提升。因此，地方应用型本科高校应转变传统的实验教学观念，以复合应用型人才培养为目标，开展实验教学改革，重视实验教师在实验教学中的作用，培养优秀的实验教师队伍，并建立实验教师专业发展支持系统，使广大实验教师通过进修学习、定期培训与继续教育等方式，不断提升实践技能；同时，改革实验教师系列职称评审制度，增加对实验教学环节教学质量的评价，以促使实验教师重视实验教学质量提升，改进实验教学方法，从而提升学生实践操作技能。

(3) 引进企业优秀人员承担合作授课任务。企业优秀工程师或项目管理人员由于长期在企业工作，积累了丰富的实际工程项目经验，拥有高超的专业实践技能和一手的实践教学资料。地方应用型本科高校邀请企业人员来校参与部分核心专业课实验课程和小学期实习实训课程的授课，不仅有利于提升学生的实践操作水平，也有利于逐步培养学生解决复杂工程项目问题的能力。对于大一阶段的学生，要注重提升其应用专业实践知识解决一般技术问题的能力，在此阶段可以邀请企业工程项目实际参与人员来校进行项目分享；对于大二阶段的学生，要注重提升其应用专业实践知识解决复杂工程项目问题的能力，在此阶段可以邀请企业工程师来校进行项目实践；对于大三阶段的学生，要注重提升其应用专业实践知识解决真实项目问题的能力，在此阶段可以邀请项目高级工程师来校分享企业真实项目案例、企业实际应对策略，以及问题解决过程中的技术创新与能力提升；对于大四阶段的学生，要注重其应用专业实践技能及其他各方面能力解决工作过程中各类问题的能力，在此阶段可以邀请企业项目管理人员来校分享企业最新项目案例与问题解决措施，并提出行业企业对于当前复合应用型人才的要求，从而促使地方应用型本科高校大学生不断提升自身专业实践技能及其他各项能力。综上所述，地方应用型本科高校要根据学生掌握的专业基础和所处的发展阶段，邀请企业相关人员来校参与实验教学，锻炼学生的专业实践技能。而作为校企合作授课教师，也要根据实验课程和学生成长成才阶段的不同，选择合适的企业项目案例开展实践教学活动，从而实现地方应用型本科高校复合应用型人才培养螺旋式上升。

3. 建设数字化实践教学平台

针对实验教学过程，在复合应用型专业人才实践技能的培养过程中，地方应用型本科高校必须为广大学生搭建功能完备的数字化实践教学平台。为了全面提升学生实践技能，作为一名实验课程或实习实训课程授课教师，无论为一线专任教师，还是实验教师，抑或是企业派出的合作授课教师，均应重视推进实验教学资料数字化建设，可以将相应的实验教学资料、不涉密的科研项目案例与企业真实项目案例等实践教学资源共享至应用型高校数字化实践教学平台，通过建设专业项目实践库与分享真实企业案例为学生加强实践锻炼提供契机和资源，同时也为企业挑选所需的优质人才提供平台。

5.2 “1+4+X”数字化螺旋式通用素质的培养

在目前复杂多变的国际环境下和比较严峻的就业形势下，作为一名地方应用型本科高校大学生，必须在掌握良好的专业素质的同时，具备较好的通用素质，这样才能更好地适应社会发展和行业企业对复合应用型人才的需要。可以说专业素质和通用素质是应用型高校大学生就业能力的两个维度。所谓专业素质，主要包括专业理论知识水平与专业实践技能水平两方面，我们力求通过开展上述“1+4+X”数字化螺旋式专业理论知识的学习与专业实践技能的锻炼，实现地方应用型本科高校大学生专业素质的提升。除了掌握较强的专业素质以外，应用型本科高校大学生还应拥有较强的通用素质。

依据我国学者邓子娟等[19]的观点，“通用素质分为计划组织能力、自我管理能力、人际沟通能力和积极心理品质 4 个二阶因子”。由于专业素质对于复合应用型人才的培养具有十分重要的意义，因此，在 5.1 节对其进行了专门的分析与介绍。由于目前包括地方应用型本科高校在内的各大高校普遍开设了大学英语与大学计算机基础等课程，英语四、六级证书及计算机等级证书也是大学生就业能力的重要体现，因此，我们也将大学生的英语水平和计算机能力纳入到通用素质的范畴，以期通过“1+4+X”数字化螺旋式提升大学生的英语水平和计算机能力促进大学生成功就业。除此以外，我们也介绍了大学生应具备的其他通用素质的培养，如沟通交流能力、组织管理能力、团队协作能力、人际交往能力、职业规划能力等，为促进大学生高质量就业奠定了基础。

5.2.1 “1+4+X”数字化螺旋式提升大学生英语水平

为满足国际工程教育认证背景下市场对国际化复合应用型人才培养的要求，地方应用型本科高校应注重培养大学生的英语水平，提升大学生的英语语言表达能力、翻译能力及写作能力等。

（1）完善人才培养方案中大学英语的课程设计，分阶段、分层次合理设置大学英语的学时、学分及教学内容。尤其是对于某些具有行业发展特色的地方应用型高校而言，要针对学校人才培养的特色和人才接收单位的发展特色，合理编制课程教学内容。以某地方应用型本科高校航空服务专业为例，在开展大学英语课程学习时，除了掌握基础英语学习内容以外，也要适当增加航空航天特色英语内容的学习与训练，从而提升应用型人才的技能和水平。

（2）制订完善的英语技能提升计划，一体化实现地方应用型本科高校大学生英语技能的持续提升。具体来说，大一阶段，重视学生英语基础知识的巩固，加强英语口语锻炼，让学生大胆“说出来”，提升英语语言表达能力；大二阶段，加强训练英语语言组织能力、英语翻译水平及英语写作技巧，从听力锻炼、口语练习、写作训练等方面，持续提升英语技能，全方位掌握基础英语的表达方式与表达技巧；大三阶段，提升专业英语学习能力，将专业知识学习与英语语言应用相结合，在专业英语学习中掌握扎实的语言功底，同时了解前沿学术动态和最新技术发展态势，为自身未来走上工作岗位、开展国际交流与合作奠定坚实的基础；大四阶段，将专业英语所学知识转化为实践技能。具体而言，大学生在毕业论文写作及外文文献翻译过程中，通过阅读专业英文文献资料，掌握国内外研究现状，并对专业发展的国际前沿动态有清晰的认识。

（3）鼓励学生积极参加英语相关大赛或活动。通过参加“高教社杯”大学生“用外语讲好中国故事”与“外研社杯”全国英语演讲大赛、翻译大赛、写作大赛、辩论大赛等赛事，在英语知识竞赛中提升英语技能。以计算机专业学生为例，除可以在低年级阶段参加上述英语类赛事以外，还可以在高年级阶段通过参加全国大学生计算机应用能力与信息素养大赛的“计算机专业英语赛项”，提升计算机专业英语能力。地方应用型本科高校要建立关于学生参加科技竞赛的激励机制，通过设置一定的奖励及学分替换等方式，鼓励学生积极参加英语类竞赛活动。而作为大学生自身，也要增强元认知策略意识，形成对英语知识的主动认知、对英语技能的主动锻炼与提升，积极参加政府部门及相关协会组织的英语语言类相关知识竞赛与活动。所谓“元认知策略”是指语言学习者通过对语言学习的规划、对学习任务的监控，以及对学习结果的评估等手段，来调节语言学习计划、方法和策略。对于大学生自身而言，要积极参加英语竞赛与“外语角”等活动，并通过监控自身语言学习的成效，及时调整学习计划和方法。

（4）建设英语学习数字化平台。地方应用型本科高校英语教学的目标是培养学生的英语综合应用水平，而英语应用能力的培养关键在于开展英语语言实践。因此，构建英语语言实践平台就显得尤其重要，通过构建网络化、个性化、系统化的大学英语语言学习与实践平台为学生创设英语语言环境和实践机会，实现“课堂语言训练、课外语言实践、网络语言操练”三位一体，全面构建应用型高校本科生英语语言综合应用能力提升数字化大平台，形成基于智慧教学的应用型本科高校大学英语金课。iSmart 网络学习平台是比较有代表性的英语数字化学习平台，由高等教育出版社研发成功，为广大学生进行在线英语学习提供了平台与资源。这一平台由我的课程（My Course）、自主设计（DIY）、试题库三大模块组成，英语教师与学生均可在此平台上以活动、问答和测试的形式开展互动与交流，对于培养学生的英语语言表达能力具有重要作用。该学习平台设置了关于英语听力、词汇、阅读、写作、翻译等不同专题的训练，适合不同年级、不同层次的学生开展英语学习与训练。根据训练结果或测试成绩，老师可适当调整学生的学习内容，从而为学生提供更适合自身英语水平的英语技能提升训练，这有利于提高地方应用型本科高校本科生的英语学习效率。此外，该平台也设置了大学英语四级和大学英语六级的测试与训练，根据学生现有英语水平及自身薄弱环节为学生提供有针对性的训练。为进一步激发学生学习英语的主动性与积极性，平台还可以按照专业类别增设一些专业英语学习资源。

5.2.2 “1+4+X”数字化螺旋式提升大学生计算机能力

21世纪是网络信息化的时代。在这一时代背景下，计算机已经成为人们工作、生活必不可少的重要组成部分。对于应用型本科高校大学生来说，掌握较好的计算机能力是满足社会对高级复合应用型人才的需要，也是大学生成功就业的重要保障。因此，地方应用型本科高校要加强对学生创新意识和计算机能力的培养，充分利用现代化教学手段，全面提升计算机基础教学水平。目前我国各高校计算机基础教学主要面临学生水平参差不齐、教学模式相对单一难以满足不同专业学生对于计算机能力的要求、学生自主学习能力不强、教学评价考核方式陈旧等问题。此外，地方应用型本科高校在计算机基础教学过程中还面临着其他诸多问题，如丰富的教学内容与有限的教学课时的矛盾、教学方法陈旧与教学要求创新之间的矛盾、计算机教学内容与专业教育内容脱钩的矛盾、计算机基础理论教学与实践教学联系不紧密之间的矛盾等。面对地方应用型本科高校在计算机基础教学过程中出现的上述问题，可以从以下几方面入手加以解决。

(1) 改变传统的教学模式，选用适合学生个体发展与专业能力要求的教学方法。在计算机基础教学过程中，要根据“教学有法、但无定法、贵在得法”的原则，选择适合应用型本科高校学生能力发展要求的教学方法，融计算机知识和技能于课堂理论教学与实验室实践操作过程中。例如，在工科组学生计算机学习过程中，采用项目案例法、任务驱动法、探究法与创新法等方法，促使大学生主动学习、独立思考；在文科组学生计算机学习过程中，采用小组展示法、问题分析法、演示法等方法，促使大学生加强计算机基本操作的锻炼与展示，同时加强团队协作能力。计算机基础教学过程中按照大学生专业特点和专业要求的不同对他们进行分类教学，有利于根据其未来工作的特点与主要领域选择适合其职能发展要求的教学方法，最大限度提高其运用计算机解决未来工作中各类问题的能力，从而提高其就业能力，满足社会对他们的计算机能力的要求。

(2) 合理编排教学内容，根据专业特点和差异性选择适合学生专业能力提升的教学内容与教材。不同专业的大学生群体在创新能力培养要求及计算机能力培养要求上存在着较大的差别，因此，地方应用型本科高校要根据大学生学科特点与专业差别重新进行计算机基础教学内容模块化及层次化的合理编排，设计不同学科与专业的特色教学内容，激发大学生自主学习能力，提高计算机应用水平。以地方应用型本科高校秘书学专业和艺术设计专业为例，制订适合各自专业特点的计算机基础教学内容与教学方案。针对秘书学专业，教师在计算机基础教学过程中尤其要重视其Excel、Word及PowerPoint的实际应用，通过加强学生计算机基础操作的锻炼，使学生掌握高级办公信息化的方法与技巧，因此，教学内容要围绕Office与高级办公信息化这些方面展开，通过使学生掌握扎实的计算机基础操作技能与高超的办公信息化水平，满足未来从事文秘工作岗位的各项计算机能力要求；针对艺术设计专业，教师在计算机基础教学过程中除了教授学生Office等计算机基础相关知识以外，尤其要重视学生 Photoshop 方面的能力提升，培养学生运用 Visio 等工具进行画图与办公的能力，因此，教学内容要围绕 Office 与 Photoshop、Visio 画图等展开。表 5-1 反映了“大学计算机基础”教学内容的层次化、模块化、一体化改造。

表 5-1 “大学计算机基础”教学内容的层次化、模块化、一体化改造

层 次	内 容	模 块	后续衔接课程与环节
通识通修层（面向所有专业）	通用计算思维和计算机应用基础	计算机基础操作（Word、Excel、PowerPoint）、互联网应用、网络与信息安全基础、计算机前沿技术概论、搜索引擎原理与应用等	计算机程序设计（大学一年级下学期或大学二年级）
专业技术层（各专业按需选择）	面向专业的计算机应用、数据与信息处理	高级办公自动化、Photoshop、动画设计、网页设计、视频剪辑、数据库技术、三维建模、虚拟现实技术等	计算机技术与专业应用深度融合的各类计算机应用课程（大学二年级、大学三年级）
综合能力层（学生根据兴趣爱好、技术难度、个人能力自由选择和分组）	基于项目驱动、任务驱动、竞赛驱动、科研驱动的计算机综合应用与实践	文献检索、小程序设计与开发、网站建设、网页制作、Flash 动画制作、海报宣传制作、算法设计与应用等	创新创业类项目或大赛、创新活动或实验、各种学科竞赛或大学生比赛、复杂工程项目、计算机应用相关科技竞赛等

(3) 改变教学组织形式，构建数字化计算机知识学习与实践平台。在互联网技术快速发展的背景下，MOOC 等教学资源大量涌现。地方应用型本科高校可以加强与网络平台、其他高校的合作，共建数字化教学资源共享平台，充分利用微助教互动平台及各种网络资源，实行“线下+线上”相融合的教学模式，让大学生充分利用线上平台学习巩固计算机知识，并进行线上实践锻炼，课后根据计算机相关知识点开展微课学习与交流，第一时间解决计算机学习和实践过程中遇到的各种难题，并通过课程资源库的不断更新，满足社会对应用型人才在计算机技能方面的要求。

此外，由于社会对计算机专业人才计算机能力的要求与其对其他专业人才计算机能力的要求有较大差异，作为地方应用型本科高校计算机专业人才，除了要掌握计算机的基础操作及技能要求以外，还应具备计算机专业学生所应具备的计算机编程、数据库建设、系统开发与维护、软件测试、深度学习、机器学习、算法设计，以及计算机组成原理与计算机网络原理等专业核心课程所要求的计算机相关专业技能。为了培养具备这些计算机专业技能的高级计算机应用型人才，地方应用型本科高校必须创新人才培养模式，按照“立足地方、分阶段实施、分方向教学、分流培养”的原则，积极探索“332”应用型人才培养模式下的计算机专业课程实践教学体系建设与人才质量评价体系建设。所谓“332”地方应用型本科高校计算机人才培养模式，是指根据地方应用型本科高校特点，采用“三阶段+三方向+二分流”的人才培养模式，以实现计算机人才培养目标的分规格培养和多样化培养，其中“三阶段”是指计算机能力的培养按照年级不同分为三个阶段，分别是针对大一和大二年级学生，以突出计算机编程能力为人才培养目标的基础教育阶段；针对大三年级学生，以提升计算机专业技能为人才培养目标的专业方向教育阶段；针对大四年级学生，以培养就业能力为人才培养目标的应用型人才个性化培养阶段。在不同发展阶段，对大学生的能力要求不同，因而从知识结构、

课程体系及实训计划安排等方面也会有所不同。所谓“三方向”是指根据地方应用型本科高校所处的区域经济发展特色与高校对接的行业企业发展特色，设置专业建设的三个方向，让学生根据兴趣爱好和未来想从事的工作岗位，选择某一个方向开展深入学习，是一种分方向教学的模式。所谓“二分流”是指结合地方应用型本科高校人才培养的特点，针对选择继续深造和直接就业的学生采用两种不同的人才培养思路。对于选择继续深造的学生要注重培养其创新思维、加强其对理论知识的学习，以及进行毕业设计指导与毕业论文写作；对于选择直接就业的学生要注重培养其理论应用于实践的能力，开展校外实习与毕业设计工作，在此过程中也要通过线上线下等方式积极与校外导师沟通，一方面提升自己应用所学知识解决真实工程项目的能力，另一方面通过在企业实习与进行毕业设计，积累工作经验，提升就业能力。“332”地方应用型本科高校计算机人才培养模式是地方应用型本科高校立足地方采取的一种教学模式，这种模式注重通过一体化建设课程体系与分阶段螺旋式提升学生专业能力，实际上也是“1＋4＋X”螺旋式提升计算机专业能力的体现。当然，计算机专业技能的锻炼与提升也离不开数字化实践平台的搭建。我们可以通过采用“1＋4＋X”数字化螺旋式复合应用型人才培养模式，实现各专业人才计算机能力的不断提升。

5.2.3 “1＋4＋X”数字化螺旋式培养大学生其他通用素质

除了具备基本的英语素质、计算机能力以外，地方应用型本科高校大学生也要具备沟通交流能力、组织管理能力、团队协作能力、人际交往能力、职业规划能力等，以满足社会发展与行业企业对于复合应用型人才的需要。

1. “1＋4＋X”数字化螺旋式培养大学生的沟通交流能力

地方应用型本科高校越来越重视大学生沟通能力的培养，一方面是由于国际工程教育认证背景下地方应用型本科高校越来越重视提升大学生的综合素质，另一方面是由于目前大学生就业要接受市场的检验，而具备较强的沟通交流能力是大学生展现自身优秀品质和高超技能的重要体现。事实也充分证明，良好的沟通交流能力是地方应用型本科高校大学生成功就业和未来取得事业成功的重要通行证。现代教育理论认为，“沟通能力的培养和教育可以使一个人获得认知自我、理解和调节他人情绪以及与他人合作的能力”。通过在地方应用型本科高校开展调研与学生访谈，我们可以了解到多数大学生非常认同沟通交流能力对于加深同学间的友谊、增加师生间的情感，以及未来顺利走上工作岗位的重要作用。

进入新时代，积极参加社会实践已成为大学生提高沟通交流能力的重要渠道与方式。大学生社会化是大学生成长成才的需要，也是新时代的需要。青年大学生只有通过参加社会实践活动，才能将书本知识转化为实践应用，获取更多的实践知识，从而更好地了解中国国情和发展特点。实践出真知。只有更好地参加社会实践，青年大学生才能更好地认识世界和改造世界，形成真理性认识，最终成为社会需要的、既有理论知识又有实践能力的优秀应用型人才。大学生参加社会实践活动的方式多种多样，包括社会调查、勤工俭学、社会实践、红色研学，以及青年志愿者参加的涉及义务捐献、文化扫盲等各项社会公益活动等。当然，大学生在社会实践中也存在一些问题，如注重形式多于内容，社会实践不积极等。面对存在的上述问题，地方应用型本科高校要加强对大学生社会实践活动的重视，加强宣传教育与组织领导，为学生参加社会实践提供必要的条件支持，并鼓励广大教师积极参与到学生社会实践活动的指导过程中去。

作为21世纪复合应用型人才竞争的重要性指标，大学生的沟通交流能力不仅对于自身成长成才具有重要的影响，也对构建社会主义和谐社会具有重要的意义。受波谲云诡的国际形势和中国社会急剧转型的影响，大学生群体在学习、生活和工作中都面临着较大的压力，这些压力容易造成大学生自我沟通或人际沟通障碍，从而引发一些社会问题。因此，政府相关部门和社会要及时关注大学生群体的心理健康教育，加强对大学生的沟通教育。而作为大学生本人，也要努力树立沟通主体意识，在学习、生活和工作中形成主动与他人进行沟通交流的思维与习惯，变被动沟通为主动沟通，并使主动沟通最终向双赢沟通跨越。为促使大学生树立主体沟通意识，地方应用型本科高校要积极营造便于学生互相沟通的环境与氛围，如鼓励大学生开设各类社团，促使所有学生可以根据自己的兴趣爱好积极参加社团活动；还可以通过增加助学金覆盖面等措施，保障大学生基本生活，减少学生学习及参加各类活动的压力，从而促使大学生形成积极向上的心态，愿意与人沟通，乐于与人交流。此外，地方应用型本科高校要加强中华优秀传统文化教育，使大学生群体争做中华优秀传统文化的传承人和弘扬者。尊重他人作为沟通交流环节最重要的礼仪与意识，是增强大学生沟通交流能力的前提和基础。《礼记》开篇有云“毋不敬”；《论语》曰“出门如见大宾”；孟子言道，“爱人者，人恒爱之；敬人者，人恒敬之”。由此可见，自古以来，中国人在为人处世中十分重视尊重别人。尊重别人是一种修养，也是加强自身沟通交流能力的有效举措。此外，要想实现沟通交流的双赢，大学生也要学会设身处地地为对方着想，要增强自身的角色换位沟通意识。综上所述，作为大学生群体，要想提升自身的沟通交流能力，需要培养良好的心理品质，真诚待人、乐于助人、自信友爱、相互理解，从而增强人际交往过程中的吸引力与亲和力。

为培养满足企业要求的具有较好沟通交流能力的复合应用型人才，应用型本科高校教师开设了诸多类似“职业沟通”“沟通的魅力与技巧”等选修类课程。这些课程往往采用“教学做”合一的方式，注重锻炼大学生的沟通交流水平。可以说这些课程的开设为锻炼大学生的沟通交流能力提供了机会与平台。以“沟通的魅力与技巧”这门课程为例，相关授课老师根据大学生的个性特点与就业对大学生沟通能力的要求，分模块合理设计授课内容及教学方法，如表5-2所示。

表5-2 “沟通的魅力与技巧”课程内容设计

理论模块	学习任务	学习目标
个人沟通能力训练（模块一）	1. 认识沟通的重要性。 2. 了解沟通的方式。 (1) 语言沟通。 (2) 非语言沟通	1. 了解课程主要内容与学习目标。 2. 找到沟通的方式并恰当使用。 3. 学会尊重他人与学会倾听。 4. 找到适合自己的沟通方式
语言表达能力训练（模块二）	1. 自我介绍。 2. 主题演讲。 3. 提问与解答。 4. 交流与沟通。 5. 面试与技巧	1. 学会表达自己。 2. 不惧当众表现。 3. 掌握交流方法。 4. 做好面试准备。 5. 获取沟通技巧

续表

理论模块	学习任务	学习目标
团队沟通能力训练（模块三）	1. 小组活动。 2. 会议沟通。 3. 沟通媒介的运用。 4. 团队沟通与交流	1. 明晰团体活动的目标，并做任务分解。 2. 运用沟通媒介完成工作任务。 3. 正确处理合作与竞争的关系。 4. 学会处理冲突与形成团队精神
课程期末考核（模块四）	小组任务成果展示	综合运用所学课程知识在沟通交流中完成小组任务

地方应用型本科高校教师要积极转变自身角色，从传统教学模式下的传教者转变为大学生学习与参加各项活动或赛事的合作者，切实做到积极主动与大学生开展交流和沟通，分享行业前沿发展动态、企业对大学生的能力要求及相关经验心得等，做大学生学习的合作者。对于大学生沟通交流能力的提升，更多的是采用引导式、指导式、讨论式的方法，成为大学生的良师益友，做到关爱学生、尊重学生、平等对待每一个学生，用师爱筑起与大学生沟通交流的桥梁。

科技改变世界。作为社会化媒体的 QQ、微信等现代化信息交流工具正悄然改变着大学生的沟通交流方式。一方面，大学生通过 QQ 或微信加强了与教师、学生、家人及他人的沟通和交流，有利于建立新型的师生关系、生生关系及社会关系，成为大学生进行沟通交流的重要媒介，也使一些比较内向或不善言谈的大学生通过借助这些现代交流媒介与人沟通，无形之中为他们构筑起了沟通的桥梁。从这一点上来看，现代社会化媒体是大学生群体相互沟通交流的媒介和平台。另一方面，仅通过 QQ 或微信与他人沟通交流也使大学生陷入了“媒介依赖症”，使大学生重视网络交流，忽视现实的沟通与交往，容易出现“交友不慎”“识人不清”等问题，从这一点上来，完全依靠线上交流不利于培养大学生群体的社交能力。因此，大学生可以合理地利用 QQ 或微信等社会化媒体，使之成为移动学习的新载体、主动学习的新方式、合作学习的新工具，充分发挥其优势和作用，促进大学生与他人的沟通及交流。当然，大学生社交能力的提升更离不开“真人”在“真实世界”进行的、面对面的沟通与交流，也只有在真实的世界和情境中，大家才能更加真诚、友好、热忱地沟通与交流。

当然沟通交流能力的提升不是一蹴而就的，需要在应用型本科高校教师与大学生自身的努力下循序渐进地提升。地方应用型本科高校在制订人才培养方案的过程中，要注重利用学生在不同成长阶段开设的不同课程，锻炼和培养学生的沟通交流能力，实现“1+4+X”数字化螺旋式培养大学生的沟通交流能力。具体而言，大一阶段，在开设的大学语文、大学生职业生涯规划、马克思主义基本原理、中国近现代史纲要、大学英语等通识通修课程的学习过程中，适当设计沟通交流环节及场景，锻炼大学生的沟通交流能力；大二阶段，在开设的部分非专业课中推行教学方法改革，通过采用翻转课堂等新型教学形式，让学生大胆走上讲台，在讲解、提问与回答问题的过程中逐渐提升大学生的沟通交流水平；大三阶段，在专业课实践环节，以小组合作的形式开展团队项目操作实践活动；大四阶段，在毕业设计实践与毕业论文撰写环节，制订相应的教师指导计划，加强师生间的沟通交流，从而提升学生沟通交流能力。此外，地方应用型本科高校也要建立和利用数字化平台，分享教学资源，进行问题答疑与沟通交流，实现多形式、多方面拓展大学生的沟通交流能力。

综上所述，从某种程度上来说，大学生的沟通交流能力决定着其人生价值和社会价值的实现程度。在美国，各行各业在对高校毕业生进行招聘时，都将具备“娴熟的沟通技巧”(strong communication skills)写到了对毕业生的能力要求上。由此可见，沟通能力是各行业企业对从业者的基本要求。美国在小学教育、中学教育和高等教育各个阶段和时期都十分重视沟通交流能力的训练与培养。造成这种现象的原因，一方面是由于美国的服务业特别发达，人们可以通过沟通获得对方对自己服务的认可，从而获得高收入与高回报；另一方面是由于美国的每个就业机会都是通过推销自己获得的，培养大学生的沟通能力是美国从小学教育到研究生教育所有教育阶段的重要任务。与美国相比，我国地方应用型本科高校更关注大学生专业知识的获取，对于大学生沟通能力的培养尚未引起足够的重视，也未能形成科学系统的人才沟通能力培养机制。对此，我国地方应用型本科高校可以借鉴美国高校关于沟通能力培养的模式和机制，全面开设“演讲与口才”课，将沟通教育融入全部课程之中，增设各种类型的线上线下课外交流活动，并汲取中华优秀传统文化中的正能量，使之在培养大学生沟通技能的同时能够发扬光大，最终实现一体化、数字化、螺旋式提升大学生沟通交流能力。

2. “1+4+X”数字化螺旋式培养大学生的组织管理能力

近年来，我国地方应用型本科高校要求重视大学生能力培养的呼声越来越高，业已成为高等教育界越来越多人的共识。其中关于组织管理能力的培养则是仁者见仁、智者见智，总体来说，在新学科、新知识、新技术不断涌现的背景下，大学生不仅要具有扎实的专业基础和较高的专业水平，而且也要具有一定的组织管理能力，在学习、生活与工作中能够善于组建覆盖不同知识基础、不同专业技能、不同年龄和不同性别的群体组织，善于激发他们的积极性、主动性与创造性，从而获得最佳群体合作成效。科学、技术、管理是驱动现代文明社会向前发展的“三鼎足”或“三驾马车”。对于一名现代工程技术人才来说，不仅要掌握先进的科学与技术，能够对整个社会环境有一个深刻的认识，还要具有较强的社会活动能力，善于利用各种有利条件与有利因素，使他个人从确立科研方向到实现成果推广各个环节都能得到相关方面的积极配合。对于企业来说，从工程技术人员队伍中选拔企业管理人员也是提高我国企业管理水平的重要途径之一。因此，地方应用型本科高校在进行人才培养过程中也要注重培养大学生的组织管理能力。具体来说，有以下几种方法或途径。

(1) 在课程学习过程中有意识地设置“团队学习项目”，为大学生在团队学习中开展团队协作、学会组织管理、形成共同目标与方向创造机会。以“大学生创业基础课程”为例，教师在授课过程中，可以将全体学生分为若干个创业团队，通过同学们自由组队、共同学习、团队协作实现团队整体组织管理能力的提升。在专项实践环节，相关实验教师可以根据项目类别将对某一个项目感兴趣的学生划分为一个或几个组，然后将他们集中在一起进行为期一周或几周的实习实训。在实习实训过程中，整个团队相互沟通，通过分析项目市场环境、实施目标、技术要求、困难或瓶颈、解决对策及任务分工，使全体项目组成员明晰项目任务与要求，以迅速培养项目管理团队。以地方应用型本科高校计算机专业“程序设计基本能力综合实训”为例，相关教师可以将进行学生信息管理系统开发的学生分为一个或几个组，这些学生通过设定项目目标、分析项目难题、提出技术路线，自行组织管理，从而实现项目任务目标。组织管理能力的提升不是一蹴而就的，具有循序渐进的特性。地方应用型本科高校应注重从大一阶段开始培养学生的组织管理能力，通过大二、大三、大四各个阶段的学习、积累、沉淀与发酵,使大学生的组织管理能力得到较好的提升,从而在走上工作岗位以后能够作出优秀的工作业绩。

(2) 在产教融合与校企合作过程中培养大学生的组织管理能力。大学生组织管理能力的提升离不开对真实项目的参与。地方应用型本科高校应加强与行业企业的合作及交流,通过产教融合与校企合作的模式实现校企共同培养复合应用型人才的目标,尤其是在学科专业基础课授课过程中,要积极引入企业教师来校开展合作授课。以地方应用型本科高校计算机网络工程专业人才培养为例,在“高级网络互联技术基础”课程授课过程中,可以邀请企业项目管理人员或项目负责人来校介绍企业真实项目案例及解决方案。在提出解决方案之前,企业教师可以将学生分为若干团队,所有团队成员按照“头脑风暴法”集思广益、共同努力,最终形成团队的项目解决方案。学生也在项目任务划分、技术方案实施、项目问题分解与攻克过程中提升个人的组织管理能力。

(3) 有效发挥学生个体的潜能与才干,让学生人人都能成为“学生干部”。学生干部的范围很广,包括以班级为单位而设定的班干部、以学生社团组织为单位设定的社团干部,也包括以某项学校活动为基础而设定的活动干部、以教学课程为单位设定的课代表、以某项赛事或项目设定的组织者等。在几乎所有高校,班干部都是班级领导的核心,是班级的重要组成部分。各地方应用型本科高校的二级学院主管学生书记或领导,以及辅导员、班主任等都十分重视班干部组织管理能力的培养,以使其成为班级管理的重要力量。班干部的组织管理能力主要是在实践锻炼、以身作则、放手去干等过程中逐渐获得提升的。为了提升班干部的组织管理能力,覃福祥[20]根据自身30年班主任工作的经验,指出“要通过实践与考察来选拔班干部,制定班规,明确班干部的职责与权利,树立班干部权威,对班干工作及时进行点评,并使班干部树立正确的班干观念和做好班干的决心。”社团组织也是锻炼学生组织管理能力的重要平台。目前各大高校都设置了一定的社团组织,如学生会、志愿者协会、科技协会、羽毛球协会等。很多地方应用型本科高校还将成立社团的权力下放至大学生群体,学校只拥有审批权。因此,每年都会有新的社团成立,如弘扬红色革命精神的“红色社团”,培养编程能力的“编程社”,争做时代新人的“习近平新时代中国特色社会主义思想青年研习社”等。在这些社团组织中,设有主席、副主席、秘书长、干事等各种干部职务,大学生可以通过参加社团组织和社团活动培养自身的组织管理能力。目前,大学生社团已成为大学生自我塑造、自我管理和自我服务的重要舞台和有效形式,对于大学生组织管理能力提升和其他素质拓展具有越来越重要的作用。在地方应用型本科高校的“迎新晚会”“毕业生晚会”“运动会开幕式”“运动会闭幕式”等各类活动中,也会设有活动总负责人、音响负责人、出场负责人、灯光负责人、现场负责人等干部职务,部分大学生也可以根据自己的专长和爱好选择适合自己的职务,从而锻炼自己的组织管理能力。在教学课程课代表任命过程中,教师一般会通过学生自我推荐任命课代表,这一过程是学生自主锻炼组织管理能力的体现,若由教师直接任命课代表,相关学生可充分利用这一契机培养自身的组织管理能力。此外,地方应用型本科高校也会承办各种比赛或项目,在这一过程中,学生也可以通过与相关部门或教师进行积极沟通,承担一定的工作任务,从而锻炼自己的组织管理能力。

(4) 建设数字化网络学习平台,锻炼大学生的组织管理能力。为了实现线上线下全方位、一体化提升大学生的组织管理能力,地方应用型本科高校应积极构建组织管理能力在线学习平台,为大学生开设在线学习课程与数字图书馆,实现各类资源的建设与整合。这一数字化平台的搭建推动了网络教学的丰富化与开放化，促进了大学生组织管理能力线上学习的自主化与个性化。对于全体学生干部及未在班级、社团组织、教学课程、各类比赛或各种活动中担任"干部"的其他大学生，都可以通过登录这一学习平台，在各类线上虚拟活动或项目的实施过程中，培养自身的组织管理能力。

综上所述，对于青年大学生组织管理能力的培养，地方应用型本科高校要科学谋划、认真对待，从人才培养方案课程设置、班级管理细则制定、社团活动组织安排、学科竞赛或项目组织实施等方面认真筹划、合理安排，力争做到一体化、多样式、分阶段、数字化实践与提升大学生的组织管理能力。

3. "1＋4＋X"数字化螺旋式培养大学生的团队协作能力

"具备良好的团队协作精神"，这是目前行业企业各岗位在进行人事招聘启事中最常见到的要求。美国特路普公司人力资源部门负责人在招聘高校毕业生时曾明确指出，"我们公司追求的是综合效果，我们要招聘的毕业生必须具有良好的合作精神与团队意识。"在开展国际工程教育认证和促进地方本科高校转型发展的背景下，大学生团队协作能力的培养已成为地方应用型本科高校发展素质教育和培养社会需要的复合应用型人才的迫切要求。所谓团队协作能力，主要是指建立在团队的基础之上，发挥团队精神、互补互助以达到团队最大工作效率的能力。大学生是否具备较好的团队协作能力，不仅关系到大学生个人价值的实现，也关系到社会进步、国家发展和民族复兴。

目前，各高校大学生总体上呈现积极向上的学习状态和交往状态。但是，通过调研访谈，我们发现，仍有部分大学生表现出纪律不强、团结不够、缺乏合作等现象，造成班级缺乏凝聚力、宿舍不团结、学生之间及师生之间关系淡薄疏远等许多问题，不利于健康活泼校园文化的构建。我们经过分析，认为造成这种现象的原因可能包括应试教育导向片面强调竞争精神、独生子女的强烈个人意识及西方个人主义思潮影响等几方面。此外，大学生行为取向功利化、人际交往自闭化、社会参与冷漠化、合作事项疏离化以及自我定位与社会认知幼稚化等也是造成大学生团队协作能力不尽如人意的重要原因。为构建大学生团队精神和提升大学生的团队协作能力，地方应用型本科高校可以通过整合学校各类教育教学资源，加强班级建设，为大学生树立团队协作意识营造良好的校园氛围，在精心设计的各项赛事中加强大学生团队协作训练，并通过积极引导学生参加社团活动与社会实践活动，提升大学生的团队协作能力。

意识是言行的先导和基础。增强大学生的团队协作能力，首先，要使大学生广泛树立团队协作的意识。地方应用型本科高校可以通过开展专题讲座和设置选修课程的形式，以理论学习为引领，启迪青年大学生的团队协作意识。其次，体育锻炼也是增强团队意识的有效方式。大学生可以通过参加体育团队项目或比赛，培养团队协作意识。美国专家吉格·吉格勒提出的"吉格定理"指出，"除了生命本身，没有任何才能不需要后天的锻炼"。高校可以以拓展训练为平台，为大学生提供团队协作能力培养的沉浸式体验，让大学生在拓展训练中增强社会责任感，进而建立彼此间的信任与合作。

为培养具有较强团队协作能力的复合应用型人才，地方应用型本科高校可以通过创新基于项目驱动的团队协作式实践教学模式，加强对学生专业实践技能和团队协作能力的培养，从而实现复合应用型人才培养目标。与传统的实践教学模式相比，通过项目驱动的团队协作式实践教学模式具有项目特点鲜明、角色分工细致、评价方式灵活、学生自主性强等特点。地方应用型高校可以通过设计实用性强、实践性强、难度适中、联系紧密的项目库，增进学生之间的分工与合作，并通过教师群体的动态引导、过程调控与决策追踪等突破传统育人方式，在项目分工、实施、评估、调整的全过程实现大学生团队协作能力的整体性提升。

积极参加社会实践活动与各种团体大赛是提升大学生团队协作能力的有效途径。这里的社会实践活动主要包括专业人才培养方案中设置的社会实践及部分通识通修课中设置的实践作业等，而各种团体大赛既包括以团队报名的学科竞赛、体育赛事，也包括以团体形式参加的各种调研项目或创新创业类项目与比赛。例如，大学生可以通过参加“三下乡”社会实践活动，提升个人实践能力与团队精神，并完成调研任务与调研报告。地方应用型本科高校也可以通过鼓励大学生参加“志愿冬奥”服务项目、河北省大学生“调研河北”社会调查活动、“挑战杯”中国大学生创业计划竞赛或“挑战杯”全国大学生课外学术科技作品竞赛红色专项活动(“挑战杯”红色专项活动)等，锻炼大学生的团队合作能力。对于体育类专业的学生或参加体育团体项目的学生，可以用个互动性团队训练教学模式，鼓励学生树立协作共赢的意识，从而明确目标，共同努力，最终赢得个人和团体的成功与荣誉。

以地方应用型本科高校经济管理学院财务管理专业为例，学校可以组织学生积极参加 ERP 沙盘模拟，通过建立岗位职能优化团队协作机制，提高团队工作效率，形成一支能够抓生产、控市场、稳财务、高运转的优秀财务管理团队，从而满足企业对于经济管理类复合应用型人才培养团队协作能力的要求。以地方应用型本科高校计算机类各专业建设为例，为培养 IT 产业和互联网公司急需的高素质应用型计算机行业人才，地方应用型本科高校必须改变传统的育人模式，重视大学生团队协作能力的培养，通过建立以团队为导向的教学模式，修订教学大纲，更新考核方式，将小组成果演示、项目成果验收、程序开发与推广成效等作为新型考核方式，通过对团体成员开展综合测评，构建完善的考核机制，实现考核方式的多样化、层次化与灵活性，从而提升计算机人才的团队精神与协作能力。

地方应用型本科高校各专业复合应用型人才团队协作能力的培养离不开数字化平台的搭建与平台上各种数据、材料等资源的分享。为实现数字化螺旋式培养复合应用型人才，地方应用型本科高校教师、学生及企业导师等纷纷加入到数字化平台的搭建与完善过程中，各种教学材料、教学资源、企业案例、项目实例等被上传至数字化平台，全体学生可以获得数字化平台的访问权限，这一过程充分体现了团队协作的魅力和重要意义，也教育着全体学生重视团队意识的培养和团队协作能力的提升。在数字化平台上，大学生相互合作，通过交流讨论、兴趣引导、角色扮演与任务分工培养了自身的团队协作能力，为未来走上工作岗位开展团队协作奠定了基础。

综上所述，大学生的团队协作能力是现代社会对于高级复合应用型人才的重要要求。面对激烈的市场竞争和严峻的就业形势，地方应用型本科高校在进行人才培养工作过程中要重视大学生团队精神和团队协作能力的培养。具体而言，在大学生低年级阶段，地方应用型本科高校可以通过开展心理健康教育减少大学生“不合群”现象，并通过建立学生自治组织，实现大学生自我管理；在大学生高年级阶段，可以通过开展社会实践和组织学生到企业中参加实习实训，培养大学生的团结协作精神；可以通过大一至大四各阶段的思想政治教育工作，增强大学生的集体意识和奉献精神，淡化个人功利性意识；可以通过建立数字化平台，建立虚拟化团队项目或团队活动，鼓励大学生积极参加，从而培育自身的团队精神，实现"1+4+X"数字化螺旋式培养大学生团队协作能力。

4. "1+4+X"数字化螺旋式培养大学生的人际交往能力

所谓人际交往主要是指发生在人与人之间借助某种符合传递信息交流思想感情并相互影响其心理和行为的一种社会活动，是个体与周围人之间心理和行为的沟通过程。大学生人际交往能力是指大学生之间的一种互动能力，是大学生通过一定的接触，在行为上或心理上相互作用的过程，也是大学生认识自我、完善自我和成长成才的重要保证。孔子曾言道："独学而无友，则孤陋而寡闻"。由此可见，人际交往也是一种获取知识和信息的重要方式。大学生只有增强人际交往能力，将其视为人生的一门必修课，才能不断提高自身专业水平和综合素质，从而增强自身就业竞争力，适应社会发展和行业企业的需要。

通过对某地方应用型本科高校的 300 名本科生开展的《大学生人际交往能力调查问卷》，结果显示：绝大多数大学生擅长人际交往，但仍有小部分大学生存在交往障碍或心理异常等问题，而且不同性别、不同来源地、不同专业及不同年级大学生的人际交往能力也存在一定的差别。具体来说，男大学生人际结交能力和包容开放度稍好于女大学生，女大学生人际理解能力和情感表达能力稍好于男大学生；来自城市的大学生的人际交往能力要优于来自农村的大学生；理工类专业的大学生的人际结交能力稍强于文科类专业的大学生，而文科类专业的大学生的人际沟通能力要稍强于理工类专业的大学生；随着年级的升高，大学生的人际交往能力呈现递增的趋势。其中，不同性别和不同专业大学生的人际交往能力的比较呈现一定的正相关，这主要是由于理工类专业大学生中男生多于女生，而文科类专业大学生中女生多于男生，因此，二者的调研结果具有一定的相似性。女大学生由于在情感问题上更加细腻，所以更善于理解他人，与人交谈；而男大学生由于性格豪迈和不拘小节，所以更善于结交好友，宽容待人。对于低年级大学生来说，大学校园是新颖的，但也是陌生的；而对于高年级大学生来说，大学校园是熟悉的，个人通过数年在大学校园的学习和生活，已在各方面积累了一定的经验，愿意与他人通过人际交往分享自己的收获、感触和心得。

我国学者余姿[21]基于美国心理学家 Buhrmester 编制的《人际交往能力量表》随机抽取了 702 名大学生进行了贫困大学生人际交往能力的测量。研究结果也表明非贫困大学生在人际交往能力方面好于贫困大学生。贫困大学生与非贫困大学生人际交往能力差异检验情况见表 5-3。通过分析原因，我们也了解到部分大学生缺乏人际交往能力，可能是由于他们在高考的重压下过多地追求成绩提高，反而忽视了与同学间的交往和沟通，有的大学生则是更多地受到家庭因素的影响，最终导致他们在进入大学以后不愿交往、不懂交往和不擅交往。此外，影响大学生人际交往能力的因素还包括学校、大学生自身的心理和网络等多方面因素。学校因素主要是指除辅导员以外，高校关心和帮助学生的教师相对较少，未能在提高大学生人际交往能力方面给予有效的帮助和指导。大学生自身的心理因素主要是指部分大学生阅历不深、缺乏自信、性格内向，容易产生自卑心理、怯懦心理、排他心理、逆反心理，甚至是猜忌心理，这些心理因素使这些大学生不愿意与人交往，或者在人际交往中易于产生这样或那样的问题。网络因素是指个别大学生沉溺于虚拟网络空间，不愿与真人进行真实的、面对面的交往，更有甚者，其在网络空间的人际交往活动带有一定的欺骗性和戏谑性，阻滞了这些大学生人际交往能力的提升。

表 5-3 贫困大学生与非贫困大学生人际交往能力差异检验情况

贫困大学生	非贫困大学生
主动交往意愿弱	主动交往意愿强
不懂得适当拒绝	懂得适当拒绝
自我表现力相对较低	自我表现力相对较强
冲突管理能力稍弱	冲突管理能力较强
情感支持能力弱	情感支持能力强
人际交往能力相对较弱	人际交往能力相对较强

提高大学生人际交往能力的有效举措主要包括四方面。首先,大学生要把握人际交往的原则,包括正直善良、平等待人、诚实守信、严于律己、宽以待人、互助互利等。其次,大学生要掌握人际交往的技巧,包括心平气和、学会共情、幽默风趣、充满信心等。再次,作为地方应用型本科高校要注重引导青年大学生纠正人际认知偏差,建立交往信念;教导学生在人际交往过程中,综合运用系统脱敏法、逆向思维法、理智调节法等方法掌控自身情绪;指导学生学会倾听与婉拒;教导学生掌握化解人际交往冲突的技巧与方法;建设积极、健康、向上的校园网络环境,净化校园网络空间,利用校园网开设丰富多彩的节目和活动,并鼓励大学生积极参与,真正做到愿意与人交往和乐于与人交往。最后,地方应用型本科高校作为培养复合应用型人才的高校,也要加强与企业和其他组织机构的合作,通过心理训练、团体辅导、真实接触与体育运动等方式,加强对大学生处理人际关系的训练,从而提升大学生的人际交往能力。

5. “1+4+X”数字化螺旋式培养大学生的职业规划能力

职业规划是指个人对职业生涯和人生的发展进行系统而持续的计划,体现了个人根据自己的愿景对职业生涯进行积极准备、努力探索和详细计划的历程,是关于人生事业发展的重要课题,对于帮助个人了解自我、制订发展规划、寻找适合方法、实现人生目标具有重要意义。由于职业规划贯穿大学生学习过程及事业发展过程的始终,因此,大学生进行职业规划的过程就是树立职业目标、追逐职业梦想、绘制理想蓝图的过程。对于地方应用型本科高校大学生而言,其职业规划能力的强弱直接影响到他们未来能否就业,以及就业的前景与质量。大学生拥有较强的职业规划能力,有利于其充分认识自我,确定职业发展目标,激励自己努力学习和工作,充分挖掘个人潜能,抓住学习、生活和工作的重点,评估自身的收获、成绩与不足,从而寻找实现职业理想的通道,进而最终实现人与职业的和谐发展。

随着高校数量增多、规模扩大、招生人数逐年增加,目前我国高等教育已步入大众化发展阶段。与之相对应,大学毕业生人数的增加,也造成了就业压力的增加。虽然地方应用型本科高校的人才培养具有较大的社会需求量,就业前景相对较好,但是与双一流院校相比,还存在一定的弱势。如何提高人才培养质量,变就业弱势为就业优势,已成为各地方应用型本科高校重点研究和急需解决的问题。我国学者赵祉霖[22]通过问卷调查、专家访谈、文献梳理等方法,总结得出 7 个影响大学生职业规划能力的因素,包括自我了解能力、职场了解能力、正确决策能力、职业资料收集能力、执行计划能力、评估反馈能力和时间管理能力,并采用 Likert 5 点量表编制相关问卷,根据统计数据分析得出,在影响职业规划能力的 7 个因子中,除了自我了解能力和正确决策能力之外,其他 5 项能力都是大学生普遍缺乏的,由此得出大学生现阶段职业规划能力偏弱的结论。

为了充分了解目前地方应用型本科高校大学生的职业规划能力现状,我们也开展了一系列的调查研究。通过调研访谈,我们了解到,从性别上来看,女大学生比男大学生的职业规划意识稍强,文科生比理科生职业规划能力稍强,理科生又比工科生职业规划能力稍强,城市生源的大学生比农村生源的大学生职业规划能力要强。造成这一现象的原因,一方面是就业压力不同,另一方面是掌握的就业信息、就业渠道和就业方式不同。从总体上来说,女大学生的就业压力稍高于男大学生;文科生的就业压力稍高于理科生,理科生的就业压力又稍高于工科生;而农村生源的大学生面临的就业压力虽稍高于城市生源的大学生,但是由于两类群体在家庭背景、就业信息、就业方式、就业渠道等方面存在一定的差异,导致农村生源的大学生的职业规划能力要稍低于城市生源的大学生,许多城市生源的大学生在进入大学校门的那一刻就明晰了自己未来的职业规划,或者了解了自己的就业去处。

作为地方应用型本科高校,要不断完善大学生职业规划教育,在制订人才培养方案时,设置大学生职业规划、大学生就业指导等课程并将其分设在大学生成长的不同阶段,或者将"大学生职业规划与就业指导"课程设置在大一至大四的每个学期,根据大学生成长阶段的不同,制订教学大纲与教学计划,实施分散授课,逐渐提升大学生的职业规划能力与就业能力。此外,地方应用型本科高校也可以通过定期评估大学生职业规划能力的方式,培养大学生的职业规划意识,引导大学生树立正确的职业价值观,做新时代合格的社会主义接班人。

作为地方应用型本科高校的大学生,要想提升自身的职业规划能力,首先,可以运用"SWOT"分析法、"5 What 分析法"和职业愿景模型建构法等对自身的就业能力进行深入剖析与探讨。以"SWOT"分析法为例,这是一种将组织内外部环境所形成的优势(strengths)、劣势(weaknesses)、机会(opportunities)、威胁(threats)四方面因素结合起来进行分析,以确定适合本组织实际情况经营战略与策略的方法。在分析大学生职业规划能力过程中,地方应用型本科高校采用"SWOT"分析法有助于大学生顺应形势,发扬自身优点,规避威胁与不足,制订适合自身职业发展的目标与计划,从而提升个人职业规划能力与就业能力。其次,大学生可以在创新创业课程、专业基础课程与实习实训课程的学习中总结个人的兴趣及长处,从而设定职业目标。再次,大学生也可以通过参加各类学科竞赛发现自己的闪光点,并针对自己的闪光点开展拓展训练,从而挖掘自身优势,在此基础上制订个人职业规划,提升自身职业规划的能力。最后,大学生要充分利用国家或高校提供的各种数字化平台,学习职业规划的技巧与方法,加强实践锻炼,既可以提高自身的职业规划能力,也可以让平台中的企业更好地了解自己并选择自己,从而实现成功就业。2023 年 9 月,教育部下发了《关于举办首届全国大学生职业规划大赛的通知》,以引导全国各高校大学生树立正确的成才观、就业观和择业观,指导全体大学生及早做好职业规划与就业准备。为充分提升大学生的职业规划能力,大赛不仅建立了网上报名平台,而且设置了企业入驻平台,大学生可以将自己的职业规划报告、就业简历等信息和资料上传至该网络平台,对于有用人需求的企业也可通过入驻该平台,选择适合企业发展的优秀大学生,如果充分实现了这一功能,该数字化平台的搭建不仅有利于提升大学生的职业规划能力,而且有利于实现校企联合培养复合应用型人才。

面对农村大学生职业规划能力偏弱的现状与问题，国家不仅注重对农村大学生高等教育阶段不同时期的职业规划能力培养，也重视促进农村学校各个学习阶段学生的全面发展。地方应用型本科高校可以通过完善课程设置、开展特色教学、深入研究实践、增加支持投入等方式，提升农村学生的职业规划能力，培养社会需要的复合应用型人才。

综上所述，地方应用型本科高校要根据学生个人特点、专业发展要求及就业方向合理设置大学生职业规划与就业指导课程的学时、学分与授课形式，注重引导大学生在各类课程学习、学科竞赛参与或项目活动参加的过程中树立职业规划意识，并充分利用国家或学校构建的各类数字化平台，制订适合自身发展的职业规划，最终实现“1＋4＋X”数字化螺旋式培养大学生的职业规划能力。

5.3 “1＋4＋X”数字化螺旋式思想政治素质的培养

习近平总书记在全国高校思想政治工作会议上指出，思想政治工作从根本上说是做人的工作，必须不断提高学生思想水平、政治觉悟、道德品质、文化素养，让学生成为德才兼备、全面发展的人才。思想政治素质是大学生最重要、最核心的素质，更是确保其成为德才兼备、全面发展复合应用型人才的关键素质。王翠萍[23]指出，大学生思想政治素质主要是指大学生的思想素质、政治素质、道德素质、法律素质各要素的有机融合与统一。习近平总书记[24]在同各界优秀青年代表座谈时强调：“历史和现实都告诉我们，青年一代有理想、有担当，国家就有前途，民族就有希望，实现我们的发展目标就有源源不断的强大力量。”“青年兴则国家兴，青年强则国家强。”青年大学生作为国家宝贵的人才资源，是国家的未来和民族的希望，也是建设社会主义现代化事业的生力军，肩负着实现中华民族伟大复兴和建设社会主义现代化强国的光荣使命。促进大学生思想政治素质全面提升，是实现这一光荣使命的重要力量。

大学生思想政治素质是大学生群体在知、情、意、信、行方面的统一。邢鹏飞[25]认为，大学生思想政治素质主要包括 4 方面的维度，分别是政治观维度、思想认识维度、道德观维度与法制观维度。大学生思想政治素质 4 个维度的具体内容见表 5-4。

表 5-4 大学生思想政治素质的 4 个维度

维 度	主要内容
政治观	基本国情；党的指导思想、路线、方针、政策；党的建设；爱国主义；保家卫国等
思想认识	世界观、人生观、价值观；理想信念；艰苦奋斗；成长成才等
道德观	职业道德、家庭美德、社会公德等
法制观	遵纪守法；社会主义民主；社会主义法制等

在地方应用型本科高校中，大学生思想政治素质的加强与提高主要是通过课堂教学实现的，而课堂教学又包括思想政治课的课堂教学与非思想政治课的课堂教学。因此，我们将从“大思政课”课堂教学设计与改革、专业课程思政元素的融入与设计，以及公共必修课的课程思政建设入手，提出地方应用型本科高校“1＋4＋X”数字化螺旋式提升大学生思想政治素质的有效方略。

5.3.1 基于“大思政课”的高校思政课教学设计与改革

高校思想政治理论课是培养大学生思想政治素质的主课堂和主阵地。2019 年 3 月 18 日，习近平总书记[26]在高校思想政治理论课教师座谈会上的重要讲话中指出，要推动思想政治理论课改革创新，不断增强思政课的思想性、理论性、亲和力和针对性，推动思政课建设内涵式发展。2021 年 3 月 6 日，习近平总书记在“两会”期间看望参加全国政协会议的医药卫生界、教育界委员时说：“‘大思政课’我们要善用之，一定要跟现实结合起来。上思政课不能拿着文件宣读，没有生命、干巴巴的。”

那么，什么是“大思政课”呢？所谓“大思政课”，主要是指思政课要遵循教育规律和人才培养规律，充分挖掘社会生活中的教育元素，运用现实社会生活素材丰富思政课内涵，创新思政课教学方法，提高思政课教学效果的做法及其形成的课程格局。“大思政课”以引入现实社会生活元素作为逻辑起点，实质是增强思政课的社会生活内涵，拓展思政课的教育资源、教育场域、教育途径和教学方法。我们相信，鲜活素材的融入，有助于大学生学以铸魂、学以提能、学以致用；有助于大学生审视和完善自我，将人生理想与国家前途命运紧密结合，从而积极投入到祖国的建设之中，努力成为国家栋梁之材。

“大思政课”的核心要义是结合密切相关的、能够产生预期效果的、鲜活的时政素材，把立德树人的教学宗旨和教育计划融会贯通，从而实现教书育人的目标。习近平总书记指出，要在“大思政课”的视角下，坚定新时代思政课程的改革方向，更好地实现思政课的育人功能。对于地方应用型本科高校来说，培育较高思想政治素质的复合应用型人才是更好的服务区域经济社会发展和满足行业企业人才需求的必然要求。在“大思政课”视角下，为融入思政课的鲜活素材，地方应用型本科高校应从大学生的实际状况出发，合理取材，坚持德育、科学和适度的原则。为了全面提升地方应用型本科高校大学生的思想政治素质，高校教师应积极探寻教学方法，改革创新，努力挖掘鲜活素材与资源，让大学生在实践活动中不知不觉获得认识上的升华与思政素质的提升。

为实现鲜活资源有效融入思政课程，高校思政课教师可以按照思政课程的学期安排与时间安排，选择合适的思政教学案例，并合理安排案例融入，避免同一案例多次融入不同思政课。通过“讲好中国故事”和“讲好身边故事”实现“理论性与实践性相统一”“政治性和学理性相统一”“价值性和知识性相统一”等思政课学习要求。此外，高校教师也要充分利用“学习通”等数字化信息平台，共享教学资源与思政素材，实现一体化、全方位、数字化螺旋式提升大学生思想政治素质。

对于地方应用型本科高校来说，基于“大思政课”推进高校思政课的教学改革也必须坚定大学生的社会主义理想信念，培养大学生形成以爱国主义为核心的民族精神和以改革创新为核心的时代精神。理想信念是大学生实现人生目标的灯塔和航标。习近平总书记[27]指出：“理想信念就是共产党人精神上的‘钙’。一个人理想信念坚定，骨头就硬；没有理想信念，或理想信念不坚定，精神上就会‘缺钙’，就会得‘软骨病’。坚定理想信念是党的思想建设的首要任务。”地方应用型本科高校可以通过将理想信念教育融入思想政治理论课来坚定大学生的理想信念，提高大学生的思想政治素质，使青年大学生树立报效祖国的雄心壮志，并通过服务社会和成功就业实现自我价值与社会价值的统一。

5.3.2 思政元素融入专业课程的教学设计与改革

在新时代高等教育背景下，地方应用型本科高校担负着立德树人的教育使命和光荣责任。思政元素融入大学生专业课程授课全过程是提高大学生思想政治素质的重要举措。习近平总书记在 2016 年全国高校思想政治工作会议中强调，“要用好课堂教学这个主渠道”，“使各类课程与思想政治理论课同向同行，形成协同效应”。作为实现立德树人与“三全育人”的重要抓手，课程思政已成为推动专业课程教学改革的重要手段。如何将思政元素恰当且有效地运用到专业课程建设过程中是高校各专业一线专任教师重点研究和深入讨论的关键问题。只有在思政元素具备“目标性”“多元性”“科学性”“全程性”特征的基础上，思政元素融入专业课程才具有现实性。

列宁[28]曾说：“在任何学校里，最重要的是课程的思想政治方向。这个方向由什么来决定呢？完全而且只能由教学人员来决定。”因此，地方应用型本科高校教师应紧密结合专业课程授课目标与课程特色，深入挖掘并巧用通用育人元素，如红色基因、航天文化、团结奋斗精神等。《高等学校课程思政建设指导纲要》将思政元素分为 6 大部分：“五爱教育”(爱党、爱国、爱社会主义、爱人民、爱集体)、政治认同、家国情怀、文化素养、宪法法治意识、道德修养。高校教师应精心设计课程思政教学环节，将上述六大思政元素如春风化雨般地融入专业课程教学过程中，使知识掌握进化为专业能力与思想政治素质协同提升。思政元素挖掘的根本点是深耕特色育人元素。地方应用型本科高校教师应把握好课程思政的“方向舵”，挖掘符合人才培养目标、体现课程特色要求、满足行业企业要求的思政元素，“要根据不同学科专业的特色和优势，深入研究不同专业的育人目标，深度挖掘提炼专业知识体系中所蕴含的思想价值和精神内涵”，从而实现特色思政育人。

目前，国内各高校纷纷开展课程思政教学改革，取得了显著成效。经过实践和调研，我们发现，课程思政教育因专业课程不同、地处区域不同、学校特色不同，以及教师认识差异等原因，呈现出多样化、复杂性、差别性等特点。由于高校教师对思政元素理解存在偏差及自身思想政治水平存在差异，使得课程思政元素的运用也出现了一定的短板，如对思政元素理解不清晰、把握不深刻、嵌入显突兀、挖掘同质化、实践割裂化等。为克服这些短板，高校教师在将课程思政元素融入专业课程教学活动时必须要有艺术感、自然感、温度感，不能生搬硬套，搞“拿来主义”，也不能冷冰冰地直接灌输，要利用特定情境与场合，进行真情实感的讲解与滋润。为实现思政元素科学有效融入专业课程，在课程思政建设过程中要坚持四个原则，即思政元素与课程内容相契合、思政元素与教学大纲相融合、思政元素进教学设计有匹配度、思政元素进专业课堂有达成度。作为向社会输送复合应用型人才的地方应用型本科高校在开展人才培养工作中，尤其要深刻理解课程思政的价值意蕴，积极探索思政元素有效融入专业课程建设的实施路径，助推课程思政行稳致远。

5.3.3 思政元素融入公共必修课程的教学设计与改革

地方应用型本科高校人才培养方案中的公共必修课，主要包括大学语文、高等数学、大学物理、线性代数、大学英语、创业基础、大学生职业规划与就业指导、大学生计算机基础、计算机程序设计、大学生心理健康教育等课程。在这些课程的授课过程中，任课教师也需要加强课程思政建设，引导大学生认真学习课程内容与相关知识的同时，树立正确的学习态度，并在课程学习过程中融入家国情怀，从而促进大学生思想政治素质的全面提升。在此，我们将以其中的几门课程为例，探讨思政元素融入这些课程的方法与路径。

以“大学生心理健康教育”课程为例，作为一门融知识讲授、心理体验与行为训练于一体的公共必修课，在分享大学生心理健康方面的知识内容时，要遵循大学生不同时期和阶段的心理发展规律，结合思想政治教育理念，强化大学生的思想政治素质与心理素质，从而促使大学生形成积极向上、健康活泼的学习心态、生活心态和工作心态。具体而言，可以采取以下三种技术方案。一是改革教学模式，探寻线上线下混合式教学模式。充分利用丰富的MOOC教学资源，以小组展示、案例讨论、拓展阅读等形式，在翻转课堂中开展研究性学习，实现对问题的分析与解决。二是实现第一课堂与第二课堂合力育人。第一课堂，即教室授课，是主渠道；第二课堂，即教室外的各项活动或体验，是补充渠道。教师可以充分利用第二课堂，开展丰富多彩的校园活动，如带领同学们参观航天博物馆等，在这些活动中加强课程思政建设，提升大学生的思想政治素质。针对不同学科专业的大学生和教学情境，地方应用型本科高校应采用不同的教学方法，通过选择灵活多样的授课方法，调动学生的学习积极性，从而实现启发和引导青年大学生成长成才的目的。

在目前激烈的国际竞争和严峻的就业形势下，企业在高校毕业生招聘过程中对大学生的英语水平和英语技能提出了一定的要求。对于非英语专业的学生，许多企业要求毕业生具有大学英语四级证书，有的企业甚至要求毕业生考取大学英语六级证书。由此可见，大学英语课程教学已成为促进大学生成功就业的一个重要内容和环节。作为地方应用型本科高校教育教学过程中的重要组成部分，大学英语课程思政已成为培养大学生思想政治素质的重要阵地。大学英语课程思政过程中主要存在过于注重形式、内容侧重英美文化、学习目标带有功利性等问题。任课教师可以通过培养自身思政意识、争取学校协同支持、引入中华优秀传统文化，以及征集思政素材、建设课程思政案例库等方式，丰富课程思政内容与形式，充分发挥大学生的主动性，提高大学生思想政治素质。在大学英语课程思政过程中，地方应用型本科高校必须全面对标《高等学校课程思政建设指导纲要》(教高〔2020〕3号)，切实做到“紧紧围绕坚定学生理想信念，以爱党、爱国、爱社会主义、爱人民、爱集体为主线，围绕政治认同、家国情怀、文化素养、宪法法治意识、道德修养”等重点方面，以大学英语教学团队为单位，系统梳理大学各个学期大学英语课程教学内容，优化大学英语课程思政相关教学资源与内容供给。高校教师还可以通过完善课程考核机制，调动大学生的学习热情与提升思想政治素质。例如，对于参加“高教社杯”大学生“用外语讲好中国故事”，并取得省级奖励的主要参与者给予免考核等。任课教师也需要充分利用教学软件与数字化平台，共享优秀课程思政教学资源，以提升大学英语课程思政育人效果。

地方应用型本科高校的人才培养目标是培养满足社会经济发展要求和行业企业需要的复合应用型人才。在实现人才培养目标过程中，我们也注重通过“大学生职业规划和就业指导”课程思政建设，向社会输送具有家国情怀、高尚职业道德和社会责任感的优秀毕业生。因此，作为“大学生职业规划和就业指导”任课教师，首先要明晰该课程的学习目标，包括知识目标、能力目标与思政育人目标。“大学生职业规划和就业指导”的课程目标见表5-5。其次，任课教师可通过创新教学形式与教学方法，在提升大学生就业能力的同时，加强课程思政建设。例如，邀请奋斗在祖国一线的已毕业校友分享工作心得与经验，激励大学生努力学习专业技能，学成毕业后积极投身国家建设中去。最后，在“大学生职业规划和就业指导”

课程思政教学实施过程中，合理设计思政案例与教学活动，并充分应用信息化资源和平台，实现课程思政育人目标。以地方应用型本科高校计算机专业学生为教学对象，思政元素融入“大学生多样化的就业方向”教学实施过程见表 5-6。

表 5-5 “大学生职业规划和就业指导”课程目标

目标类别	主要内容
知识目标	(1) 了解大学生就业的不同方向； (2) 掌握不同就业方向成功上岸的方法； (3) 了解大学生在就业过程中可能遇到的问题； (4) 借鉴已毕业学生的就业经验
能力目标	(1) 做好职业规划； (2) 撰写优秀个人简历； (3) 掌握求职技巧与方法
思政育人目标	(1) 引导大学生树立正确的世界观、人生观、价值观； (2) 在就业过程中树立报效祖国的理念，到祖国最需要的地方去，培养大学生的爱国情怀； (3) 引导大学生认真学习专业知识，掌握扎实的专业实践技能，为建设科技强国积极贡献力量； (4) 努力实现自我价值和社会价值的统一

表 5-6 思政元素融入“大学生多样化的就业方向”教学实施过程

教学环节	教学内容	教学活动	课程思政育人	信息化资源、手段和作用
案例导入	如何做好就业前的准备	讨论当今严峻的就业形势下，大学生该如何提升竞争力	认真学习专业知识，提升计算机实践操作技能，成为计算机行业卓越人才，报效祖国	播放图灵奖获得者视频，鼓励同学们为获取更先进的计算机知识与技能而努力
案例分析	怎样成为人民的好公仆？让我们一起来看“今日淄博”	谈一谈：为什么考公务员	讲解人民公仆——焦裕禄的故事	播放新闻视频及相关学习焦裕禄的资料，坚定同学们全心全意为人民服务的意识
教师授课	讲解大学生多样化的就业方向	全方位阐述大学生多样化的就业方向，并以案例的形式进行简要分析	无论选择何种就业方向，作为当代大学生，承担着建设祖国、科技强国的重任，要为之不懈奋斗	PPT、视频等资料，强化同学们的爱国主义意识
课堂讨论	学生对多样化的就业方向展开讨论	针对学生的就业方向，邀请相应的优秀毕业生进行就业经验介绍	走上工作岗位后，也要不断努力，实现个人价值与社会价值的有机统一	腾讯会议线上连接优秀毕业生，现场开讲并回答同学们的提问与疑惑，坚定同学们的“四个自信”和成功就业的信心
课堂总结	大学生多样化的就业方向	进行综述与总结	深化大学生多样化就业方向中的爱国主义教育	观看钱三强、何泽慧、钱学森等学成归国案例视频，引导计划出国留学的大学生向老一辈科学家学习

5.4 "1+4+X"数字化螺旋式创新创业能力的培养

随着我国高等教育由"精英化"向"大众化"阶段发展，我国高等教育规模不断扩大，大学毕业生的人数也呈递增态势，面临着激烈的市场竞争，大学生的就业压力也越来越大。国际形势的复杂多变和动荡不安在一定程度上加剧了就业的困难。在这种社会背景和国际环境下，大学生自主创业受到国家、社会和高校的高度重视，成为解决大学生就业问题的有效途径。当前我国正处于社会经济转型发展的关键时期，国家提出了"大众创业，万众创新"和"互联网＋"行动计划，科学地培养适应"互联网＋"的创新创业人才是高等教育改革发展的内在需要，更是社会经济健康长远发展的人才保障。为了培养创新创业人才，本科高校必须注重提升大学生的创新创业能力，这也是促进大学生自主创业的前提与基础，因此，包括地方应用型本科高校在内的全国各高校都十分重视大学生的创新创业能力培养。

习近平总书记强调，大学生是我国创新创业的生力军，应走在创新创造前列，作为高校要积极营造有利于大学生创新创业的良好发展环境。当前我国地方应用型本科高校大学生创新创业生态系统主要面临着结构不合理及发展相当滞后等问题。为解决这些问题，地方应用型本科高校应遵循科学、合理、协同与互补的结构优化原则和迭代、升级、演化与共进的发展优化原则。此外，我国创新创业教育起步较晚，尚处于探索时期。与美国欧洲发达国家等相比，我国大学生的创业比例、创业率和创业成功率均较低。我国学者吴婷等[29]采用德尔菲法对地方应用型本科高校大学生创新创业能力指标体系展开了研究，总结得出创新创业实践能力、创新知识能力、网络信息技术运用能力与创新创业品质是评价地方应用型本科高校大学生创新创业能力的4个指标。地方应用型本科高校大学生创新创业能力指标体系组成见表5-7。

表5-7　地方应用型本科高校大学生创新创业能力指标体系组成

指　标	组成要素
创新创业实践能力	(1) 创新创业实践经历。 ① 假期社会实践调研； ② 企业实习； ③ 参与教师横纵向科研项目； ④ 学校社团活动； ⑤ 专业技能培训。 (2) 创新创业实践成果。 ① 创新创业训练计划项目成果； ② 各类学科竞赛成果； ③ 创新创业类大赛成果； ④ 学术论文发表情况； ⑤ 获得专利、软件著作权、知识产权等情况

续表

指　　标	组 成 要 素
创新知识能力	(1) 专业知识技能。 ① 专业基础理论知识； ② 专业实践操作能力。 (2) 综合知识能力。 ① 电子商务； ② 财务管理； ③ 计算机操作能力； ④ 物流管理； ⑤ 区块链； ⑥ 人事管理
网络信息技术运用能力	(1) 信息检索能力。 ① 网络搜集信息能力； ② 数据统计与分析能力。 (2) 创新创造能力。 ① 应用互联网平台的能力； ② 将互联网与传统产业融合的能力
创新创业品质	(1) 创新创业意识 ① 创新兴趣； ② 创新欲望； ③ 创新动机； ④ 创新精神。 (2) 创新创业思维。 ① 市场洞察力； ② 思维发散能力； ③ 组织筹备能力。 (3) 创新创业素质。 ① 自信乐观； ② 冒险顽强； ③ 积极向上； ④ 艰苦奋斗； ⑤ 不屈不挠； ⑥ 团结协作

我国地方应用型本科高校作为培养具有“创新创业能力与专业实践能力”复合应用型人才的重要环节，是实施创新驱动发展战略和推动“大众创业，万众创新”的重要力量。牛津大学校长 C.鲁卡斯要求大学培养的人“要有很高的技术，非常宽的知识基础，有很强的个人责任感、革新能力与灵活性。个人能够不断地获取新的技术以适应其需要”。哈佛大学校长德鲁·吉尔平·福斯特(Drew Gilpin Faust)在欢迎 2021 级新生大会上说：“真理既是愿望，也是灵感。我们深知对知识的探索永无止境，所以我们必须对新的想法、新的观点，甚至是犯错的可能性持开放态度。这就要求我们具备勇敢、宽容、谦逊的优秀品质，愿意积极参与到知识社群的辩论中去，愿意包容他人的想法，并愿意基于理性与证据改变自己的观点。”在我国，地方应用型本科高校大学生创新创业能力的培养和提升是建设创新型国家的需要，是缓解严峻就业形势的需要，也是促进大学生自身全面发展的需要。

培养创新意识是形成创新思维习惯的前提和基础，而创新思维要经过众多创新实践的锻炼才能养成。培养具有创新意识与创新思维的个性品质是大学生创新教育的核心。大学生创新能力的培养必须适应大学生个性发展的需求。具备创新意识与创新思维的大学生必须具备一定的创新能力才能成长为一名创新型人才。地方应用型本科高校作为培养高素质创新型与复合应用型人才的摇篮，承担着培养大学生创新创业能力的重任。具体而言，地方应用型本科高校要完善创新型人才培养方案的制订，完善创新创业课程体系建设，拓展数字化实践训练平台，提升教师创新创业素质与能力，让大学生在创新创业大赛、学科竞赛、科研项目及企业实习的过程中积累创新创业能力，并通过互联网和数字化平台不断提升个人的创新创业能力。由于创新创业课程设计、双创竞赛与项目实践对于全面提升大学生创新创业能力具有十分重要的作用，我们在此将重点对其进行介绍。

5.4.1 “1＋4＋X”数字化螺旋式创新创业课程设计

地方应用型本科高校人才培养定位是培养“厚基础、宽口径、强能力、高素质”的创新型、复合型、应用型人才。人才培养方案是地方应用型本科高校开展创新型人才培养、高等教育教学各项活动的出发点和依据。地方应用型本科高校要注重大学生专业基础理论和实践技能的提升，以创新创业能力培养为中心，突出专业发展特色。在制订人才培养方案过程中，地方应用型本科高校要注重创新创业类课程的设计与安排，包括创新创业课程的学期、学时、学分、周学时、考核方式、授课教师等，都要根据学生个性特点与学科专业特色做好统筹、计划与安排。尤其是在课程内容的设置和授课教师的安排上，要避免出现教学内容重复、任课教师单一、选用教材与教学内容不一致、授课方式滞后等问题，力求通过合理设计课程内容深度与难度、聘请企业人员担任授课教师、确保选用教材与教学大纲相契合、将“第一课堂”与“第二课堂”相结合等措施，实现“1＋4＋X”数字化螺旋式创新创业课程设计。

1. 合理设计课程内容深度与难度

具备创新意识和创新思维的人，必须具备创新能力才能获取创新的成功，成为创新型人才。地方应用型本科高校开设创新创业课程的主要目标就是培养大学生的创新创业能力，将大学生培养成为社会发展需要的创新型、应用型、复合型人才。为了实现这一目标，各地方应用型本科高校纷纷开展创新创业“金课”建设，从高阶性、创新性、挑战性三大维度出发，合理设计教学内容与教学难度。从高阶性维度来看，创新创业课程要体现出地方应用型本科高校复合应用型人才培养的特点，要注意将知识传授、能力训练与素质培养相结合，引导大学生实现从基本技能到高阶思维的全局提升；从创新性维度来看，创新创业课程要体现社会发展的趋势与行业企业对人才培养的要求，结合新技术、新事物、新产业的出现与发展，不断发掘、建设和创新课程内容；从挑战性维度来看，创新创业课程的授课内容与考核方式要具有一定的难度和挑战性，要随着学生的成长与历练，适当增加课程内容的难度及深度，并大力构建互联网数字化实践平台，让大学生在思考、尝试、探索、实践和总结中不断提升自己的创新创业能力。

2. 聘请企业人员担任授课教师

为提高大学生的创新创业能力，地方应用型本科高校要合理设置创新创业类课程，实现

“1+4+X”数字化螺旋式完善创新创业课程体系(图 5-1)。其中,对于大学生职业生涯规划课程、大学生创业基础课程、大学生就业指导课程等,可以采用“校内教师”与“外聘教师”合作授课的方式,对于理论知识较强的内容,由校内教师担任授课教师,对于实践能力较强或者与企业工程实践项目密切相关的内容,由企业人员担任授课教师,最大程度上提高创新创业课程的授课效果。

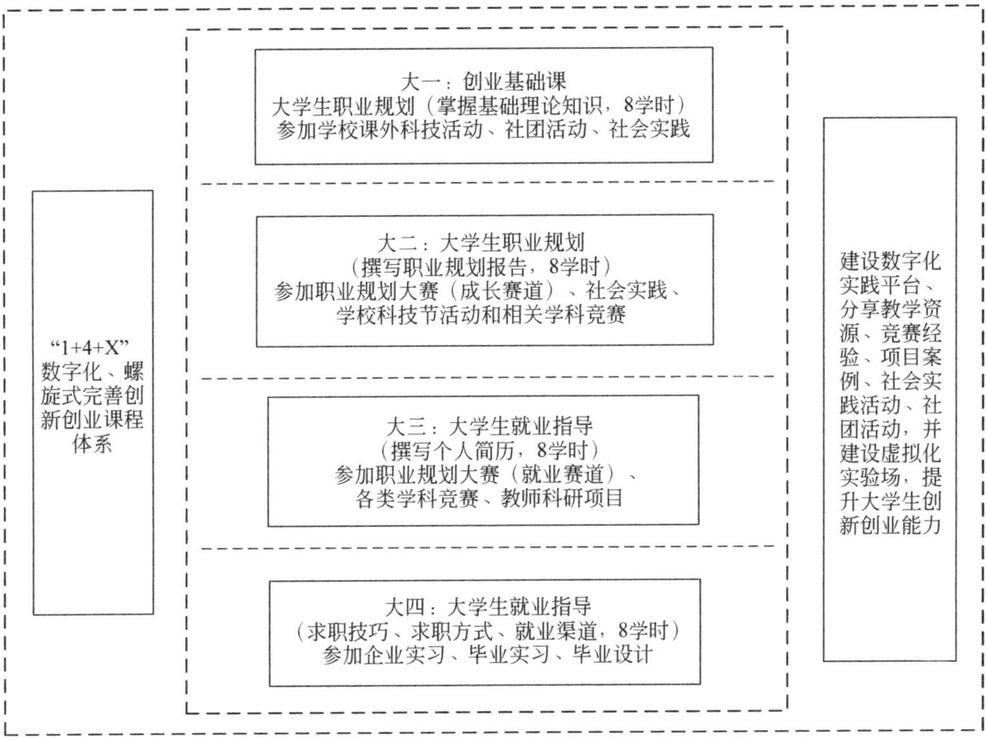

图 5-1 “1+4+X”数字化螺旋式完善创新创业课程体系

3. 确保选用教材与教学大纲相契合

进入新时代,国家大力推进全国各高校创新创业教育发展,教育部每年也会发布类似于《关于做好××届全国普通高等学校毕业生就业创业工作的通知》这样的文件及指示,督促各高校将大学生就业创业工作视为一项特别重要的工作来抓,要将创新创业教育贯穿人才培养全过程,把创新创业教育和实践课程纳入高校必修课体系。在教育部印发的《关于做好 2023 届全国普通高校毕业生就业创业工作的通知》中,教育部要求各高校要深入学习贯彻党的二十大精神,开展“2023 届全国普通高校毕业生就业创业促进行动”,千方百计促进高校毕业生多渠道就业创业。在这一背景下,包括地方应用型本科高校在内的全国各类型高校纷纷大力建设创新创业课程,关于创新创业课程的书籍和教材也纷纷涌现、层出不穷且更新换代较快。基于此,地方应用型本科高校需要根据学生学科专业发展特点、学生个性特点、行业企业要求选择合适的创新创业课程教材,实现教材选用与教学大纲有效契合。

4. 实现“第一课堂”与“第二课堂”统合育人

《国家中长期教育改革与发展规划纲要》提出:高校应将人才培养视为高校所有工作的

关键，致力于培养具备较好品德、知识富足、技能较强的高素养创新人才。地方应用型本科高校人才培养工作是一个全面性、系统性、综合性工程。地方应用型本科高校要想培养出专业知识、实践能力与综合素质全面发展的复合应用型人才，就要多方协作体现效用，最关键的就是将"第一课堂"与"第二课堂"相结合，从而实现"第一课堂"与"第二课堂"的协同育人作用。

朱九思认为，第一课堂即依据教学方案实施的教学活动，包括讲课、实验等众多教学环节。且甘霖表示，第一课堂是广大教师依据教材大纲，位于指定教学时限内实施的课堂教学行为，属于高校教育的关键途径。朱九思、且甘霖及其他一些专家学者都将第一课堂的源头视为班级授课制。目前，随着高等教育的发展，第一课堂作为高等教育教学的关键性手段，有了更为深刻的含义，已经由传统的以教师为中心、学生被动学习的方式向以学生为中心、师生互动学习的方式转变。从广义层面来说，第二课堂是指学生在以专业知识为主的教学计划课程学习之外所从事的一切活动，简言之，即学生在课堂教学之外的所有活动。从狭义层面而言，第二课堂是指摒除第一课堂之后，学生参加的具有素质教育内涵的学习实践活动，这些学习实践活动是学生在规定的教学计划课程之外自愿参加、有组织地进行的各类活动，包括社会实践、学术科技、志愿服务、社团活动、文艺体育等。第二课堂与第一课堂共同构成了地方应用型本科高校复合应用型人才培养的有机统一整体，二者在大学生创新创业能力培养中发挥着统合育人的作用。因此，要将"第一课堂"与"第二课堂"有机融合起来，实现"第一课堂"与"第二课堂"统合育人。

为实现"第一课堂"与"第二课堂"统合育人，地方应用型本科高校可以采取以下方略。一是制订战略规划，构建大教育系统。地方应用型本科高校应积极营造学习型组织文化，培养全体教职员工的育人意识，健全学校日常管理制度、监督检查制度、教学评价制度及教师职称评审制度，促使全体教职工积极指导和配合学生在"第二课堂"中参加的各项活动，努力为学生营造舒适活泼的校园氛围、团结互助的校园环境和积极向上的校园风气，全方位、多元化、最大限度满足学生创新创业能力培养的发展需求。二是夯实思想基础，在育人理念上吐故纳新。牢记统合育人的前提和基础是以人为本，即以大学生为中心，充分发挥"第一课堂"与"第二课堂"各自的优势，提升学生的创新创业技能，并通过两大课堂的有效衔接，实现资源共享、设备共用、内容共学、人才共享，从而促进大学生的全面发展。三是聚焦关键环节，在学校日常运行上融会贯通。完善课程体系，将理论知识与实践锻炼相结合；加强课程管理，实现两大课堂学分互认，调动学生参加"第二课堂"的积极性。四是提升实践能力，发挥学校数字化资源平台最大效用。作为地方应用型本科高校要努力构建并完善高校数字化信息平台，分享"第一课堂"的相关教学资源和建设"第二课堂"实践锻炼平台，促进大学生创新创业能力不断提升。

5.4.2 基于"1＋4＋X"模式的学科竞赛参与和实践

培养和提高青年大学生的创新创业能力、实践动手能力与综合素质是高等教育的主要目的。为推动地方应用型本科高校培养越来越多具有创新创业能力的复合应用型人才，我们将基于"1＋4＋X"模式探索大学生学科竞赛与项目实践。其中，学科竞赛主要包括针对地方应用型本科高校大学生举办的各类专业学科竞赛、创新创业类学科竞赛，以及其他一些以提升大学生就业创业能力为目的的其他综合类比赛；项目实践主要包括大学生创新创业训练计划项目、实习实训项目、校企合作项目、教师科研项目及学校社团承接的项目实践等。目前，这些学科竞赛与项目实践已成为提升大学生创新创业能力的有效载体。

大学生学科竞赛是培养和提高大学生创新创业能力与实践应用能力的重要载体，具有常规教学不可比拟的、特殊的创新教育功能，对优化地方应用型本科高校复合应用型人才培养过程和提高地方高校教育质量有着独特的、不可替代的作用。孔祥超[30]指出，“在我国，大学生学科竞赛主要经历了三个发展阶段，分别是 20 世纪 80 年代的萌芽期、20 世纪 90 年代的初兴期以及进入 21 世纪以来的全面发展期。”起初，教育部在全国高校主要开展 4 大学科竞赛，分别是数学建模大赛、电子设计大赛、机械设计大赛与结构设计大赛，这 4 类大赛主要针对理工科专业学生创办。后来，针对文科及艺术类学生的人文社科类竞赛也逐渐涌现，2010 年以后，这些人文社科类大赛获得了较大突破，有教育部及其他国家部委直接举办的，也有企事业单位、行业协会与研究会举办的。

大学学科竞赛按照不同的标准可以划分为不同的方式。例如，按照竞赛级别，可以分为国家级竞赛、省部级竞赛、市厅级竞赛和校级竞赛；按照竞赛举办单位类型，可以分为政府部门主办的竞赛和非政府部门主办的竞赛；按照竞赛内容，可以分为单科类竞赛、专业类竞赛、综合类竞赛、职业技能类竞赛；按照竞赛举办周期，可以分为临时性竞赛、一年一届竞赛、两年一届或若干年一届竞赛；按照竞赛参加人数，可以分为个人竞赛和团体竞赛；按照竞赛形式，可以分为“初赛—复赛—决赛”型、一次竞赛两级评奖型和直接决赛型；等等。这些学科竞赛的举办促进了包括创新创业素质在内的大学生综合素质的不断提升。

大学生学科竞赛作为面向青年大学生开展的课外科技活动，既是培养大学生创新思维和实践技能的重要载体，也是开发大学生创业潜能与学术科研能力的有效手段，将专业教育融入大学生学科竞赛中，对于培养应用型、创新型、技能型人才意义重大。因此，地方应用型本科高校要努力实现大学生学科竞赛与专业教育的耦合，将学到的专业理论知识与技能充分应用到解决学科竞赛遇到的各类难题中，实现专业理论知识向更好更高成绩转化。以中国大学生计算机设计大赛为例，作为全国计算机类最热门的学科竞赛，该赛事设有包括软件应用、物联网、大数据、人工智能、信息可视化设计、数字媒体设计、计算机音乐创作 7 大类子赛项，每个子赛项又划分为多项小类，涉及计算机类相关专业的多个方向与前沿技术领域。该类竞赛将计算机专业学生所学的专业理论知识与技能同学科前沿问题、企业实际面临的复杂工程项目问题相结合，意图引导计算机类专业大学生在比赛过程中将理论知识、专业技能与实践应用融会贯通，实现自身专业素质与创新创业能力的同步提高。为在计算机设计大赛中取得优异成绩，地方应用型本科高校要切实做到以竞赛为依托，增强学生的创新意识，并加深大学生对所学计算机专业基础知识的理解与运用；激发大学生的学习兴趣与学习自主性；搭建具有一定挑战性的数字化实践平台，让学生能够通过平台，加强对计算机技能的实践操作与锻炼，不断地积累实践经验，并通过竞赛资源共享与竞赛经验分享，实现自身综合素质的全面提升。

各地方应用型本科高校之间也可以充分利用数字化平台，交流竞赛经验与人才培养心得，通过建立虚拟实验室和组建虚拟赛道等，培养大学生的创新创业能力。对于非计算机专业的大学生，也可以通过参加计算机设计大赛，提高计算机水平，扩大视野和增长见识。此外，诸如蓝桥杯全国软件和信息技术专业人才大赛、全国大学生电子设计竞赛、中国大学生医学技术技能大赛、全国大学生物理实验竞赛、全国大学生集成电路创新创业大赛、全国大学生物流设计大赛、全国大学生节能减排社会实践与科技竞赛、全国大学生广告艺术大赛、全国大学生智能汽车竞赛等，都是将大学生创新创业能力锻炼与学科专业特色发展相融合的国家级竞赛，对于培养和提升大学生的创新思维、创业能力具有十分重要的意义。

创新创业类学科竞赛作为大学生学科竞赛中非常重要的职业技能类竞赛，是以大学生学科专业为基础，开展专创融合、科技创新、社会实践、成果转化、素质教育、创新创意创业相融合的综合性赛事，也是推动地方应用型本科高校创新创业教育、实现地方高校转型发展和推动其教育教学改革的一种主要方式，不仅可以有效地激发青年大学生的创新创业热情，培养大学生的创业意识与创造思维，也能促进大学生创新创业能力的全面提升。创新创业类学科竞赛包含的赛事有很多，其中中国国际"互联网+"大学生创新创业大赛、"挑战杯"全国大学生课外学术科技作品竞赛、"挑战杯"中国大学生创业计划竞赛、全国大学生电子商务"创新、创意及创业"挑战赛("三创赛")、"创青春"全国大学生创业大赛是我国地方应用型本科高校目前参与人群面较广、参与人数众多、国内影响力较大、社会认可度较高的以创新创业为导向的五大全国大学生创新创业类学科竞赛。以"三创赛"为例，作为专门培养大学生创新意识、创意思维、创业能力及团队协同实战精神的学科性竞赛，"三创赛"的宗旨是学科引领、知行合一、敢想敢干、勇立潮头。青年大学生通过参加"三创赛"挑战行业企业需求项目，激励创新、创意、创业热情，建立了地方应用型本科高校教育教学与社会经济发展紧密联系的桥梁和纽带。

在鼓励大学生积极参加各类学科竞赛的过程中，地方应用型本科高校也要注重基于"1+4+X"模式实现一体化螺旋式提升大学生创新创业能力。学生在参加各类学科竞赛的过程中，要根据自身的性格特点、兴趣爱好、技能专长及自身专业发展的阶段选择合适的竞赛，全方位、多角度、循序渐进地促进自身综合素质不断提升。例如，"挑战杯"全国大学生课外学术科技作品竞赛与"挑战杯"中国大学生创业计划竞赛这两个大赛作为"挑战杯"的两大赛事，时间安排是每两年举办一次，即今年是"挑战杯"全国大学生课外学术科技作品竞赛，明年则为"挑战杯"中国大学生创业计划竞赛。这样的赛事安排避免了赛事内容的重复性，实现了大学生由培养创新精神到开展创业实践的知识要求上的递增与能力要求上的递进。"三创赛"中常规赛道与实战赛道的开设也有这样的功能和作用。

此外，对于想要提升自身思想政治素质与创新创业能力的英语专业大学生而言，可以通过参加"挑战杯"红色专项活动和中华经典诵写讲大赛提升自身思想政治素质，通过参加"21世纪杯"全国英语演讲比赛和外研社全国大学生英语系列赛，如英语演讲、英语辩论、英语写作、英语阅读等，提升自身的英语技能水平，在此基础上，通过积极参加"高教社杯"大学生"用外语讲好中国故事"优秀短视频作品征集活动同时提升自己的思想政治素质与英语专业水平，从而实现自身创新创业能力的一体化螺旋式提升。

5.4.3 基于"1+4+X"模式的学生科研项目申报与实践

除了推进大学生创新创业课程改革、积极引导大学生参加上述专业学科竞赛及各类创新创业类学科竞赛以外，地方应用型本科高校还可以通过鼓励学生积极参与教师科研项目、积极申报由学生担任项目负责人的科研项目来实现大学生创新创业能力的全面提升。

1. 积极参与教师科研项目

青年大学生可以通过积极参与教师科研项目，提升自己的创新创业能力和理论应用于实践的能力。教师的科研项目一般包括纵向科研项目与横向科研项目。其中纵向科研项目主要是由政府部门(或者受政府部门委托)下达给高校教师的,是衡量地方应用型本科高校科研水平的一个重要指标。这类科研项目往往更注重科技的创新,而这类项目往往由政府部门下发或与政府部门相关,因此较难获取。大学生积极参与教师纵向科研项目有利于培养创新意识和创新思维,提升个人的创新能力。横向科研项目是指企事业单位与其他高校或部门委托的各类科技开发、科技服务与科学研究等方面的项目,以及政府部门非常规申报渠道下达的项目。横向科研项目多由地方政府委托一些高校、企业委托高校教师进行科技难题攻关或者针对某一方面工作作为项目委托实施。由于横向科研项目多是为了解决政府部门、企事业单位及其他机构组织的实际应用难题,因此,大学生积极参与这些横向科研项目,有助于大学生真正接触企业真实项目工程,并及时了解企业对于自身所攻读专业的技能要求,提升自身的专业水平与创新创业能力。

2. 积极申报学生科研项目

在地方应用型本科高校,大学生积极申报学术研究项目是提升个人学术水平和发展个人创新创业能力的重要途径。通过申报和主持科研项目,大学生能够充分了解专业领域的前沿知识与技术,锻炼独立思考和解决复杂工程项目问题的能力,培养扎实的专业实践基础与团队合作意识,推动自身创新创业能力的不断提升。大学生可以在申报材料的准备、项目技术指标的实现,以及项目团队的合作与攻关过程中实现创新创业能力的全面提升。目前各高校普遍开设了大学生创新创业训练计划项目,大学生可以通过积极参加该项目,了解行业需求与前沿发展动态,从而实现自己综合素质的不断提升。

5.5 本章小结

本章归纳了“1+4+X”数字化螺旋式复合应用型人才培养的相关路径,包括“1+4+X”数字化螺旋式复合应用型人才专业素质的培养、通用素质的培养、思想政治素质的培养及创新创业能力的培养。首先,从专业理论知识的学习与专业实践技能的锻炼这两方面入手,提出从完善培养方案课程体系与教学内容、以学生为中心改革教学方法、提高教师理论水平、建设数字化理论学习平台,以及共享教学资源与案例这几方面来夯实地方应用型本科高校大学生专业理论基础;其次,对“1+4+X”数字化螺旋式提升大学生的专业实践技能进行了概括与分析,包括从合理安排专业课程的实验教学、丰富实验教学内容、编写符合人才培养目标要求的实验教材或讲义、加强实验室一体化建设与管理、加强实验室信息化建设与管理5方面实现实验教学的合理设计与安排,从加强高校“双师型”教师队伍建设、促进实验教师能力提升、引进企业优秀人员承担合作授课任务3方面提升教师实践教学能力与积极构建数字化实践教学平台,为大学生加强实践锻炼提供契机和资源,同时也为企业挑选所需的优质人才提供平台。再次,从提升大学生的英语水平、计算机水平及其他综合素质入手,提出“1+4+X”数字化螺旋式培养大学生就业所需的通用素质,其中关于其他综合素质的培养,又具体分为了大学生沟通交流能力、组织管理能力、团队协作能力、人际交往能力,以及职业规划能力的培养与提升。然后,从基于“大思政课”的高校思政课教学设计与改革、思政元素融入专业课程的教学设计与改革,以及思政元素融入公共必修课程的教学设计与改革3方面入手提出"1+4+X"数字化螺旋式提升大学生思想政治素质的路径。最后,基于创新创业课程设计、学科竞赛参与和实践,以及科研项目实践提出"1+4+X"数字化螺旋式提升大学生创新创业能力的路径,其中创新创业课程设计的具体路径包括合理设计课程内容深度与难度、聘请企业人员担任授课教师、确保选用教材与教学大纲相契合、实现"第一课堂"与"第二课堂"统合育人 4 方面内容;学科竞赛参与和实践的具体路径包括积极参与专业学科竞赛及各类创新创业类学科竞赛;科研项目实践主要包括教师纵向科研项目、教师横向科研项目及各类大学生可自由申报的相关科研项目等。通过本章内容的介绍,我们可以对"1+4+X"数字化螺旋式复合应用型人才培养的相关路径有更加深入的了解与掌握,有利于探索促进地方应用型本科高校人才质量提升具体对策。

第 6 章 北华航天工业学院“1+4+X”数字化螺旋式复合应用型人才培养模式的实践探索

“纸上得来终觉浅，绝知此事要躬行。”在前面几章中，我们从理论上分析了“1＋4＋X”数字化螺旋式人才培养模式的内涵、理论基础、框架设计与动力机制，并从培养青年大学生的专业素质、通用素质、思想政治素质、创新创业能力等几方面入手，分析了“1＋4＋X”数字化螺旋式复合应用型人才培养的路径，本章则重点介绍这一模式在应用型本科高校教育教学实践中的运用。地方应用型本科高校高等教育的主要功能包括人才培养、科学研究和社会服务等。其中人才培养是地方应用型本科高校高等教育的最主要功能和最重要任务。人才培养模式作为地方应用型本科高校教育教学的一个框架，在实践运用中必须与地方应用型本科高校具体的、现实的人才培养工作紧密结合，因此，本章以北华航天工业学院为例，开展关于转型发展背景下该校“1＋4＋X”数字化螺旋式复合应用型人才培养模式的实践探索。同时，本章融入北华航天工业学院计算机学院、机电工程学院、电子与控制工程学院、经济管理学院、遥感信息工程学院等各学院相关专业培养“1＋4＋X”数字化螺旋式复合应用型人才的工作实例。

6.1 加强专业人才培养

北华航天工业学院是一所以工为主，工、管、理、经、法、文、艺多学科相互支撑和协调发展，航天特色突出的地方应用型本科高校，是国家“十三五”应用型本科产教融合发展工程建设单位，是河北省本科高校转型发展示范学校、党建示范校、创新创业改革示范校，是河北省应用技术大学研究会会长单位、航天应用技术大学联盟理事长单位。多年来积极探索发挥学校各学科优势特色，加强与航天相关企业、京津冀区域地方行业企业，以及国际知名应用型高校之间的交流与合作。学校计算机学院、电子与控制工程学院、经济管理学院、机电工程学院、航空宇航学院、遥感信息工程学院等在教育教学实践过程中，十分重视人才培养质量的提升，结合自身人才培养特色与要求，提出了复合应用型人才培养的目标。各专业以复合应用型人才培养目标为导向，在本科教育教学实践中践行“1＋4＋X”数字化螺旋式复合应用型人才培养模式。

6.1.1 完善人才培养方案

人才培养方案是学校贯彻国家教育方针和实现人才培养目标要求的实施方案，是人才培养规格与教学质量保证的重要文件，是组织教学过程、安排教学任务的基本依据，是学校教育教学理念、办学指导思想、办学定位、办学特色的重要体现。为深入贯彻落实全国教育大会、全国高校思想政治工作会议、新时代全国高校本科教育工作会议精神，进一步深化学校本科教育教学改革，构建具有北华航天工业学院航天特色的人才培养体系，不断提高本科人才培养质量。近十年来，北华航天工业学院先后组织开展了四次本科人才培养方案修订工作，制订了 2013 版、2015 版、2018 版和 2021 版本科人才培养方案。其中 2021 版本科人才培养方案是北华航天工业学院目前除 2020 级本科应届毕业生以外所有年级正在使用的最新版人才培养方案。

北华航天工业学院 2021 版人才培养方案以习近平新时代中国特色社会主义思想为指导，坚持立德树人根本任务，牢固树立人才培养中心地位，构建更高水平的人才培养体系。2021 版人才培养方案坚持“以需为源、特色创新，以学为主、质量至上，育人为本、全面发展”的办学理念，以培养德智体美劳全面发展的敢担当、善作为、能适应、可持续的高素质应用型、复合型人才为目标，使学生具备高尚品德、扎实学识、健康体魄、审美情趣、劳动精神，成为能够担当民族复兴大任的时代新人。

在适应国家本科专业质量标准基础上，北华航天工业学院遵循工程教育专业认证的新理念、新内涵、新要求，以“超前识变、积极应变、主动求变”的改革行动，主动对接区域经济社会发展和学生自身发展需求，构建多元化、个性化的教育教学体系，着重培养学生运用知识的能力、解决复杂工程问题的综合能力、创新能力和可持续发展的能力。学校高度聚焦发展一流本科教育，认真审视人才培养的目标达成度、社会适应度、条件保障度、质保有效度和结果满意度，建立招生、培养、就业联动机制，有效支撑“价值塑造、能力培养、知识传授”三位一体的内涵要求，着力提高人才培养质量。

与 2013 版、2015 版、2018 版本科人才培养方案不同，北华航天工业学院 2021 版人才培养方案在修订过程中主要遵循了八大基本原则，分别是坚持立德树人，强化价值引领目标；贯彻认证理念，突出培养成果导向；推进大类培养，筑建个性成长空间；优化课程体系，夯实全面发展基础；强化实践教学，提升创新创业能力；加强素质教育，推进文化传承创新；深化方法改革，切实提高教学质量；实行三学期制（每学年分为秋季学期、春季学期、夏季学期，其中夏季学期为小学期，主要开展专项实践教学活动等），加强实践教学管理。

在制订 2021 版本科人才培养方案过程中，北华航天工业学院坚持以学生学习为中心，以学习成效为导向，注重分析借鉴国内外高水平应用型大学的成功经验，吸纳高校专家、行业专家、用人单位、校友和在校生的意见，结合学科专业具体情况，完善本科教学体系，制订复合应用型本科人才培养方案。北华航天工业学院 2021 版本科人才培养方案一体化实现培养目标、毕业要求、课程体系之间的相互支撑和目标达成，在学生大一至大四不同发展阶段构建包含“通识教育课程、学科基础课程、专业教育课程、社会实践课程”四级课程体系，将专业教育与思想政治教育、通识通修教育、创新创业教育紧密结合，同时体现理论知识与实践能力并重、全面成才与个性培养相统一的培养特色，实现了人才培养素质的多元化拓展，真正实践了“1+4+X”数字化螺旋式复合应用型本科人才培养模式。

北华航天工业学院 2021 版本科专业培养方案主要涉及 11 个学院、共计 48 个专业的培养方案。各专业培养方案的主要内容涵盖专业简介、培养目标、毕业要求、学制与学习年限、主干学科、专业核心课程、毕业与学位授予条件、教学进程表、课程体系拓扑图、课程体系与毕业要求的对应关系矩阵表、课程设置一览表、各类课程学时学分分配表等各方面。由于课程体系建设、教学设计规划、专业知识巩固与实践能力培养是修订和完善人才培养方案的重要内容，因此，我们将对这四方面内容进行重点介绍。

1. 完善课程体系

所谓课程体系，主要是指高校依据人才培养目标所选择和组织的课程内容、教学活动，并且按照一定的逻辑关系对课程结构、课程数量、课程排课顺序进行排列组合，实现各要素整体优化的系统。构建一个完整的课程体系主要包括课程目标、课程内容、课程结构和课程实施四方面的要素。课程目标设定是构建应用型本科高校课程体系的出发点和前提，是课程教学计划制订、教学方法改革，以及教学质量评价的准绳和依据，决定了教学内容的选择与组织。课程目标设定的准确与否直接影响到地方应用型本科高校人才培养目标能否实现。因此，要合理设定课程目标。

以北华航天工业学院“大学生就业指导”课程为例，该课程的目标主要包括四方面内容：一是引导高年级大学生根据自身专业学习及各方面素质情况，制订职业规划，树立职业目标，然后朝着目标开展有方向、有计划、有步骤的学习；二是掌握简历撰写的方法与技巧，总结个人在大学期间学习、工作、生活中的收获与经验，以便在继续深造和求职的过程中更好地展现个人才能、优势；三是了解多样化的就业方向，通过运用 SWOT 分析进行自我剖析，明晰个人的就业方向，同时掌握求职礼仪、就业渠道和就业方法，规避就业陷阱；四是通过已毕业校友的就业经验分享，掌握成功就业的有效途径，同时建立与优秀校友的沟通交流机制，为日后成功就业积累经验、奠定基础。

课程内容是实现课程目标和提升大学生就业能力的重要基石。如何选择合适的课程内容已成为提升人才培养质量需要考虑的一个十分重要的问题。北华航天工业学院各专业在修订本科人才培养方案的过程中，认真调研，科学取证，充分了解专业培养方案所有课程之间的联系，通过及时的沟通与融合，实现了课程内容的综合化、一体化、数字化、特色化建设，充分有效地运用所有课程资源，创新课程内容与教学形式，反映了科技进步、前沿技术及行业企业的技能要求，促成了大学生就业能力的提升。

以北华航天工业学院计算机科学与技术专业为例，该专业在课程体系建设过程中，深入剖析各门课程之间的联系与区别，探究专业课程的知识基础、前期准备及能力要求，邀请行业中的专家学者、其他高校的优秀教师及对口企业中的工程师参加培养方案的论证工作，对课程内容设定进行了深入讨论，并根据学校航天特色及计算机学院“军用计算机应用技术”这一国家国防特色学科优势，选择适合行业企业和专业特色发展的课程内容，从而培养优秀的复合应用型计算机人才。

课程结构是指学校课程中各种课程类型的比例及其组织、排列、配合的形式。课程结构是课程体系的重要组成部分，它在一定程度上决定了学生的知识结构。当前，课程结构主要分为以学科课程为中心的课程结构和综合化的课程结构。前者主要强调课程纵向性、课程条理性、课程功能性和课程执行性。后者主要强调课程横向性、富有包容性以及弹性且满足多元化复合应用型人才培养的需要。

为了培养社会发展和行业企业急需的复合应用型人才，北华航天工业学院在修订人才培养方案过程中，根据复合应用型人才培养目标及培养要求，全面梳理了“通识教育课程、学科基础课程、专业教育课程、社会实践课程”四级课程体系，注重加强相近学科的知识共享与融合互通，厘清课程逻辑、重塑课程内容，合理设置各类平台课程及学分要求。

以北华航天工业学院计算机学院网络工程专业为例，为提升复合应用型人才培养质量，网络工程专业自计算机学院实行大类招生以来，从第一学期到第三学期按大类教学计划执行，从第四学期开始，按专业教学计划执行。北华航天工业学院网络工程专业课程体系结构图(2021 版人才培养方案)如图 6-1 所示。

图 6-1 北华航天工业学院网络工程专业课程体系结构图(2021 版人才培养方案)

由此结构图，我们可以清晰地了解北华航天工业学院网络工程专业的课程内容与课程体系结构，同时也可以大致掌握网络工程专业的人才培养目标。从总体上来说，北华航天工业学院网络工程专业的人才培养目标是培养德智体美劳全面发展的社会主义事业建设者和接班人，培养具有良好的科学素养、扎实的计算机学科基础知识和计算机网络领域的专业知识，具备较强的计算机网络领域的工程技术能力，能从事网络规划设计与实施、网络服务管理与维护、网络应用系统设计与开发、网络安全管理与防护等工作，综合素质较高的工程技术人才，并在五年内成为能够独立胜任网络工程领域相关技术岗位工作的高级技术人才和管理人才。具体而言，网络工程专业的人才培养目标分解，见表 6-1。

表 6-1 北华航天工业学院网络工程专业的人才培养目标分解

序号	具体内容
培养目标 1	能够运用计算机科学与技术、网络空间安全和通信技术等多学科知识，分析研究网络技术与安全领域的复杂工程问题，并提出系统性解决方案
培养目标 2	具备工程实践能力及创新思维，可承担本领域工程设计、工程实施、技术研发和生产管理等工作
培养目标 3	具有良好的道德素质，包括思想道德素质和人文素养，以及法律、环境与可持续性发展意识，能够遵守工程伦理和职业道德规范，勇于承担社会责任
培养目标 4	具备良好的综合能力，如人际交往能力、组织管理及执行能力、团队合作能力等，能够融入、带动或协调项目的组织实施，并有效发挥作用
培养目标 5	能够把握计算机网络及网络安全领域的技术发展趋势，具有国际化视野，具有自主学习的能力和终身学习的意识，有可持续发展的能力

课程实施是课程体系中的具体实践性环节，教育教学活动是课程实施的主要途径。课程实施的目的是促进大学生专业技能的提升与综合素质的全面发展。课程实施必须面向青年大学生，以学生为中心，既要考虑大学生现有的发展需要、专业知识的学习与掌握状况，又要充分考虑学生获得全面、长远、可持续的发展，培养学习型、知识型、技能型的复合应用型人才。

由于地方应用型本科高校专业课程体系是一个开放的系统，需要接受来自社会发展、企业需求、学科发展、学生生源质量等各方面因素的作用与影响，因此，课程体系会形成一个不断更新、改进、提升与发展的过程。学校在构建专业课程体系时，通过满足行业企业与社会发展的需求，实现课程体系建设内部关于课程目标、课程内容、课程结构，以及课程实施的不断调整与优化。

为培养高质量、应用型、复合型、创新型人才，北华航天工业学院按照“高阶性、创新性、挑战度”的建设标准，强化各专业课程知识点的改造，打造高值高阶“金课”，淘汰低值低阶“水课”，着力培养青年大学生解决复杂工程项目问题的综合能力和创新思维。为实现这一目标，学校各专业课程体系均由通识教育课程、学科基础课程、专业教育课程和社会实践课程四个课程模块组成。北华航天工业学院各专业课程体系组成见表 6-2。

为了持续性提升人才培养质量，不断满足行业企业对复合应用型本科人才培养的需求，北华航天工业学院各专业积极进行本科人才培养方案修订和课程体系调整。以学校网络工程专业为例，在专业课程设置中，学院根据毕业生座谈结果、用人单位反馈意见、在校生评价结果、行业及企业专家意见综合考虑，对专业必修课“高级网络互联技术”等课程进行了适当调整。网络工程专业 2021 版人才培养方案课程体系调整情况见表 6-3。

表 6-2 北华航天工业学院各专业课程体系组成

课程模块	分类	学分要求	组成课程
通识教育课程	思想政治类	共计 20 学分,其中必修 20 学分	由思想道德与法治(3 学分)、中国近现代史纲要(3 学分)、马克思主义基本原理(3 学分)、毛泽东思想和中国特色社会主义理论体系概论(5 学分)、形势与政策(2 学分)、大学生心理健康教育(2 学分)、劳动教育(1 学分)、国家安全教育(1 学分)组成
	军事体育类	共计 8 学分,其中必修 8 学分(含 2 学分实践)	由体育(4 学分)、军事训练(2 学分)、军事理论(2 学分)组成
	外国语言类	共计 8 学分,其中必修 8 学分	由大学英语课程组成
	数学与自然科学类	18.5 学分≤共计学分≤21 学分,其中 18.5 学分≤必修学分≤21 学分	由高等数学(A/B)、线性代数、概率论与数理统计、大学物理(A/B)、物理实验等课程组成
		必修 7.5 学分	由高等数学 C 课程组成
	计算机基础类	必修 2 学分	由大学计算机基础课程组成
	创新创业类	共计 3.5 学分。其中必修 2 学分,限定选修 1.5 学分	由创业基础(2 学分)、职业生涯规划与就业指导(1.5 学分)组成
	文化素养类	共计学分≥7 学分。其中必修 2 学分,限选 4 学分,选修学分≥1 学分	由沟通与写作(2 学分)和美学类、人文科学与艺术类、社会(行为)科学类、自然科学类、工程技术类、中华优秀传统文化类、体育健康教育类等全校性选修课程组成,其中,限选航天概论(1 学分)、中华优秀传统文化类(1 学分)、美学类(2 学分)
学科基础课程	学科基础类	专业确定	由相关学科的学科基础课组成
	集中实践环节	专业确定	由基础实验、基础技能训练(金工实习、电工电子实习)等组成
专业教育课程	专业类	专业确定	由专业基础课和专业课组成
	集中实践环节	专业确定	由实验、课程设计、实习实训、毕业设计(论文)等组成
社会实践课程	社会实践	4 学分	社会实践由社会调查(1 学分)、创新创业项目或竞赛(1 学分)、劳动教育实践(1 学分)、国家安全专题教育实践(1 学分)组成

表 6-3 网络工程专业 2021 版人才培养方案课程体系调整情况

序号	课程体系调整	原因	来源
1	"高级网络互联技术"改名为"安全网络规划与设计",学时从 64 学时降到 32 学时	侧重安全方面的教学,原有课程中的集成操作部分放到对应实训学时中讲解,原有学时减少	毕业生问卷调查反馈;行业企业专家论证建议
2	"路由交换综合实训"改名为"网络系统互联综合实训",学时从 2 周增加到 4 周	提高学生的实践动手能力,实训中增加完整综合实践操作项目,原有学时加大	毕业生问卷调查反馈;行业企业专家论证建议

续表

序号	课程体系调整	原　因	来　源
3	第 4 学期增开“面向对象程序设计”，第 5 学期增开“面向对象程序设计实训”（必修课）	提高学生的编程能力，为第 7 学期的“网络编程开发”和第 8 学期的“网络安全技术 B”打基础，课程设置更合理	行业企业专家论证建议
4	第 7 学期增开“密码学基础”（必修课）	社会对网络安全技术的需求日益增加，为第 8 学期的“网络安全技术 B”打基础，课程设置更合理	毕业生问卷调查反馈；行业企业专家论证建议
5	“计算机专业英语 B”由选修课改为必修课	提高学生的沟通能力，具备一定的国际视野，能在跨文化背景下进行沟通和交流	毕业生问卷调查反馈；行业企业专家论证建议
6	第 7 学期增开“网络性能测试与分析”，第 8 学期增开“信息安全等级保护”（选修课）	适应市场需求，增加一些网络新技术，使其能够更好地支撑网络工程专业的系统集成和网络安全方向	毕业生问卷调查反馈；行业企业专家论证建议

2. 创新教学设计

传统教学设计理论主张依据现有的教学条件，在教学目标的指引下，选择最合适的教学策略，有效且高效地实现教学目标。基于学习条件范式的教学设计往往被称之为“教学系统开发”。它以习得行为间的条件关系为基础，假设相关组织为学习型组织，学习结果的不同主要是受到组织内外部条件变化的影响。其中外部条件是学习的环境，包括教师传授知识的方式、授课的内容、师生间沟通交流的渠道等；内部条件是学习的能力，是基于学生自身已获得的知识与技能而言的。无论是外部条件还是内部条件，都对大学生的成长成才发挥着重要作用。经过数年发展，传统教学设计虽然形成了完整且严密的教学方法体系，但是在当下的教育教学过程与复合应用型人才培养过程中已显得不太适应。由于传统的教学设计主张以教师为教学的中心，无法充分发挥学生的学习主动性和积极性，因此，创新教学设计，探寻以学生为中心的教学设计已成为包括地方应用型本科高校在内的全国各类型高校探寻教学模式改革的重要着力点。

建构主义知识观认为，知识不能传授，只能由学习者通过自我建构来获得；大学生的认知智慧或认知结构不是外界赋予或先天存在的，而是由大学生群体在与客观环境的相互作用中建构的。基于建构主义知识观的理论观点，高等教育教学不是传授知识，而是给青年大学生提供某种方法，让其自我“建构”知识内容与知识体系。建构主义教学设计观不再将教师视为教学活动的中心，而是将学生作为教学活动的中心与主体，教师只是教学活动和教学设计的辅助者，而学生则成为具体教学活动与教学实践的主要实施者，这在一定程度上有利于充分调动大学生的学习积极性和主动性，深入挖掘大学生个体的学习潜力、创新意识与主动精神，但是由于建构主义更多关注教学过程，忽视了对学习结果的评价，无法保证学生学习效率的提高；而且，建构主义教学设计过程中充满众多不可控因素和不可知因素，设计者也未能对学生应掌握哪些技能作深入研究，因此，建构主义教学设计也存在一定的不足之处。

北华航天工业学院在开展教学设计过程中，既看到了建构主义教学设计的优点，同时也充分认识到建构主义教学设计的不足，真正做到了“取其精华，去其糟粕”。例如，北华航天工业学院积极推进教育教学改革，在进行教学设计规划时，全面贯彻以学生发展为中心、以学习成果为导向的教育理念，构建基于信息化时代以“学”为中心的课程教学体系和基于学习成果导向(outcome-based education，OBE)的教学评价体系。

作为一所以培养满足京津冀区域经济社会发展需要和行业企业急需的复合应用型人才的地方本科院校，北华航天工业学院不仅关注大学生的自主学习过程与学习成果，也十分重视大学生走上工作岗位后对学习成果的评价，为此学校建立了毕业生跟踪反馈机制，对相关应届毕业生和近五年内毕业的往届毕业生开展跟踪调研，从而适时调整人才培养策略与教学设计，为社会提供优秀的复合应用型人才。这也充分体现了学校在进行教学设计规划时十分重视提升大学生的学习成效，并重视用人单位对大学毕业生的评价与反馈。

以北华航天工业学院计算机学院为例，为了实现计算机各相关专业对本专业培养目标、毕业要求、教学过程等人才培养各环节的持续改进，计算机学院建立了针对各专业毕业生的跟踪反馈机制。计算机相关专业毕业生的跟踪反馈机制评价方式、评价内容、评价周期与责任主体见表6-4。根据计算机各专业毕业生跟踪反馈结果，各专业相关负责人经过整理、分析和总结，形成研究报告，用于人才培养修订和接下来在校生的教学设计调整、规划。

表6-4 北华航天工业学院计算机相关专业毕业生跟踪反馈机制

跟踪对象	评价项目	评价内容	评价方法	覆盖面	评价记录
应届毕业生	综合评价	工作状况、薪资水平、课程体系、课程教学内容、教学实习实践、教学条件、师资队伍等	问卷调查、座谈、走访、电话、电子邮件等形式	(1) 调查覆盖率要达到当年毕业生人数的35%以上；(2) 充分考虑地域分布、企业类型、岗位工种等差异	(1) 调查问卷；(2) 座谈会等记录；(3) 调查分析报告
	培养目标合理性与达成度评价	专业培养目标定位、与学校培养目标关系、与经济社会发展需要的吻合度、各种能力培养的达成度			
	毕业要求达成评价	各个毕业要求观测点涉及的各种能力达成评价			
往届毕业生(毕业5年左右)	综合评价	工作状况、工作能力、工作成就、薪资水平、岗位角色、学校在教学服务、管理和资源支撑方面的反馈			
	培养目标合理性评价	专业当前培养目标与学校培养目标的关系，专业定位、与社会经济发展需求的吻合度			
	培养目标达成性评价	学生综合能力、计算机相关工程领域的解决能力、基础知识和专业知识应用能力、职业素养发展能力、团队合作能力、职业发展能力与专业培养目标的吻合度			

此外，北华航天工业学院不仅关注大学生的学习过程与学习成果，也十分重视企业对毕业生的评价。以学校网络工程专业为例，为培养企业所需的复合应用型人才，该专业建立了相对完善的毕业生社会评价机制，定期对用人单位和行业企业专家展开调查，收集用人单位及行业企业专家对本专业人才培养、课程体系、课程教学的意见和建议；对社会评价信息进

行统计分析，形成分析报告，作为进行教学质量改进的主要依据。网络工程专业社会评价机制的基本情况见表 6-5。

表 6-5　网络工程专业社会评价机制

<table>
<tr><th>参与对象</th><th>评价项目</th><th>评价内容</th><th>评价方法</th><th>评价记录</th></tr>
<tr><td rowspan="5">用人单位</td><td>毕业生素质能力</td><td>(1) 用人单位满意度；
(2) 知识水平、素质能力</td><td rowspan="5">走访座谈、问卷调查</td><td rowspan="6">(1) 调查问卷；
(2) 座谈会等记录；
(3) 调查分析报告</td></tr>
<tr><td>用人单位需求</td><td>(1) 毕业生的职场竞争力；
(2) 知识与技能方面的需求</td></tr>
<tr><td>培养目标合理性与达成度评价</td><td>毕业生素质能力与企业所需人才能力要求的达成情况</td></tr>
<tr><td>毕业要求达成评价</td><td>对毕业生毕业要求达成情况的评价</td></tr>
<tr><td>专业人才培养定位和培养方案评价</td><td>对培养目标、毕业要求、课程体系等培养方案内容的意见和建议</td></tr>
<tr><td>行业企业专家</td><td>专业人才培养定位和培养方案评价</td><td>对培养目标、毕业要求、课程体系等培养方案内容的意见和建议</td><td>访谈</td></tr>
</table>

针对毕业生反馈结果与社会评价结果，网络工程专业对人才培养方案相关课程的教学设计问题进行了深入研究，包括调整和明确课程教学目标、持续改进教学内容、合理设计教学策略，其中教学策略既包括学生“学”的策略，也包括教师“教”的策略，尤其是广大教师要不断提升自身的创造性与综合思维的能力，根据学生水平和个性化发展要求，全面考虑课程教学方法、教学步骤与组织形式，并充分运用数字化资源、数字化技术与数字化平台，加强对学生知识水平的培养和实践技能的锻炼。

教学设计成果的好坏，最终取决于学生能否更好、更快地实现教学目标。为实现教学目标，北华航天工业学院十分重视根据社会发展对应用型人才的要求大力培养大学生的社会生存能力与社会发展能力，学生通过学校组织的学习活动及各项社会实践活动，不仅掌握了如何高效地学习，也掌握了团队学习、互动学习及多媒体运用等综合性技能。

3. 重视实践教学

从狭义上来说，实践教学是与理论教学相对应的一种教学形式，是理论教学的拓展与延伸，是直接经验的获得与学习。有完整且详细的教学计划及有教师指导的社会实践活动，如社会调查、毕业实习、毕业设计、专项实践教学等，都属于实践教学的范畴。从广义上来说，实践教学存在于整个高等教育教学过程中，包括理论实践教学与社会实践教学。之所以将理论实践教学纳入实践教学之中，是因为理论教学本身就具有实践性，通过理论教学实现理论创新与应用，充分发挥教师主导作用和学生主体作用，实现教师的“教”与学生的“学”之间目的的高度一致性，寻找提升教学效果的有效方法，通过理论实践教学实现教学目标。由于教学活动的目标是使教师和学生都获得令人满意的结果，即实现学生综合素质的全面提升，因而理论教学过程也必然具有实践性，即促使学生自主学习，从而不断提升个人本领与综合能力。从这一点上来看，基于“翻转课堂”的理论教学活动，是提升大学生理论实践能力的有效举措。

目前，北华航天工业学院积极探索教学模式与教学方法改革，部分课程基于"翻转课堂"的教学方法创新，不仅提升了学生的学习兴趣，也促进了学生自主学习能力与理论实践能力的提升。此外，学生在教学活动中积极讨论与思考的过程及分析问题、解决问题的过程，也是参加实践教学活动与促进实践能力提升的重要体现，对于自身综合素质提升和教学目标实现都具有积极的作用。

总之，实践教学的内涵很广泛，既包括理论实践教学，也包括社会实践教学，而且实践教学的形式多种多样。概括起来，实践教学可分为课堂实践教学、校园实践教学、社会实践教学三个层次。课内实践教学位于第一层次，校园实践教学位于第二层次，社会实践教学位于第三层次。其中，课堂实践教学具有基础性地位，是学生充分发挥主体作用的有效教学形式。校园实践教学是学生在校园从事的各种实践活动，如文体活动、知识竞赛、科技服务等，对于促进大学生发挥个人爱好与特长、实现成长成才目标具有积极的推动作用。社会实践教学是课堂实践教学与校园实践教学这两个层次的指向，也是最重要的实践教学形式，是培养复合应用型人才的关键形式，因此，在整个人才培养和教育教学活动中，地方应用型本科高校要十分重视社会实践教学活动的开展，建立完善的实践教学体系。

为实现一体化整合各类实践教学资源和多元化拓展大学生综合素质，北华航天工业学院积极构建以提升专业能力为主线的"4个四"实践教学体系，即完善"课程实验、基本技能实训、专业综合实训、校外(顶岗)实习"为主线的实践教学内容体系；建立"实验室、实训室、实训基地(校内外专业性、综合性、生产性实训基地)、校外实习基地"四类实践教学环境体系；构建"模拟仿真演练、技能训练、实际操练、顶岗锻炼"四个逐级提高、循序渐进能力训练体系；提升"专业实践、合作探究、创新创业、社会适应"四项实践能力体系。

在实践教学内容体系建设过程中，北华航天工业学院从学生发展特点与就业能力需求出发，不断完善人才培养方案关于课程学时构成、课程考核方式、专项实践教学设置、毕业实习安排等教学方面的改革。在课程实验操作环节，合理设置理论学时与实验学时的比重，增加学生实验操作的机会；在基本技能实训环节，重视学生基本技能的培养，将理论知识充分应用于社会实践；在专业综合实训环节，加强对学生专业技能的培训，不断提升学生的专业知识水平，让学生通过主持和参与专业相关实训项目，了解专业知识与专业技能的应用前景和方向，从而增强自身创新创业意识；在校外(顶岗)实习环节，鼓励学生到企业中实习锻炼，允许学生进行学分置换，尤其是通过校外毕业实习，使学生在实习过程中加强实践锻炼，提升实践技能，同时了解就业方向，为个人职业发展规划打下坚实基础。以计算机学院各专业实践教学内容体系构建为例，由于计算机程序设计基础、数据结构、计算机组成原理、计算机网络原理、操作系统、数据库原理与应用等课程是计算机专业大学生掌握计算机技能必须要学习的学科基础课程，因此这些课程在学时分配上都十分重视学生实践能力的培养，增加了课程实验学时，其中计算机程序设计基础课程的理论学时与实验学时的分配比例为2∶1，课程实验环节的开设使计算机学生可以充分开展实验练习，从而提升个人计算机实验操作技能与水平。为提高专业综合实训教学效果，计算机学院专门利用夏季学期集中授课的优势，设置各个专业的综合实训。例如，在程序设计基本能力综合实训环节，通过学生组队自主选择实训题目开展专业综合实训，学生的专业实践技能逐步提升，同时团队协作能力也得到大幅度增强。

在实践教学环境体系建设过程中，北华航天工业学院投入大量资金用于实验室先进机器设备的购买、软件系统的升级改造、实验环境的改善及实验教师队伍素质培养等各方面。计算机学院近三年更新换代了实验机房所有计算机设备，建设了智慧门禁系统，增加了多个实验室机房，专设了实训室及毕业设计实验机房，为学生提升专业实践技能提供了良好的外部条件与环境。此外，计算机学院也加强了与京津冀区域互联网企业之间的交流及合作，建设了数十个校外实习基地。其中长期开展产学研深度合作的企业就有数家。以网络工程专业为例，自 2012 年开始，学院通过与中国电信系统集成有限责任公司开展"2.5+1.5"校企联合培养应用型人才，企业也由最初的吸纳学生实习到现在参与人才培养全过程，合作的深度和广度不断加强，促进了网络工程专业学生实践技能的提升，也提高了大学生的就业水平与就业质量，为企业培养了大批优秀计算机人才。此外，中国电信系统集成有限责任公司每年也会选派多名优秀工程师参与网络工程专业人才培养方案修订、课程建设、技术讲座、实习实训及毕业设计指导，对培养企业所需的计算机复合应用型人才发挥了积极作用。计算机学院也与中国联通等数十家通信和网络安全企业建立良好的合作关系，纷纷在这些企业建立了校外实习基地，为学生参观实习、创新就业等提供了大量的机会。近十年北华航天工业学院网络工程专业与企业合作建立实践基地的情况见表 6-6。

表 6-6　北华航天工业学院网络工程专业与企业合作建立实践基地的情况(2013—2023 年)

序号	实习基地或产学研单位名称	类　型	基地地址	签订年份
1	北京××科技有限公司	实习基地	北京	2015
2	××科技(中国)有限公司	实习基地	北京	2017
3	××信息产业股份有限公司	产学研合作	廊坊	2017
4	××橡塑有限公司	产学研合作	包头	2017
5	××健康科技(北京)有限公司	实习基地	北京	2017
6	××科技发展有限公司	实习基地	廊坊	2017
7	廊坊××数据有限公司	实习基地	廊坊	2017
8	北京××科技有限公司	产学研合作	北京	2018
9	廊坊××电器有限公司	实习基地	廊坊	2018
10	廊坊××科技有限公司	实习基地	廊坊	2018
11	北京××研究所	实习基地	北京	2019
12	北京××教育科技公司	实习基地	北京	2019
13	北京××科技有限公司	实习基地	北京	2019
14	××安全科技有限公司	产学研合作	徐州	2020
15	廊坊××工程质量检测有限公司	产学研合作	廊坊	2020
16	河北××信息技术股份有限公司	产学研合作	廊坊	2020
17	北京××教育科技有限公司	实习基地	北京	2020
18	河北省××人工智能研究院	产学研合作	廊坊	2020
19	北京××新能源	产学研合作	北京	2022

为了提升实践教学成效和培养全体学生的实践动手能力，北华航天工业学院对各专业实践教学学分作了严格规定，其中理工科类专业实践教学学分比例不少于 30%、人文社科类专业比例不少于 25%。为了培养社会急需的创新型、应用型、技能型人才，学校大力推进实践教学方法改革，重点推行基于问题、基于项目、基于案例的教学方法和学习方法，加强综合性、创新性、设计性实践科目设计和应用（授课学时比例占 60%以上），加强学生专业知识学习和职业精神养成，着力提高其解决实际问题的能力。

学校充分利用信息技术、实验室设备、资源及校园数字化平台，在“能实不虚”的原则下加强虚拟仿真实验项目的应用。在专业课程或专业方向课程中，学校要求相关专业设置涵盖“理论+设计+制作+测试”的专业综合设计类课程（不少于 3 学分/门），每门至少覆盖 3 门及以上学科专业课程内容，体现“做中学”的教学理念和教学模式，着力提升学生创新能力、合作能力与实践能力。此外，通过课程的深入学习及前期学科基础课程的条件准备，学校相关专业学生在加强物理实验、电路基础实验、硬件设计基础实验、专业课实验及其他课程实验的基础上，加强技能训练与实际操练，实践动手能力实现了一体化、螺旋式和渐进式提升。

此外，为培养行业企业急需的复合应用型人才，北华航天工业学院努力提升“专业实践、合作探究、创新创业、社会适应”四项实践能力体系。数字技术的快速发展对复合应用型人才的知识结构及综合素养提出了更高的要求。其中专业实践能力是地方应用型高校大学生掌握扎实的专业技能所必须拥有的首要技能。作为一所以工科学生为主的地方应用型本科高校，北华航天工业学院尤其重视培养工科学生的专业实践能力。

目前，部分地方高校仍存在教师工程意识不强、教育观念落后以及教学方法单一等问题。北华航天工业学院作为一所培养未来航天工程师及航天技术型人才的摇篮，注重通过转变教育观念、建设“双师型”师资队伍及改革实践教学方法等措施，实现工科学生专业实践能力的提升，并通过开设创业基础课、举办各类型和各级别的学科竞赛与创新创业大赛，鼓励大学生创新创业，促进了大学生创新创业能力的提高。

为了适应社会发展需要，学校着力加强大学生的素质教育，推进文化传承创新。除了对工科学生加强专业实践技能的培养，学校也进一步对其加强文学、历史、哲学、艺术等人文社会科学方面的教育，同时也对文科学生加强了自然科学方面的教育，提高全体学生的文化品位、审美情趣、人文素养和科学素质。学生通过文化知识的学习、文化环境的熏陶、文化活动和社会实践的锻炼，以及人文精神的感染，升华人格、提高境界、振奋精神，激发自身的爱国主义情感，全面提高个人综合素养。

我们发现，建设“专业实践、合作探究、创新创业、社会适应”四项实践能力体系，有助于培养适应社会发展需要的复合应用型人才。以数据科学与大数据技术专业实践能力培养体系的建设为例，为满足数字经济快速发展对大数据人才的需求，北华航天工业学院做了积极的探索与实践。随着大数据时代的到来，数字技术、人工智能以及数据科学与大数据技术快速发展，全球数据呈现爆炸式、指数级增长，为高校数据类专业人才培养提供了契机。2016 年 2 月，教育部公布新增“数据科学与大数据技术”本科专业，首批仅有三所高校获批，分别是北京大学、对外经济贸易大学和中南大学。自此之后，我国开启了数据类专业本科教育。

2018 年 8 月，北华航天工业学院迎来了第一批数据科学与大数据技术专业的大学生。作为一个横跨工学与理学的新兴本科专业，数据科学与大数据技术强调培养跨学科复合应用型人才，不仅培养大学生的数学思维能力、计算机编程能力、数据挖掘与数据分析能力，也注重培养学生数据获取、存储、检索等多方面的实践能力。北华航天工业学院数据科学与大数据技术专业复合应用型人才能力需求如图 6-2 所示。

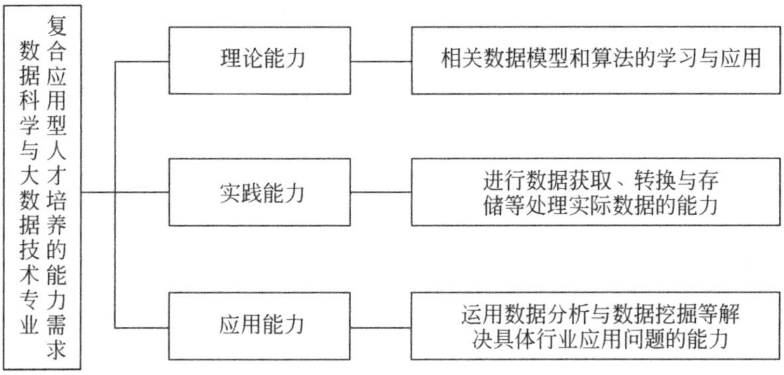

图 6-2　北华航天工业学院数据科学与大数据技术专业复合应用型人才培养的能力需求

为了培养数据科学与大数据技术专业大学生的实践能力，计算机学院在课程体系建设中开设了高等数学、线性代数、数据科学基础、大数据处理技术、大数据数学基础、算法分析、大数据存储、机器学习、大数据分析与挖掘等课程，这些课程在教学内容复杂度与大数据技术难度上逐渐增加，有助于螺旋式培养大学生的专业技能。此外，由于大数据的分析、存储、挖掘等都需要运用计算机技术来实现，计算机学院在整个课程体系的建设过程中也开设了相关的计算机编程与计算机技术等课程，如计算机程序设计基础，Web 开发技术、算法分析与设计、云计算技术、数据可视化技术、软件测试技术等，实现了大数据人才综合实践技能的全面提升。为实现"1+4+X"数字化螺旋式复合应用型大数据人才培养，北华航天工业学院计算机学院建立了"产教融合·数据中国·百校工程基地"和"廊坊·华航曙光大数据学院"，为复合应用型大数据人才培养创建了平台。

6.1.2　构建素质拓展平台

北华航天工业学院作为一所培养复合应用型本科人才的地方高校，在转型发展过程中极其注重培养大学生的专业素质、通用素质、思想政治素质、人际沟通素质、团队协作素质及创新创业素质等。为此，学校为大学生专门构建了素质拓展平台，包括举办 IT 科技节、组织开展大学生创新创业训练计划项目申报，以及举办各类文体活动、社团活动、社会实践调研活动等，通过素质拓展平台的搭建，创办各类活动，实现以比赛促教学、以项目强技能和以活动练素质的目标，为区域社会经济发展培养高素质的复合应用型人才。

大学生素质拓展事关国家未来发展和民族复兴大任，是地方应用型本科高校人才培养的重要工作，因此，北华航天工业学院在培养复合应用型人才的全过程都十分重视培养大学生的综合素质，构建素质拓展平台。

1. 以比赛促教学

地方应用型本科高校开展多层次学科竞赛有助于培养大学生的创新意识与创新能力，提升大学生的专业技能与就业创业能力。各种类型学科竞赛的组织、安排和举办对于学校教学活动的开展具有积极的推动作用。北华航天工业学院在本科生人才培养过程中非常重视学科竞赛的作用，以比赛促教学，为此学校专门成立了创新创业指导中心，负责组织筹办各级别、各领域的学科竞赛及创新创业类大赛，如中国国际“互联网＋”大学生创新创业大赛、“挑战杯”全国大学生课外学术科技作品竞赛、“挑战杯”中国大学生创业计划竞赛、全国大学生数学建模竞赛、全国大学生电子商务“创新、创意及创业”挑战赛等。上述大赛主要针对全体在校生举办，有些大赛主要针对某些特定的专业组织开展。由于专业类赛项重点考查大学生专业技能的掌握情况，因此，将大赛与教学相融合，有助于提升大学生的学习兴趣，同时锻炼大学生的实践操作能力与项目开发能力。

中国高等教育学会自2017年起发布《中国高校创新人才培养暨学科竞赛评估结果》竞赛项目，迄今已累计发布7次，入选项目累计达82项。为了提升大学生的创新创业能力，同时促使学科竞赛与学科专业特色发展相契合，推动教育教学活动取得显著成效，北华航天工业学院充分发挥各层次学科竞赛与创新创业大赛在学生实践、创新能力培养过程中的重要作用，制订了《北华航天工业学院教学工作奖励办法》，对于在《中国高校创新人才培养暨学科竞赛评估结果》发布的学科竞赛中取得优异成绩的学生和指导教师给予一定奖励，并鼓励教师将竞赛成果充分应用于教育教学过程中，以比赛促教学，提高大学生的学习热情和学习成效。以北华航天工业学院计算机领域学科竞赛为例，“以比赛促教学”模式下学科竞赛与相关课程的关联情况如图6-3所示。

图6-3 北华航天工业学院“以比赛促教学”模式下计算机领域学科竞赛与相关课程的关联情况

大学生学科竞赛是在课堂教学的基础上进行的，课堂教学注重的是理论知识传授，学科竞赛注重的是实践能力的培养。通过教师组织设计课堂教学活动，能够更好地指导学科竞赛，有助于培养大学生理论联系实践的能力，并在学科竞赛中获得优异的成绩。而将学科竞赛经验与成果融入课堂教学，则能够推动教育教学活动更好地组织和开展，使教育教学活动拥有更加明确的目标和方向，同时激发大学生的学习兴趣，促使大学生更加主动地学习相关知识与技能，也更有助于培养大学生理论联系实践的能力。北华航天工业学院计算机学院的相关教师将计算机相关赛事成果广泛应用于实践教学过程中，有助于提升大学生的计算机操作技能与专业实践能力。

除了计算机领域相关学科竞赛可以与专业课程相关联，其他创新创业类学科竞赛也与学校开设的相关课程具有很高的契合度，因此，也可以将这些学科竞赛成果充分应用于课程教学活动中。例如，2023 年 9 月，教育部举办了首届全国大学生职业规划大赛，包括地方应用型本科高校在内的全国各大高校纷纷组织此项赛事的校级比赛。首届全国大学生职业规划大赛主要设置了两条赛道，分别是成长赛道和就业赛道，其中成长赛道主要针对本科高校大一、大二、大三共 3 个年级的学生展开，主要考查中低年级大学生职业规划的能力，参加成长赛道的大学生需要提交一份职业规划报告；就业赛道主要针对大三、大四、大五（医学类本科专业）及研究生的全体学生展开，主要考查高年级大学生就业创业的能力，参加就业赛道的大学生或研究生需要提交一份个人简历。无论是成长赛道中职业规划报告的撰写还是就业赛道中个人简历的撰写，都需要学生具备一定的职业规划能力与就业能力。

为了提高大学生的职业规划能力与就业能力，北华航天工业学院专门开设了相关课程，在修订 2021 版人才培养方案之前，该类课程主要包括“大学生职业生涯规划”“大学生就业指导”两门课程，这两门课程分别开设在大学一年级上学期和大学三年级上学期。经过调研发现，许多大二年级甚至大三年级的大学生仍需要加强个人职业规划能力，于是学校在广泛论证调研的基础上，取消原“大学生职业生涯规划”“大学生就业指导”两门课程，增设“职业生涯规划与就业指导”课程，责任课单位为各二级学院，第一学年第一学期及第二、三学年任一学期开设，每学期 8 学时，共 24 学时，计 1.5 学分。“职业生涯规划与就业指导”课程采用分散式教学的方式，有助于引导大学生在各个年级阶段增强个人职业生涯规划的能力及就业的能力，对于提升大学生专业技能与综合素质具有良好的促进作用。以“首届全国大学生职业规划大赛”促“职业生涯规划与就业指导”课程教学融合情况图如图 6-4 所示。

在新一轮科技革命和数字化浪潮中，创新已成为驱动数字经济发展的第一动力。大学生的创新创业能力，日益成为社会对复合应用型人才培养的迫切需求。在此背景下，北华航天工业学院十分重视创新创业类学科竞赛的组织与筹办。北华航天工业学院创新创业类学科竞赛主要列表见表 6-7。其中面向全体大学生的创新创业类学科竞赛，其竞赛成果可以充分融入“创业基础”等课程教学过程中。此外，“挑战杯”红色专项活动的成果可以充分融入“中国近现代史纲要”“毛泽东思想和中国特色社会主义理论体系概论”及“习近平新时代中国特色社会主义思想概论”等思想政治理论课教学过程中，以传承红色文化基因，坚定大学生的文化自信、制度自信、道路自信和理论自信。

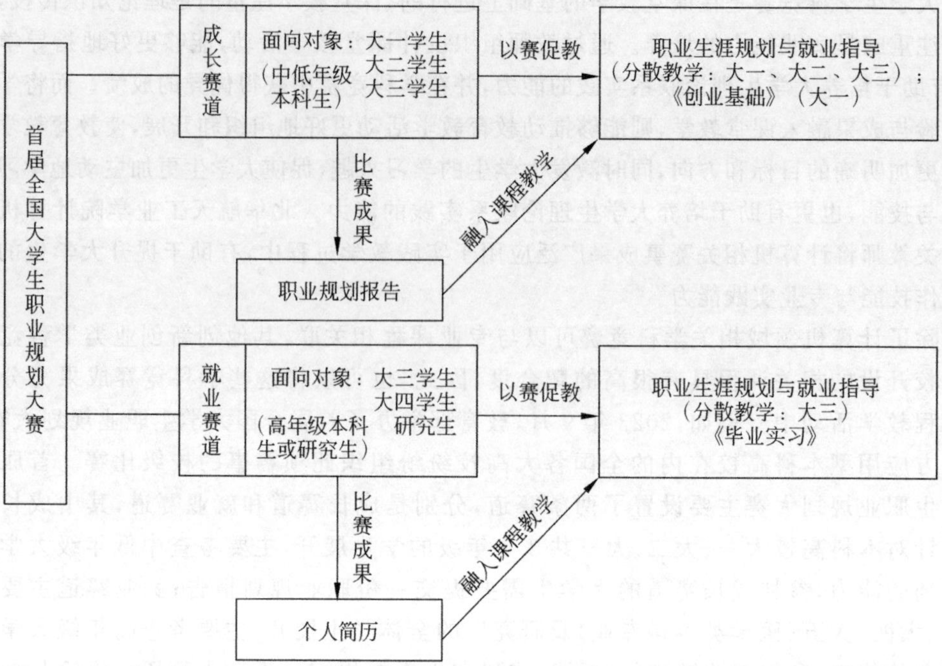

图 6-4 以“首届全国大学生职业规划大赛”促“职业生涯规划与就业指导”课程教学融合情况

表 6-7 北华航天工业学院创新创业类学科竞赛主要列表

序号	创新创业类学科竞赛名称	面 向 对 象
1	中国国际“互联网＋”大学生创新创业大赛	全体大学生
2	“挑战杯”全国大学生课外学术科技作品竞赛	全体大学生
3	“挑战杯”中国大学生创业计划竞赛	全体大学生
4	全国大学生电子商务“创新、创意及创业”挑战赛	全体大学生
5	中国大学生工程实践与创新能力大赛	工科类大学生
6	全国大学生创新创业年会	全体大学生
7	全国三维数字化创新设计大赛	全体大学生
8	中国大学生机械工程创新创意大赛	机械类学生
9	全国大学生集成电路创新创业大赛	电子类、计算机类、机械类学生
10	“学创杯”全国大学生创业综合模拟大赛	全体大学生
11	iCAN 大学生创新创业大赛	全体大学生
12	全国大学生测绘学科创新创业智能大赛	遥感科学与技术、导航工程、空间信息与数字技术等专业大学生

2. 以项目强技能

如何提高教育教学质量和大学生的就业能力，已成为地方应用型本科高校管理者和广大教师共同关注的重要课题。确立“以项目强技能”为主线的数字化螺旋式复合应用型本科人才培养模式是提高地方应用型本科高校教育教学水平和实践育人效果的有效举措。这一模式坚持目标导向，以数字化平台互动为媒介，以项目团队合作为抓手，注重发挥大学生的自主学习精神与培养大学生的实践动手能力，促进大学生综合素质全面提升，实现个人全面成长成才，对于推动地方应用型本科高校复合应用型本科人才培养具有重要作用。

在建构主义理论指导下，地方应用型本科高校往往采用以项目设计为主线的教育教学模式，将教育目标、教学内容、教学手段和方法及教学效果考核评价等要素融入项目设计过程中，即以项目设计为载体，使广大师生在开展项目设计的过程中，依据项目培养的目标要求，自行调集资源，确定研究问题、研究计划、研究思路、研究内容、研究方法和研究技术路线，提出理论假设并寻找验证方法，开展学习交流与评价，达到“高等教育意义”的最终建构的过程。

陈建西与刘纯龙[31]在《项目管理学》一书中指出，项目是在限定条件下为实现特定目标而执行的一次任务，有具体的项目负责人、项目参与人、项目实现目标、项目实时规划、项目实施方法与手段、项目起止时间、项目预定成果及评价指标等。项目的完成需要按照项目化运作方式，即将一定的项目资源进行整合与优化，以实现特定的目标与成果。

在北华航天工业学院，大学生可以通过参加夏季学期专项实践教学环节实训项目、大学生创新创业训练计划项目、教师横向科研项目、教师纵向科研项目、毕业实习项目、社会实践项目等，在项目实践中提升个人的专业技能、沟通交流能力、组织管理能力、团队协作能力、人际交往能力及职业规划能力等。

在北华航天工业学院夏季学期(小学期)专项实践教学环节，各学院会设置为期 2～4 周的专项实践教学周，用于开展大学生专业课程相关实习实训项目。以程序设计基本能力综合实训为例，该实习实训项目主要针对计算机类本科生大一学年第三学期(小学期)开设，2 人结组进行此项目，该项目设有 3 个主题，分别是“学生信息管理”开发、“宅急送订餐系统”开发和“运动管理系统”开发。学生通过参加程序设计基本能力综合实训项目，在大一学年所学专业课程“计算机程序设计基础”“计算机科学导论”“数据结构”等专业理论知识的基础上，将专业理论用于项目实践过程中，通过运用 C 语言对系统开发进行编程，提高计算机类大学生分析问题和解决问题的能力。

为了加强大学生的创新思维、创业意识和团队协作精神培养，增强大学生的创新与实践能力，北华航天工业学院在每年 11—12 月启动校级大学生创新创业训练计划项目。大学生创新创业训练计划项目包括创新训练项目、创业训练项目和创业实践项目三类。创新训练项目是学生个人或团队，在导师指导下，自主完成具有创新性研究的项目。创业训练项目是学生团队，在导师指导下，完成编制商业计划书、开展可行性研究、模拟企业运行、参加企业实践、撰写创业报告等工作的一类项目。创业实践项目是学生团队，在学校导师和企业导师共同指导下，采用前期创新训练项目(或创新性实验)的成果，提出一项具有市场前景的创新性产品或者服务，以此为基础开展创业实践活动。其中，创新训练、创业训练项目建设周期一般为 1 年，创业实践项目一般不超过 2 年。项目申报面向在校全日制本科学生，一般应以团队形式进行申报，团队成员一般不超过 5 人，其中负责人仅限 1 人。大学生根据个人兴趣爱好、专业特点、专业所长、社会热点、前沿科技选择合适的题目参加大学生创新创业训练计划项目，在项目前期准备、中期项目实施及后期验收答辩过程中，大学生的专业实践能力、团队协作能力、语言组织能力、项目规划能力等都能得到较大提升。

高校的实践教学环节是提高大学生科技创新能力、培养应用型人才的关键环节，关系到高等教育人才培养的质量和发展前景。作为复合应用型人才培养的关键环节，教师科研项目是强化地方应用型本科高校实践教学和培养学生创新能力的良好平台，大学生积极参加教师科研项目对于强化高校实践教学和培养大学生创新能力具有良好的效果。教师科研项目包括教师纵向科研项目和教师横向科研项目。

在北华航天工业学院，教师的纵向科研项目主要是教师申报的国家级、省部级、市厅级、校级等各级别和各类别的科研项目。这些项目一般由国家教育部、各级地方政府部门及学校相关管理部门发布组织申报、立项和结项工作。对于教师而言，一般分为自然科学类科研项目和人文社科类科研项目。这些项目的设立一般是为了解决某一类科研难题或者推动教师进行科技创新与理论创新。大学生积极参加教师的纵向科研项目，有助于了解学科前沿发展动态，夯实专业基础知识，锻炼专业实践技能，培养创新思维与创新意识，通过积极参与教师纵向科研项目掌握先进专业技术。

教师横向科研项目主要是教师与企业之间建立的一种合作项目，是为了解决企业发展难题或为企业提供技术开发、技术咨询与技术服务等而设立的项目。教师纵向科研项目的资金来源一般是政府部门和学校相关部门。教师横向科研项目的资金来源主要是企业。由于许多教师的横向科研项目是为了解决企业发展过程中遇到的各种困难或瓶颈而设立的，因此，学生积极参与教师横向科研项目，可以真实了解企业的发展情况、技术瓶颈及对复合应用型人才的需求，有利于大学生接触企业真实项目案例，并在项目实施与开展过程中不断积累项目经验，全面提升个人的专业实践能力与综合素质。“科研是源，教学是流”，地方应用型本科高校广大专任教师要将教学与研究紧密结合，以科研促进教学，以教学导向科研。教师将科研成果应用于实际教学也是提升高等教育教学质量、培养社会急需的复合应用型人才的需要。

毕业实习是大学生开展专业实践锻炼的重要形式，主要包括认识实习、跟岗实习和顶岗实习三方面内容。北华航天工业学院大学生所开展的毕业实习主要是顶岗实习，即大学生在初步具备实践岗位独立工作能力后，在大四阶段到相应实习岗位，相对独立地参与实习单位具体工作的活动。大学生根据个人所学知识和专业技能，结合未来职业选择，选择相关单位开展毕业实习。大学生通过参加毕业实习，一方面可以锻炼个人的专业实践能力，提高人际交往、团结协作、沟通交流等方面的综合素质；另一方面可以对自己的职业规划有一个更加清晰的认知，及时抓住机会为未来事业发展做好准备。

北华航天工业学院组织开展的社会实践项目也是锻炼大学生实践技能的重要手段。大学生可以通过团体形式参加社会实践项目，提升综合实践能力。以“三下乡”(“文化、科技、卫生”下乡)社会实践活动为例，北华航天工业学院在大学生暑假放假之前为学生布置相关实践作业，大学生组队开展实践活动，通过调研走访及问卷调查等方式，获取相关数据、信息等第一手资料，为农民致富服务，既传播了先进文化，同时也帮助和引导大学生接受先进文化的哺育，按照先进生产力的发展要求更好地成长成才，促进大学生自身综合素质全面发展。

3. 以活动练素质

全面推进地方应用型本科高校大学生素质教育是培养建设社会主义现代化强国高素质

复合应用型人才的重要课题。大学生积极参加各类社团活动,有助于提升大学生文化素质及思想政治素质,培养大学生主动学习的能力、自理自立的能力、团结协作的能力等。北华航天工业学院十分重视学生社团建设及社团活动的开展,不定期举行“社团巡礼”活动。该活动由校团委主办,大学生社团联合会承办,主要考察学校社团建设成果,并由学校相关领导进行现场指导。在“社团巡礼”活动中,共有思想政治类、文化艺术类、自律互助类、体育运动类、创新创业类、科学技术类、公益实践类7个大类18个校级社团大学生进行成果展示,对活跃校园文化氛围、促进学生全面发展发挥了积极作用。

20世纪80年代,学生社团开始在各大高校兴起,具有多样性、开放性、自主性等特点。学校各项社团活动的开展,有助于建设优秀校园文化,优化大学生成长环境,拓展大学生成长空间,锻炼大学生的综合能力。大学生积极参加社团组织的各项社团活动,不仅可以陶冶身心,也能够在与各专业学生的沟通交流中,拓展知识面和开阔视野,完善自身的知识结构体系。此外,作为应用型高校的大学生,积极参加社团组织活动也有助于加强大学生融入社会的能力,提升其社会适应力。大学生科技协会是培养优秀的复合应用型人才的一种有效的形式。

为促进大学生科协活动的开展和科技竞赛的组织,北华航天工业学院成立了学校层级的“校科协”,也成立了二级学院一级的“院科协”,由“校科协”和“院科协”共同开展学校不同层级的科技活动、科技竞赛或项目。通过参加科协活动,大学生扩展了知识面,增长了才干,也提升了人际交往的能力。为提高社团管理成效,各二级学院不断完善管理制度,设置专门的社团组织管理教师、管理场地和活动场地,加强对学生社团的管理。

此外,北华航天工业学院也十分重视增加对社团组织的资金投入、设备投入、场地建设等,有效激发了大学生参加社团活动的热情、积极性和主动性。以北华航天工业学院计算机学院为例,学院安排专门辅导员老师担任学生社团组织的管理人员,专门建设了学生社团组织工作场地,其中学院科协有单独的工作场地,以促进学院IT科技节的举办和组织“挑战杯”中国大学生创业计划竞赛、“三创赛”、“全国大学生职业规划大赛”等赛事。计算机学院组织各专业学生积极参加学院科协承办的各类型和各级别的比赛,极大地锻炼大学生的专业技能、创新创业能力及其他综合能力。

6.1.3 加强思想政治引领

习近平总书记在党的二十大报告中明确指出,“完善思想政治工作体系”“推进大中小学思想政治教育一体化建设”。党的十八大以来,习近平总书记把思想政治工作提升至前所未有的战略高度,提出“思想政治工作是学校各项工作的生命线”这一重大论断,强调“推动思想政治工作贯通人才培养体系,发挥融入式、嵌入式、渗入式的立德树人协同效应”。

《关于新时代加强和改进思想政治工作的意见》强调,“加快构建学校思想政治工作体系,实施时代新人培育工程”“构建共同推进思想政治工作的大格局”。思想政治工作贯通人才培养体系是完善思想政治工作体系,推进大中小学思想政治教育一体化建设的应有之义。推动思想政治工作贯通人才培养体系,需要坚持价值引领、坚持问题导向、坚持守正创新、坚持系统观念,持续着力形塑贯通新理念、破除各种贯通梗阻、探索贯通新路径、构建育人大格局。

新时代新征程,要求地方应用型本科高校形成落实立德树人根本任务新格局,全面加强新时代大学生的思想政治引领。面向高校大学生开展思想政治引领工作是新形势下加强和改进高校思想政治工作的时代课题，事关党和国家事业的薪火相传。中央教育工作领导小组秘书组、教育部党组印发的《关于教育系统深入学习贯彻习近平总书记在中国人民大学考察时重要讲话精神的通知》和《关于教育系统认真学习贯彻习近平总书记在庆祝中国共产主义青年团成立100周年大会上的重要讲话精神的通知》，都要求全国各高校认真贯彻落实立德树人根本任务的新格局，加强对青年大学生的思想政治引领。

地方应用型本科高校学生思想政治引领，指的是地方应用型本科高校用党的科学理论武装大学生，通过组织动员、政策导向、舆论宣传和教育引导等手段，开展对多元社会思潮的辨析、批判和价值澄清，夯实主流意识形态的话语权，在增进共识、凝聚人心中引导青年大学生坚定制度自信、道路自信、文化自信与理论自信，树立家国情怀和人民立场，筑牢青春奋斗的思想之基，自觉成为堪当民族复兴、社会主义现代化强国建设重任的时代新人。

为培养大学生的思想政治素质，北华航天工业学院在学校管理、思政课教学、课程思政、师资培训、校园文化建设及建设学生组织等方面加强了对青年大学生的思想政治引领。下面我们将从这几方面介绍北华航天工业学院"1+4+X"数字化螺旋式培养大学生思想政治素质的具体措施。

1. 充分发挥应用型本科高校党委的主体责任

为加强对大学生群体的思想政治引领作用，北华航天工业学院成立了党委理论学习中心组，定期开展集中学习活动，在广大师生中间认真传达中央指示和会议精神，充分发挥了学校党委在对大学生进行思想政治引领中的主体责任。

2023年11月2日，学校党委理论学习中心组召开第13次集中学习会议，认真系统地学习传达习近平总书记对宣传思想文化工作的重要指示和全国宣传思想文化工作会议精神，传达学习中共中央政治局10月27日下午就铸牢中华民族共同体意识进行的第九次集体学习会议精神，紧密结合学校实际研究贯彻落实措施。此次学校党委理论学习中心组会议强调，要深刻认识习近平文化思想的重大意义，深刻把握习近平文化思想的内涵，坚持不懈用习近平新时代中国特色社会主义思想包括习近平文化思想铸魂育人，统一思想、统一意志、统一步调，筑牢思想政治根基，让思政工作"活"起来，不断增强思想政治教育的时代感和吸引力，不断提升师生的向心力与凝聚力。

北华航天工业学院通过深入学习领会习近平总书记对宣传思想文化工作作出的"三个事关""七个着力"重要指示精神，加强党的领导这个"关键点"，始终坚持和加强党对宣传思想文化工作的全面领导，旗帜鲜明坚持党管宣传、党管意识形态，一刻也不放松地解决好意识形态领域问题，守好主阵地、护好主战场，并引导广大思政课教师上好思政课，恰如其分地将习近平文化思想融入建设社会主义文化强国的课程内容中。学校善用红色文化立德树人，学好、用活以伟大建党精神为源头的中国共产党人精神谱系，以"赓续红色根脉、厚植家国情怀、弘扬航天精神、传播先进文化"为主线，将人才培养、科学研究、社会服务、文化传承等融入校园文化建设，推出系列校园原创文化精品，不断深化与推动美育工作，在文化传承创新中承担起新时代高校的文化使命。

2. 充分发挥思政课教学立德树人作用

思政课是思想政治理论课的简称。在2019年召开的"学校思想政治理论课教师座谈会”上，习近平总书记为推动思政课改革创新、办好思政课指明了方向。2022 年 4 月 25 日，习近平总书记在中国人民大学考察时的讲话指出，“思政课的本质是讲道理，要注重方式方法，把道理讲深、讲透、讲活”。为了充分发挥思政课堂对大学生的思想政治引领作用，北华航天工业学院修订人才培养方案的原则之一就是坚持立德树人，强化价值引领目标。北华航天工业学院要求深入贯彻落实立德树人根本任务，以习近平新时代中国特色社会主义思想铸魂育人，把思想政治工作贯穿教育教学全过程；严格落实教育部关于思政课程学分、学时、学期的要求和“马工程”重点教材的使用规定，积极推动思想政治理论课程中班上课、小班研讨的教学模式改革，进一步加强思想政治课程的亲和力和针对性，引导学生增强中国特色社会主义道路自信、理论自信、制度自信、文化自信。

北华航天工业学院以立德树人为根本任务，通过完善本科人才培养方案中的思政课课程体系，使青年大学生有了更多的机会和更为广阔的空间来提升自身思想政治素质。为实现大学生思想政治素质螺旋式上升，北华航天工业学院根据课程特点、课程内容和课程目标，在大学生从大一至大四不同发展阶段渐进式、层次化讲授思想政治理论课。北华航天工业学院思想政治理论课设置情况见表 6-8。

表 6-8　北华航天工业学院思想政治理论课设置情况

课程名称	安排学期	授课形式	总学时	学分
思想道德与法治	大一上学期	集中授课	48	3
中国近现代史纲要	大一下学期	集中授课	48	3
毛泽东思想和中国特色社会主义理论体系概论	大二上学期	集中授课	48	3
习近平新时代中国特色社会主义思想概论	大二上学期	集中授课	48	3
马克思主义哲学基本原理	大二下学期	集中授课	48	3
形势与政策	大一至大四(除夏季学期外的其他所有学期)	分散授课	64	2

思政课课堂是大学生加强思想政治素质的重要平台。为了提高思政课教学效果，北华航天工业学院马克思主义学院的全体任课教师积极参加国家教育部、省教育厅和学校组织的各种培训学习、集体备课和教学探讨活动，大力开展教学方法改革与教学形式创新，并根据教学大纲、教学计划、教学方案要求，有序开展实践成果、比赛成果、研学成果进课堂活动，提高了大学生的学习热情，激发了大学生思政课学习的积极性、主动性与创造性。

在思政课授课过程中，北华航天工业学院广大思政课教师以学生为中心，积极探索教学方法改革创新，通过组织实施“翻转课堂”“案例式教学”“讨论式教学”等，活跃思政课课堂，引人深思，启智润心。学生在自主学习方式下自身思想政治素质的主动提升是北华航天工业学院马克思主义学院开展思政课教学的创新点之一。青年大学生是一群青春洋溢、激情四射、活力换发的群体，他们所需要的思政课课堂必然不是传统式、填鸭式、枯燥乏味的课堂，而是充满生机、富有色彩、激情澎湃的课堂，这样的课堂离不开教师教学方法的改革和教学形式的创新。在“毛泽东思想和中国特色社会主义理论体系概论”课上，思政课教师在介绍完毛泽东的生平、讲授完毛泽东思想的基本内容之后，通过开展“我心中的毛泽东”活动，让同学们以自由展示的形式，分享自己对毛泽东与毛泽东思想的认识。此时，有的学生现场书写并朗诵了毛泽东诗词，通过对《七律·长征》《七律·人民解放军占领南京》《沁园春·雪》等诗词的介绍，以中国革命历程中发生的某一个事件或活动为切入点，阐述自己的见解，真正做到了以学生为中心开展思政课教学活动。通过案例分析、小组展示、课上讨论、学生发言等形式，全体学生形成了对毛泽东和毛泽东思想的科学认识，充分发挥了思政课课堂对大学生的思想政治引领作用。

习近平总书记在庆祝中国共产党成立100周年大会上的讲话中指出，伟大建党精神是“中国共产党的精神之源”。加快推动伟大建党精神融入地方应用型本科高校思想政治教育，对于在应用型高校大学生中传承和弘扬伟大建党精神、增强新时代高校思想政治教育的实效性具有重要作用。因此，伟大建党精神是思政课教学的重点内容之一。在介绍伟大建党精神的过程中，北华航天工业学院思政课教师主要采用案例式教学与讨论式教学的方法，通过介绍夏明翰、方志敏、张思德的事迹及“半条被子”的故事，组织学生就伟大建党精神开展热烈的讨论，并发表自己的看法和认识，使大学生们对伟大建党精神有了更为具体和深刻的理解，对于推进培养具有伟大建党精神的社会主义建设者和接班人这一重任，具有重大的现实意义。

为加强思政课教学思想政治引领作用，全面提升大学生思想政治素质，北华航天工业学院马克思主义学院积极推动教学形式创新，通过开展实践研学活动，实现实践研学成果进课堂。自2021年开始，马克思主义学院思政课实践研学活动已开展三年，主要分为“红色革命主题”“蓝色航天主题”“金色中国式现代化主题”三个主题方面的研学内容。2023年马克思主义学院思政课教师共计9个组分别赶赴苏州、南京、临沂、余村、昆明、莆田、长沙、广州、和硕等地开展思政实践研学活动，不仅开拓了思政课教师的知识视野，而且提高了广大思政课教师和大学生的思想政治素质；根据实践研学成果制作整理的教学视频与相关教学资源，极大提高了大学生的学习兴趣和学习积极性，深化了大学生对中国革命成功原因的正确认识。其中在广州、南京和临沂试点开展的现场直播授课，极大地提高了学生的“抬头率”，激发了大学生学习思政课的热情。

以南京实践研学为例，由若干名思政课教师和在校大学生组成南京实践研学小组，赴南京总统府、南京大屠杀遇难同胞纪念馆、雨花台烈士陵园、南京渡江战役胜利纪念馆等地开展实践研学，围绕“追寻历史脚步，传承革命薪火”等主题开展“红色”研学活动，并在南京总统府开展直播授课。课上向同学们介绍了清政府两江总督衙门的相关历史人物、事件及启示，太平天国农民起义的相关历史人物、过程、结果及启示，孙中山先生就任中华民国临时大总统及其“天下为公”“五权立宪学说”等思想，蒋介石成立南京国民政府、在日本侵占南京之后迁都重庆、在抗日战争胜利后还都南京、中国人民解放军占领南京等中国近代史的相关史实，通过在总统府中追寻历史脚步，传承革命薪火，赓续红色血脉，坚定大学生的道路自信、理论自信、文化自信与制度自信。在直播授课现场讨论环节，大学生纷纷展开提问，与直播授课现场的教师、教室里的教师及腾讯会议连线的思政课教师展开了热烈的讨论，活跃了思政课堂的学习氛围，使全体学生深入了解了中国革命胜利的原因、意义和基本经验，坚定了走中国共产党全面领导下的社会主义道路的信念，点燃了大学生为民族复兴伟业不懈奋斗的豪情壮志，也树立了大学生学好专业知识与掌握专业技能的决心。

为实现“1＋4＋X”数字化螺旋式提升大学生的思想政治素质，北华航天工业学院注重通过课程实践、社会实践、社团组建、创新创业学科竞赛，以及智慧教室与数字化思政教学平台建设等方式实现对大学生的思想政治引领。在“毛泽东思想和中国特色社会主义理论体系概论”课程实践教学环节中，学院开展了“奋进新时代”大学生实践研学与品读经典活动，用脚步丈量祖国大地，用眼睛发现中国精神，用内心感应时代脉搏，用体悟助推自身成长，讲好中国故事，传播好中国声音。通过了解国情、社情、民情，在亲历感知、实践锤炼、实践研学中厚植家国情怀，激发大学生青春责任与主人担当。通过实地调研，北华航天工业学院全面培养了大学生提出问题、分析问题、解决问题的综合能力。

以 2023 年“毛泽东思想和中国特色社会主义理论体系概论”课程实践环节为例，学院将课程实践内容设定为“讲好中国故事，传播好中国声音”，要求大学生以小组的形式深入实地走访与调研，进行微视频创作，即在三个主题中选择一个创作微视频。北华航天工业学院“毛泽东思想和中国特色社会主义理论体系概论”课程学生实践成果融入教学情况见表 6-9。大学生暑期“三下乡”社会实践成果作为国家乡村振兴战略的重要见证，也是中国式现代化伟大成就的佐证，已被广大思政课教师充分应用于思政课教学过程中，教学成效显著。

表 6-9　北华航天工业学院“毛泽东思想和中国特色社会主义理论体系概论”课程学生实践成果融入教学情况

主题类型	主题方向	具体内容要求	融入章节	学生实践成果案例
红色主题	弘扬革命精神，讲好党的故事	以“学习百年党史、弘扬革命精神”为主题，通过参观革命博物馆、瞻仰革命历史纪念场所等红色教育基地，走访革命前辈，深入改革开放和乡村振兴前沿等，回顾党的非凡历程，感悟真理和实践的力量。让同学深入了解党的故事，以昂扬向上的精神状态奋斗新时代，开启新征程	毛泽东思想及其历史地位、新民主主义革命理论等	《追溯红色足迹　传承红色基因——赴黄骅烈士陵园实践研学》等
蓝色主题	弘扬航天精神，讲好航天故事	以“弘扬航天精神、传承航天文化、讲好航天故事”为主题，通过观看航天影视纪录片、参观航天博物馆、阅读航天书籍，回顾中国航天的发展历程、航天英雄的感人事迹等，感悟中国航天人赴九天、问苍穹的豪情壮志，激发同学追寻“科学梦”“航天梦”的热情与动力	中国特色社会主义理论体系形成发展等	《筑梦航天　心系苍穹——赴北华航天工业学院航天博物馆实践研学》等
金色主题	弘扬中国精神，讲好中国式现代化故事	以“坚持中国道路、弘扬中国精神、凝聚中国力量”为主题，通过深入挖掘城市治理现代化、乡村经济振兴、生态环境治理、文化产业发展、数字经济发展、人工智能发展、“一带一路”高质量发展、民俗文化与非物质文化遗产等中国式现代化发展资源，进一步彰显中国精神，展现中国担当，提升文化自信自强与民族自豪感	社会主义建设道路初步探索的理论成果、中国特色社会主义理论体系形成发展、邓小平理论、“三个代表”重要思想、科学发展观等	《新时代背景下的乡村农业机械化——赴围场县二道河子村实践研学》《忆峥嵘岁月　踏赶考之路——赴西柏坡至北京实践研学》等

组织与指导大学生参加思想政治引领方面的学科竞赛、创新创业类学科竞赛是提升大学生思想政治素质和道德素质的重要手段。随着国家数字技术与数字经济的快速发

展，数字化平台构建已成为国家治理体系和治理能力现代化的重要抓手，大学生利用互联网信息技术与计算机应用技术，积极参加"挑战杯"中国大学生创业计划竞赛等活动，通过申请公众号、开发微信小程序或建设产品网站，以及构建数字化电子商务平台，建设一体化农产品销售产业链，推动了国家数字乡村振兴发展战略的实施与发展，并将相关成果应用于思政课课堂教学过程中，提升了大学生的思想政治素质。在各类学科竞赛中，"挑战杯"竞赛项目是一项受关注度特别高、影响力特别大的全国性大学生科技创新竞赛，是中国各类型高校大学生自主创新创业的最高平台，每年吸引着众多大学生报名参加。其中"挑战杯"红色专项活动是在"挑战杯"的框架下，针对红色文化相关的创新项目设立的一个特殊类别，是以红色文化为核心内容的赛项，旨在弘扬和传承中国共产党的光荣传统、优秀作风及伟大建党精神，挖掘和推动红色文化相关的创新成果。近年来，北华航天工业学院组织和指导学生参加"挑战杯"红色专项活动上百项，其中许多项目获得了省级一等奖、省级二等奖及省级三等奖的荣誉，如"和光同尘小队"的《新时代航天精神弘扬传承路径研究》等。对于这些获奖的红色专项作品，思政课教师积极组织大学生以"翻转课堂"的形式，由获奖同学在课堂上进行小组展示，引领大学生在创新竞赛中与课堂展示中全面提升自身思想政治素质。

除了"挑战杯"红色专项活动以外，"高教社杯"大学生"用外语讲好中国故事"优秀短视频作品征集活动也是对大学生进行思想政治引领的重要赛项。对于地方应用型本科高校大学生而言，这是一项促进大学生思想政治素质与外语水平全面提升的竞赛。对于指导教师而言，不仅需要具备扎实的外语水平，同时也要具备较好的思想政治素质，两者缺一不可。由于"挑战杯"红色专项活动与"高教社杯"大学生"用外语讲好中国故事"优秀短视频作品征集活动都是团体赛事，因此，参加这两类大赛对于提升大学生的团队协作精神也具有良好的推动作用。通过充分调研我们了解到，大学生通过参加这两类大赛，自身思想政治素质和团队协作能力均得到了较大提升。更为重要的是，在将这两类大赛成果融入思政课教学的过程中，参赛小组的全体学生无论在思想认识上、实践行动上，还是在具体做法中，都展现出了浓厚的家国情怀与优秀的实践动手能力、组织管理能力、人际交往能力、沟通协调能力及团队合作能力等。

此外，北华航天工业学院马克思主义学院全体思政课教师在授课过程中也十分注重将中华优秀传统文化融入思政课教学，坚定了大学生的"四个自信"。作为一所以航天为特色的地方应用型本科高校，北华航天工业学院马克思主义学院将"航天"元素，包括航天故事、航天文化、航天精神、航天案例、航天人物等融入思政课教学过程中。以"毛泽东思想和中国特色社会主义理论体系概论"课程为例，面对航空宇航学院、计算机学院、电子控制与工程学院、机电学院、材料工程学院的学生，任课教师通过介绍航天故事与航天人物，润物细无声地将航天元素融入思政课教学中，既达到了启智润心的作用，也激励着广大学生为建设祖国航天事业努力学习专业知识与专业技能，不怕艰苦，勇毅前行。

以北华航天工业学院"中国近现代史纲要"课程教学改革为例，为了提高大学生的思想政治素质，使大学生能够传承"红色"革命精神、"蓝色"航天精神及"金色"中国式现代化过程中的艰苦奋斗精神等，课程设置了"学子寻根"实践教学环节，通过让大学生与家人进行沟通和交谈，大学生能够深入了解家族历史与家学家风，并在优秀家风文化传承中不断提升自身思想政治素质。作为高校教师，要善于从一份份"学子寻根"调研报告中，挖掘鲜活思政素材，并整理成“大思政”案例库，用于包括“中国近现代史纲要”“马克思主义基本原理”“道德与法治”“毛泽东思想和中国特色社会主义理论体系概论”“习近平新时代中国特色社会主义思想概论”“形势与政策”等课程在内的大一至大四所有思想政治理论课的教学过程中。

在北华航天工业学院“学子寻根”实践活动中，大学生以口述史方式记录和整理了个人成长或家庭变迁的经历与反思，包括学生本人的思考与分析，以小见大，审视时代大背景下的个人、社会与国家。通过“寻根”，增进了大学生与祖辈或父辈的感情，记录下他们的青葱岁月，提炼和重述家族正能量的故事，延续家族的鲜活记忆，寻找那个时代的印迹，从家人的过往中找到一脉相承的精神，见证国家的发展和强大，以找到大学生未来的方向。北华航天工业学院马克思主义学院开展“学子寻根”实践教学活动已达数年之久，积累了丰富的、优秀的、令人感触颇深的中华优秀传统家风文化案例。

在大学生提交的“学子寻根”实践活动文字叙述中，蕴藏着一个个鲜活的展现红色精神、航天精神和中国式现代化精神的案例，覆盖伟大长征精神、伟大建党精神、伟大抗战精神、抗美援朝精神、红旗渠精神、大庆石油精神、“两弹一星”精神、伟大改革开放精神等，展现了大学生祖辈与父辈们在革命战场上保家卫国及在建设祖国过程中的不屈意志和奋斗精神。具体而言，这些精神包括不怕牺牲，英勇斗争的精神；勇攀高峰，追求卓越的精神；艰苦奋斗，顽强拼搏的精神；只争朝夕，抢抓机遇的精神；勇于担当，敢于负责的精神；爱岗敬业，无私奉献的精神；真抓实干，狠抓落实的精神；虚心好学，深钻细研的精神；雷厉风行，务求高效的精神；坚忍不拔，百折不挠的精神；严于律己，率先垂范的精神；锲而不舍，持之以恒的精神；不畏艰险，砥砺前行的精神；助人为乐，见义勇为的精神；勠力同心，合作共赢的精神；开拓进取，不断创新的精神等。

在大学生“学子寻根”实践活动中挖掘和展现出的先辈们的这些精神，值得每一位大学生学习。高校思政课教师将这些伟大精神融入思政课课程教学过程中，有助于引导大学生更好地传承和弘扬优秀家风文化，形成优秀的思想政治素质，坚定大学生的文化自信。北华航天工业学院将“中国近现代史纲要”课程设置在大一学年，也可以使大学生将优秀家风文化更好地融入自身职业规划过程中，坚定理想信念，学好专业技能，勇担民族复兴大任。在对大学生优秀家风文化案例进行筛选与整理的基础上，北华航天工业学院思政课教师深入挖掘思政教学元素，并将其充分融入后续思政课的教学案例中。北华航天工业学院“学子寻根”实践活动优秀家风文化案例见表 6-10。

表 6-10　北华航天工业学院“学子寻根”实践活动优秀家风文化案例

类型	融入思政课课程	融入章节	“学子寻根”实践活动优秀家风文化案例
红色革命精神	中国近现代史纲要	中国共产党成立和中国革命新局面、中国革命的新道路、中华民族的抗日战争、为建立新中国而奋斗	听爷爷讲抗美援朝的故事；曾祖父的参军史；老一辈的青葱岁月；英烈祖辈等
	毛泽东思想和中国特色社会主义理论体系概论	毛泽东思想及其历史地位、新民主主义革命理论	

续表

类型	融入思政课课程	融 入 章 节	“学子寻根”实践活动优秀家风文化案例
蓝色航天精神	中国近现代史纲要	中华人民共和国的成立与中国社会主义建设道路的探索、改革开放与中国特色社会主义的开创和发展、中国特色社会主义进入新时代	“神舟”号圆了我们的飞船发射梦！——原酒泉卫星发射中心“宇航”队副队长史玉来数十年奋斗西北戈壁滩的故事
	毛泽东思想和中国特色社会主义理论体系概论	社会主义建设道路初步探索的理论成果；邓小平理论；“三个代表”重要思想；科学发展观	
	习近平新时代中国特色社会主义思想概论	社会主义现代化建设的教育、科技、人才战略；维护和塑造国家安全；以保障和改善民主为重点加强社会主义现代化建设；巩固国防和强大人民军队	
	形势与政策	专题：航天精神铸魂育人	
金色中国式现代化精神	中国近现代史纲要	改革开放与中国特色社会主义的开创和发展、中国特色社会主义进入新时代	弘扬“大庆精神”，传承优良家风；家族艰苦奋斗作风的传承等
	毛泽东思想和中国特色社会主义理论体系概论	社会主义建设道路初步探索的理论成果；邓小平理论；“三个代表”重要思想；科学发展观	
	习近平新时代中国特色社会主义思想概论	以中国式现代化全面推进中华民族伟大复兴；坚持以人民为中心；全面深化改革开放；推动高质量发展；发展全过程人民民主；全面依法治国；建设社会主义文化强国	
	形势与政策	专题：加快建设教育强国、科技强国、人才强国等	

作为一所以航天为发展特色的地方应用型本科高校，北华航天工业学院着力打造航天特色思政课，让大学生通过思政课学习，在精神上受洗礼、文化上受熏陶、作风上受锤炼，成为学校大学生立学、立身、立命的精神基因与人格特质。为发展航天特色，同时提升思想政治育人效果，北华航天工业学院制订了《航天精神融入思想政治理论课教学实施方案》。北华航天工业学院航天精神融入思想政治理论课教学设计见表 6-11。

表 6-11　北华航天工业学院航天精神融入思想政治理论课教学设计

思想政治理论课名称	航天精神融入思政课教学设计方案
思想道德与法治	以讲好航天故事、走近航天功勋为主，将航天精神嵌入到中国精神专题中
中国近现代史纲要	以航天发展史为主，回顾航天历程，展望空天未来
马克思主义基本原理	将航天系统思维、创新思维等嵌入到科学思维方法论中
毛泽东思想和中国特色社会主义理论体系概论	在介绍航天人物与航天事迹过程中引导大学生解放思想、实事求是、与时俱进、奋发向上
习近平新时代中国特色社会主义思想概论	将航天精神谱系融入课程社会主义文化强国建设及教育、科技、人才强国建设中

北华航天工业学院同时以“中国航天日”、航天重大发射等为契机，设置专题讲座、时事快递、现场授课等教学环节。在大数据、人工智能、物联网、云计算、区块链技术快速发展的背景下，学校积极构建数字化学习与实践平台，开设“航天精神谱系”“航天史话”“航天功勋”等微课程群，拓展大学生的知识视野，并通过邀请航天专家进校园和到航天院所开展实践研学等活动，建立“航天文物声音档案”，进一步弘扬航天精神、讲好航天故事。

3. 大力加强课程思政建设

思想政治教育是地方应用型本科高校教育教学管理、行政科研管理、学生工作管理、后勤保障管理等各项工作的生命线。“课程思政”不拘泥于学校各学科专业知识的学习与专业技能的实践，而是广大教师利用课堂这个主渠道，通过知识传递和价值引领实现立德树人目标，使各类课程都积极参与到学校育人实践过程中，推进课程体系建设和教育教学创新，实现“三全育人”。“课程思政”对各学科、各专业全体授课教师的思想政治素养、专业知识及水平提出了更高要求。如何将思想政治教育有机融入通识通修课、学科基础课、专业课、专业基础课、专业实践课等课程的教学过程中呢？应当从理科、工科、哲学社会科学、人文艺术科学等不同类型课程的教学实践出发进行细致探讨。

“课程思政”的概念最早于 2014 年由上海市委、市政府提出，在上海各高校逐步推行。“课程思政”的核心内容是在学校教育教学过程中树立“立德树人”教育目标；其主要做法是充分发挥课堂教学在育人中的主渠道作用，将培育和践行社会主义核心价值观有机融入课堂教学，发挥所有课程育人功能，落实所有教师育人职责。习近平总书记在 2016 年全国高校思想政治工作会议上进一步明确了“课程思政”的要求及内涵。“课程思政”的总体要求、学习内容与实践方式见表 6-12。

表 6-12　“课程思政”的总体要求、学习内容与实践方式

总体要求	学习内容	实践方式
围绕“立德树人”根本任务，在教育教学全过程中努力实现“三全育人”（全员育人、全过程育人、全方位育人），全面推进高校课程体系和教育教学创新	抓好马克思主义科学理论教育，弘扬社会主义核心价值观，培育理性平和的健康心态，加强人文关怀和心理疏导，引导大学生将“个人梦”融入“中国梦”“强国梦”，将自身发展融入报效祖国的事业之中，勇担使命、乐于奉献，推动中华民族的伟大复兴和人类社会的文明进步	遵循高等教育、思想政治、教书育人和学生成长等规律，以教师课堂教学为主渠道，思政课程和其他各类课程相辅相成、协同推进，共同促进学生的成长成才；其中，大力推进“思政课程”的改革创新，进一步激发自主学习动力；各门课程要因材施教，兼顾课程内容学术性和趣味性，深入挖掘专业知识中所蕴含的人文精神、科学精神等，潜移默化地融入教学中

所谓高校“课程思政”建设，主要是按照全员、全程、全方位“三全”育人格局构建要求，由高校教师找出课程知识与思想政治教育内容之间的关联性，在课堂教学、传授知识的基础上引导学生形成正确的世界观、人生观和价值观，从而达到塑造大学生品格、品行、品位的目的。“课程思政”要求各类课程一定要结合各自课程的教学目标和特点，分别挖掘课程中蕴含的思想政治教育资源，将思想政治教育内容融于课程教育内容之中，起到一种润物细无声的育人作用。“课程思政”的内容绝不仅仅是传统思政课程的内容，还包含诸如人生观、价值观、道德观及中华优秀传统文化等广泛而丰富的内容。

北华航天工业学院在对全体大学生进行思想政治引领工作的过程中，充分发挥通识课程与学科专业课程的思政育人功能，深入挖掘课程的德育内涵和元素，在所有课程教学大纲中，明确思政育人目标，强化价值引领，充分发挥课堂教学主渠道作用，着力推动“课程思政”与“思政课程”同向同行，形成全员、全程、全方位的育人格局，通过将思想政治教育与专业教育相结合，实现全面加强应用型高校大学生思想政治引领目标。随着数字技术的快速发展，北华航天工业学院计算机学院任课教师在授课过程中，十分注重加强学生的课程思政建设，取得了较好的育人效果。表 6-13 为计算机相关专业部分课程思政建设情况。

表 6-13　计算机相关专业部分课程思政建设情况

课程名称	案例主题	融入章节	教学目标	课程思政意义
信息安全技术概论	“守正出奇”	如何防御拒绝服务攻击	知识目标：了解网络协议基础，掌握网络协议模型 能力目标：针对各协议实施拒绝服务攻击	引导大学生遵守网络协议，创新通信流程，推动“创新型”国家建设
软件项目管理	我国的行政区域划分及台湾、西藏、新疆都是祖国不可分割的组成部分	范围管理	知识目标：了解范围管理的内容；掌握 WBS 分解结构；掌握任务分解的定义、方法 能力目标：对解决复杂问题能够通过分解的方法，由大化小，由繁化简	引导大学生正确认识整体和部分的关系，做事能够界限分明、统筹全局
数字逻辑	理解辩证法中事物的多样性，增强学生的爱国情怀	逻辑代数与逻辑函数的化简	知识目标：掌握基本逻辑门电路的运算和复合逻辑运算；理解逻辑函数的多种表示方式 能力目标：培养门电路逻辑电路的测试能力，培养分析检查与排除故障、解决和处理实验结果的能力	理解辩证法中事物的多样性，激发和提高创新意识；树立远大理想，培养爱国主义情怀
计算机网络原理	在“知行合一”中解决 TCP 实际问题	TCP 的连接建立与释放	知识目标：加深对 TCP 协议的理解，捕获以太网的数据包并分析，掌握 TCP 连接建立和连接释放的过程 能力目标：掌握 TCP 的连接建立与释放	躬行实践，把所学到的知识用在实际工作中，解决实际问题
网络编程开发技术	巡飞弹的通信机制对维护和塑造国家安全的影响	网络通信系统架构与 Web 开发流程	知识目标：掌握开发网络应用程序的基础知识和基本方法，对网络程序设计有一个全面的认识和了解 能力目标：掌握 C/S、B/S 及 P2P 架构，具备运用 Python、数据库、HTML 等相关知识，设计和开发 Web 应用程序的基本能力	展示通信在现代军事中的应用的同时，引导大学生学成本领后报效祖国，为维护国家安全不懈努力奋斗

续表

课程名称	案例主题	融入章节	教 学 目 标	课程思政意义
Linux 网络服务与管理	国产 Linux 发行版“少年”初长成	Linux 历史与因特网 DNS 分布式层次化结构	知识目标：掌握 Linux 系统管理的相关理论基础和基本操作，理解常见网络服务的工作原理和工作过程 能力目标：掌握基于 Linux 系统的网络服务器安装和配置的关键技术	在国内外形势对比中激发同学们努力学习的斗志，培养团结互助、分工合作意识
计算机专业英语	在芯片的发展与应用中树立报国之志	计算机硬件与前沿发展动态	知识目标：了解前沿计算机技术知识，可以阅读计算机英文文献 能力目标：掌握计算机英语的翻译技巧与方法，获取最新的计算机技术和技能	引导大学生努力学习专业技能，建设科技强国
防火墙技术	“分而治之，化整为零”	网络协议保障网络正常运行与 TCP 三次握手	知识目标：掌握计算机安全与防护的基本理论、方法和技术 能力目标：可利用 iptalbes 解决一些信息安全实际问题	引导大学生树立大局意识、安全意识、时间观念

北华航天工业学院高度重视课程思政建设，出台了《北华航天工业学院推进课程思政工作实施方案》，以“思想同心、目标同向、育人同力、质量同优”的建设理念，深入挖掘各门课程所蕴含的思想政治教育元素和承载的思想政治教育功能，按照知识传授、能力培养和价值引领的总体要求，把思想政治教育工作贯穿人才培养全过程，形成各类课程与思政课程同向同行的协同育人格局。学校高度重视课程思政建设工作，把推进课程思政建设作为落实立德树人根本任务的重要抓手，紧紧抓住课程建设“主战场”、课堂教学“主渠道”、教师队伍“主力军”，将价值塑造、知识传授和能力培养融为一体，持续营造“课程门门有思政、教师人人讲育人”的良好氛围。截至 2023 年年底，学校本科专业共有“模拟电子技术”“计算机程序设计基础”等 6 门课程入选河北省课程思政示范课程。在 2023 年河北省首届普通本科高等学校课程思政竞赛中，北华航天工业学院取得优异成绩，获竞赛一等奖 1 项、二等奖 2 项、三等奖 2 项，学校荣获优秀组织奖。

为了进一步提升对大学生的思想政治引领作用，北华航天工业学院将进一步在落实政策保障、推进全面覆盖、提升育人实效、强化示范引领等方面精准发力，建设一批充满思政元素和发挥思政功能的示范课程，打造一批课程思政示范专业，选树一批课程思政教学示范中心，培养一批具有影响力的课程思政教学名师和团队，提炼一系列可推广的课程思政教育教学改革典型经验和特色做法，形成一套科学有效的课程思政教育教学质量考核评价体系，推动课程思政建设从“门门课程有思政”向“门门课程讲好思政”转变，进一步提高立德树人成效。

4. 提升教师队伍思想政治素质

要将大学生培养成为一名思想政治素质高的现代化建设优秀人才，授课教师自身首先要具备优秀的思想政治素质。为提升广大教师思想政治素质，北华航天工业学院人事处、教务处等部门每年组织全校教师课程思政培训学习活动。例如，2022 年 12 月，学校组织全体教师在线参加了“弘扬二十大精神　践行师德守初心——深化课程思政教学设计新思路专题”系列培训。此次课程思政专题培训共有 4 场专家主题报告，涉及“新时代课程思政教学设计新思路”“党的二十大精神融入课程思政建设理念和方法”“课程思政的教学设计与实施途径”“以二十大报告精神为引领　打造国家级课程思政示范课程”等多方面的内容，促使广大专任教师对课程思政“融什么、如何融”等问题有了更深刻的认识和理解。

习近平总书记指出，作为高校教师要坚持不懈用新时代中国特色社会主义思想铸魂育人，着力加强社会主义核心价值观教育，引导学生树立坚定的理想信念，永远听党话、跟党走，矢志奉献国家和人民。要坚持改革创新，推进大中小学思想政治教育一体化建设，提高思政课的针对性和吸引力。网络已成为广大青少年学习、生活的重要空间，要提高网络育人能力，扎实做好互联网时代的学校思想政治工作和意识形态工作。

为了将习近平总书记的讲话精神落到实处，2023 年 4 月 22 日上午，在第 8 个中国航天日来临之际，北华航天工业学院马克思主义学院联合廊坊市教育局牵头举办廊坊市大中小学“手拉手”航天精神特色思政课活动，本次活动共有廊坊市第二中学、管道局中学第一附属小学等 6 所大中小学共 400 余名学生参加。现场教学在北华航天工业学院航天博物馆进行，马克思主义学院 10 余名思政课教师和大学生讲解团成员为中小学生现场授课。本次现场教学，马克思主义学院教师精心准备、集体备课，深入研讨教学内容，结合展馆实物，充分展现航天精神的丰富内涵，实现了课本知识的“现场迁移”，实现了“讲道理”和“讲故事”的有机融合，是一次思政课教学的全新尝试。广大青少年学生进入现场教学场地，认真倾听授课、仔细观看展品、详细进行记录、积极进行互动，表现出了极高的学习热情，近距离感受航天事业的发展成就，激发了大中小全体学生努力学习、报效祖国的昂扬斗志。

为了提升学校教师队伍思想政治素质，实现立德树人育人目标，北华航天工业学院始终坚持把巩固拓展党史学习教育成果作为一项重要政治任务，在做到校内党员全覆盖的同时，也努力做好对外宣传教育工作。学校通过建设校内航天博物馆、校史馆、人民科学家钱学森展等阵地，巩固党史学习教育成果良好局面，切实推动党史学习教育向基层延伸、向外延伸。通过学校各级部门及各二级学院定期开展政治理论学习等活动，广大教师的思想政治素质得到了持续提升，为在课堂教学和基层管理过程中更好开展大学生思想政治引领工作奠定了前提和基础。

5. 建设校园航天文化

作为源于航天的地方应用型本科高等院校，北华航天工业学院为党而生、与党同行，为党育人、为国育才。北华航天工业学院党委书记郝玉龙指出，要将航天文化、航天精神的传承与传播作为坚守初心使命、传承红色基因的“加油站”，悟创新理论伟力，强“两个维护”自觉，守立德树人初心。在百年党史大背景下，北华航天工业学院审视自身的红色基因与航天血脉，凝练发展方向，延续价值追求，从航天发展史中增信赋能，走好学校航天特色鲜明的应用型特色发展之路。

北华航天工业学院深刻铭记党的百年奋斗史，深刻认识党为国家和民族作出的巨大贡献，充分利用特色航天资源，传播航天精神，建设航天文化，进一步巩固拓展思想政治理论学习教育成果，传承党在长期奋斗中铸就的航天精神等伟大精神，凝心聚力持续提升党建和思政工作水平。学校着力挖掘航天精神的育人元素，持续深入开展理论与实践研究，设立“航天精神研究中心”“航天文化研习社”“航空航天类课程思政教学研究示范中心”等航天精神研究团队，积极申报航天精神传播和航天文化建设相关研究课题，形成了一批有影响力、有传播力、有引领性的研究成果。

在教育教学活动中，北华航天工业学院注重将航天精神与航天文化融入学生课程，面向全校学生开设“航天概论”必修课。同时，学校注重将航天精神与航天文化融入各类专业课程建设中，要求教师深入挖掘各门课程中蕴含的思想政治元素。例如，广大教师通过将航天精神融入“飞行器总体设计”“航空材料基础”“计算机科学导论”“无人机操控原理与训练”“小型无人机设计与制作”等专业课程，鼓励学生关注世界局势与军事科技发展，培养大学生投身国防事业的热情和信念；通过将航天文化融入“飞行器制造工艺与装备”“无人机通信系统”“无人机通信与导航技术”“飞行器制造技术”等专业课程，让大学生充分体会到航天航空制造技术对国防建设的重要性。

伟大事业孕育伟大精神，一代代航天工作者不仅创造了举世瞩目的伟大成就，更培育和形成了“热爱祖国、无私奉献，自力更生、艰苦奋斗，大力协同、勇于登攀”的“两弹一星”精神，“特别能吃苦、特别能战斗、特别能攻关、特别能奉献”的载人航天精神，“追逐梦想、勇于探索、协同攻坚、合作共赢”的探月精神，“自主创新、开放融合、万众一心、追求卓越”的新时代北斗精神。基于这些伟大精神，北华航天工业学院积极引导大学生以发展伟大航天事业为己任，以“两弹一星”精神、载人航天精神、探月精神、新时代北斗精神等伟大精神为指引，努力为建设航天强国积极贡献力量。

引领伟大事业，站在全面建设社会主义现代化国家新的历史起点上，北华航天工业学院总结好、巩固好、拓展好党史学习教育成果，建立常态化、长效化航天育人制度机制，用航天人的奋斗历程和航天事业的伟大成就鼓舞斗志、明确方向，用党的光荣传统和优良作风坚定信念，用教育教学实践经验凝聚力量，在新征程上更加坚定、更加自觉地牢记初心使命、开创美好未来，赢得更加伟大的胜利和荣光。

6.2 促进政产学研深度融合

政产学研深度融合是提升地方应用型本科高校人才培养质量的有效举措。为实现一体化提升大学生本科学习期间的专业技能与综合素质，构建数字化平台多方面拓展大学生的实践能力，北华航天工业学院根据区域经济社会发展需求，以就业为导向，明确了向应用技术型高校转型发展的目标。

以共生理论为研究的理论基础，北华航天工业学院转型发展的共生环境是京津冀区域经济社会发展和河北省产业结构优化调整对复合应用型人才的迫切需求；共生关系是在政府、高校和社会的共同作用下，各组织之间相互结合的具体形式，如校企合作、政产学研深度融合等；共生要素，又称为共生单元，是以校企合作或政产学研深度融合等共生模式参与应用型人才培养的政府、高校和社会三类基本构成要素。

为进一步推动地方本科高校向应用型高校转型发展，各省政府、省教育厅与省科技厅等部门积极搭建地方高校转型发展的平台，并积极引导行业企业与地方本科高校加强校企合作，建立了专门的协同创新中心和创新创业中心，为促进高校技术成果转化和产学研深度融合发挥了重要作用。根据教育部、国家发展和改革委员会、财政部联合发布的《关于引导部分地方普通本科高校向应用型转变的指导意见》，2016 年 6 月 30 日，河北省教育厅、省发改委和省财政厅联合出台了《河北省本科高校转型发展试点工作实施方案》，其中北华航天工业学院成为河北省首批转型发展试点院校之一，如何加快转型发展，更好地服务京津冀区域经济社会发展是学校在建设应用型高校时一直在深思和研究的课题。

6.2.1 加强与政府部门的沟通与合作

2005 年，北华航天工业学院在全校开展了关于学校办学理念的探讨，时任院长的郭铁良提出要“明确办学思想，培养应用型人才”。作为一所河北省省属高校，北华航天工业学院将服务面向确定为“立足河北，融入廊坊，兼顾行业，面向全国”。由此可见，北华航天工业学院关于转型发展的探索已有近 20 年的历史。

基于共生理论研究视角，北华航天工业学院开展了向应用型高校转型发展的实践探索，探讨了地方本科高校转型发展过程中政府、高校与社会三者之间的共生关系，不断探索“1+4+X”数字化螺旋式培养复合应用型本科人才培养模式。针对我国地方本科高校转型发展中面临的困境，北华航天工业学院对照国家和地方政府关于转型发展政策的要求，及时总结转型发展中的经验和不足，明确责任，加强考核，通过建立“政府、高校、社会”共生机制，充分发挥政府引导作用，满足行业企业社会需求，创新高校人才培养模式，培养“基础扎实、为人朴实、作风务实”的应用型、复合型、技能型、创新型人才。

在河北省各级地方政府的引导下，北华航天工业学院在向应用型高校转型发展过程中取得了显著成效，为区域经济社会发展培养了一批复合应用型人才。为促进大学生高质量就业，北华航天工业学院加强与地方政府的沟通与联系，在专业设置、人才培养计划、师资队伍培养等方面积极寻求政府支持，促使政府部门不断完善产教融合与校企合作方面的法律法规，明确各方的主体责任、法律义务及利益分配，减少了纠纷的产生。此外，学校也积极争取政府部门对学校转型发展与人才培养的财政支持，增加合作授课的经费投入，改善了学校的教学条件和实验室条件等，并通过政产学研深度融合，构建了学校与地方政府部门、行业企业之间的战略合作平台，这有助于学校更好地开展复合应用型人才的培养工作。

时至今日，为促进北华航天工业学院转型发展为应用型本科高校，学校在顶层设计、内涵建设、保障机制及特色创新等方面均进行了有力的探索，取得了显著的成效。

1. 加强顶层设计

为促进北华航天工业学院向应用型本科高校转型发展，学校成立了转型发展工作领导小组，在顶层设计方面，加强组织领导，明确办学定位，完善治理结构。2016 年 7 月 13 日，学校印发了《北华航天工业学院转型发展工作实施方案》，提出将办学思路真正转到服务地方经济社会发展、产教融合校企合作、培养应用技术型人才、增强大学生就业创业能力上来。

2018 年 9 月 8 日，北华航天工业学院理事会成立，其中有相当数量的成员来自地方政府、行业组织、企业事业单位和其他社会组织。目前，理事会已成为北华航天工业学院提升办学水平的新载体和促进校企合作共赢的新平台。

2. 加强内涵建设

在内涵建设方面，北华航天工业学院建立了“产教融合、校企合作”机制，加强“双师型”教师队伍建设，创新人才培养模式。面对严峻的就业形势，北华航天工业学院坚持需求导向，成功打造了“装备制造类”与“电子信息类”两大优势专业群，并调整优化专业结构，增设了数据科学与大数据技术、飞行器设计与工程、无人驾驶航空器系统工程等优势特色专业，基本形成了应用型学科专业(群)布局。

在产教融合方面，北华航天工业学院采用校企合作办学的协同育人模式，从邀请企业专家开展专业课合作授课到聘请校外导师指导学生毕业设计和实习实训，校企合作已贯穿于人才培养的全过程。截至目前，北华航天工业学院已成立“华航-中兴 BIM 研究院”“华航-精雕学院”“廊坊发展研究院”“荣盛学院”“石墨烯学院”等，完善了学校与行业企业协同育人机制。其中，北华航天工业学院计算机学院与中国电信集团系统集成有限责任公司开展的“2.5＋1.5”协同育人模式及与航天二院签订的人才培养战略合作协议，一方面向社会输送了大量高级计算机应用型人才，另一方面也极大地提高了计算机相关专业大学生的就业质量和就业水平。

在专业内涵建设方面，北华航天工业学院持续加强专业内涵建设，全面提升专业办学水平和人才培养质量，在培养模式、产教融合、课程建设、教师队伍建设、人才培养等方面取得了标志性成果。2017 年，学校获得河北省教学成果三等奖；2020 年，学校获得河北省教学成果二等奖；2021 年，学校获批教育部供需对接就业育人项目。近三年，学校专业考研率持续上升，分别为 21.61％、23.1％、28％。截至目前，学校已建有机械设计制造及自动化、电子信息工程、计算机科学与技术、物流管理 4 个国家级一流专业。2023 年 9 月 6 日，学校获批材料成型及控制工程、会计学 2 个新的省级一流专业。未来，学校将以省级一流本科专业建设验收为契机，进一步强化专业内涵建设，做强一流专业，培养一流应用型人才，全面提高人才培养质量。

3. 完善保障机制

在保障机制方面，北华航天工业学院注重加强质量管理体系建设和经费保障，提高资金使用绩效。为保证教学质量和提升教学效果，学校建立了完善的质量评价、过程监控、督导及持续改进机制，各二级学院也建立了相应的质量保障机制，并认真组织实施。此外，学校近些年通过举行教师综合业务比赛、课程思政比赛、教学创新比赛、教学基本功比赛、新老教师“手拉手”活动等，促使教师综合素质得到不断提升。

在经费保障方面，河北省政府增加了对北华航天工业学院的财政支持，提升了学校的实验教学水平。北华航天工业学院在获得国家对学校建设应用型高校的财政支持后，同时获得了河北省配套经费的支持，学校转型发展步伐得到快速推进。从教育大国到教育强国是一个系统性跃升和质变，必须以改革创新为动力。作为一所地方应用型本科高校，北华航天工业学院坚持系统观念，统筹推进育人方式、办学模式、管理体制、保障机制改革，坚决破除一切制约本校高等教育高质量发展的思想观念束缚和体制机制弊端。

教育数字化是我国开辟教育发展新赛道和塑造教育发展新优势的重要突破口。我国互联网上网人数已达 10.67 亿人，为此，北华航天工业学院大力推进数字教育，努力构建网络学习平台，全力推进教师进行教学模式改革和教学方法创新，为实现大学生个性化学习与终身学习、扩大优质教育资源覆盖面和实现高等教育现代化提供了有力支撑及技术保障。

4. 发展航天特色

在特色创新方面，北华航天工业学院注重在学科专业发展中融入航天特色，及时总结转型发展经验，发挥示范引领作用。为促进学校向应用型高校转型发展，北华航天工业学院积极着力构建应用型学科体系，并建有精密光栅测控技术与应用、航天遥感信息应用技术2个国家地方联合工程研究中心及河北省航天遥感信息工程技术研究中心、河北省电动汽车充换电技术创新中心2个省级技术创新中心。同时学校还建有河北省航天遥感信息处理与应用协同创新中心，有力推动了航天遥感信息技术在河北环境治理、城市规划、农业、林业等领域的推广应用，为河北省经济社会发展特别是县域经济发展提供了技术性服务。

为充分发挥学校航天特色，北华航天工业学院于2020年3月组建了航空宇航学院。航空宇航学院担负着培养航空航天产业急需的应用型高级工程技术人才的重要任务，服务京津冀航空航天新兴产业发展，推动航空宇航科学技术创新。航空宇航学院现设有力学教研室、飞行器设计教研室、无人机教研室、实验教学中心、河北省跨气水介质飞行器重点实验室、河北省微小型航天器技术重点实验室、河北省微纳卫星协同创新中心、河北省小卫星技术及应用国际联合研究中心8个教学科研单位。学院拥有航空宇航科学与技术一级学科硕士学位授予权，拥有航空宇航科学与技术河北省重点发展学科。学院现有飞行器设计与工程、无人驾驶航空器系统工程2个本科专业，获批教育部"1+X"无人机驾驶技术证书培训试点。

为螺旋式提升复合应用型航天人才质量，北华航天工业学院航空宇航学院极其重视专任教师队伍素质提升。截至目前，航空宇航学院已有多位教师获得河北省"三三三"人才、创新英才、"三育人"先进个人、先进德育工作者等荣誉称号，并聘请清华大学、西北工业大学、大连理工大学、中国运载火箭技术研究院、中国空间技术研究院等单位的专家担任研究生导师。此外，学院已与清华大学航天航空学院共建喷雾燃烧与推进实验室，与航天702所共建航天力学测试与实验研究中心，正在建设微纳卫星实验室和航天二院、航天五院实践基地，为科学研究和人才培养提供广阔平台。

6.2.2 满足行业企业社会发展需求

习近平总书记指出，"纵观人类历史，教育兴则国家兴，教育强则国家强。""要统筹职业教育、高等教育、继续教育，推进职普融通、产教融合、科教融汇，源源不断培养高素质技术技能人才、大国工匠、能工巧匠。"地方本科高校在向应用型高校转型发展的过程中需要充分利用区域发展优势和产业结构发展趋势，加强校地校企合作，培养满足行业企业需求的应用型人才。与我国相比，西方发达国家在建设应用技术型高校方面已经积累了丰富的经验，值得我国地方本科高校借鉴。其中德国的"双元制"职业教育模式、英国的"三明治"(高校—企业—高校)人才培养模式、芬兰的"产教融合"教育模式、日本的"产学研"人才培养模式等，其实质都是通过加强校地校企合作，培养符合社会需求的应用技术型人才。

为培养高质量复合应用型本科人才，2023年9月13日下午，北华航天工业学院召开了

2023 年下半年工作推进会。会上，党委副书记、校长韩文仲作题为《踔厉奋发敢担当 笃行不怠善作为 奋力谱写学校高质量发展新篇章》的工作报告。报告指出，2023 年以来，全校上下紧紧围绕学校中心工作，奋力拼搏、团结奋进，各项工作有力推进，教育教学工作成果显著，招生规模位次再创新高，学生综合素质不断提升，人才培养质量进一步提高；师资队伍建设效能不断彰显，学科专业建设稳步推进，科研规模层次持续提升，科技创新活力进一步增强；信息化校园建设、管理服务和后勤工作保障有力，整体发展呈现稳中有进良好态势，为下半年各项工作顺利开展奠定了坚实基础。面对新挑战与新机遇，学校提出了多点要求。在推动学校整体人才培养质量提升上，学校强调要深化产教融合、校企合作，深度链接高水平院校和研究机构科研项目、校友、学校三方资源，内外发力推动，强化协同提质，切实提升学校办学水平。

作为一所地方应用型本科高校，北华航天工业学院要以就业为指导，以满足行业企业社会发展需求为依据，培养市场急需的复合应用型人才。为了实现这一目标，北华航天工业学院在本科人才培养全过程极其注重提升大学生的创新意识、实践能力与就业创业能力，大力促进产教融合与产学用协同教育，在人才培养过程中加强校企合作，并邀请企业积极参与学校人才培养方案制订，建立企业实习实训基地。

1. 促进校企融合与产学用协同教育

校企合作是地方应用型本科高校提高复合应用型人才培养质量的必由之路，在一定程度上促进了教育链、人才链与产业链、创新链的有机衔接，促进了复合应用型人才培养供给侧和产业需求侧结构要素全方位融合，为区域社会经济发展提供了强大创新动力。校企合作的常见形式包括高校与企业签订合作协议、共建实验中心与实习实训基地；各自投入资金、设备和人员进行产品知识培训；学校聘请企业专家或工程师、项目负责人或技术管理人员到学校宣讲或开展合作授课；学校派师生到企业实习锻炼等。

2019 年 2 月，国务院印发了《国家职业教育改革实施方案》，该方案明确提出，“到 2022 年，一大批地方普通本科高校向应用型高校转变，深化产教融合、校企合作”。随着试点经验的积累，产教融合的实践逐步向“深水区”迈进，如何促进从“产教融合”到“产教深度融合”的研究已成为政界和高等教育界共同关注的焦点问题。

为了成为一名优秀的复合应用型人才，地方应用型本科高校大学生必须具备社会经济发展和行业企业需求的专业知识和职业技能，而这些知识与能力的巩固和提升需要通过校企合作来实现，以“校企合作、产教融合”助推应用型高校本科人才培养质量的全面提升。目前，部分地方应用型本科高校在产教融合与校企合作过程中仍存在诸多问题，如校企之间缺乏足够的沟通与交流、校企合作紧密度不够等。虽然在转型发展的过程中，各地方应用型本科高校逐渐将培养应用型、复合型、技能型、创新型人才作为人才培养目标，但由于长期以来地方应用型本科高校主要以“扩大办学规模、培养学术型人才”为目标，这导致学校对产教融合重视不够，校企合作动力不足。目前，地方应用型本科高校的校企合作课程主要围绕实习实训课程和毕业设计展开，虽然部分专业基础课中也聘请了企业专家进行合作授课，但是比例相对较低，学时量较少。

从社会层面来看，行业企业与地方应用型本科高校合作力度急需加强。一方面，长期以来各行业企业更愿意与办学历史悠久的重点院校开展战略合作，与新建地方应用型本科高校合作的意愿不足。另一方面，部分地方应用型本科高校由于在发展过程中有意追求专业的多覆盖，导致这些地方高校的专业设置与区域发展和行业企业的耦合度不高，难以满足人才培养对于区域发展和行业企业的有效供给。此外，校企合作双方在应用型人才培养理念和认识上存在一定的差距，关于校企合作的保障机制与风险防控机制尚存在缺陷，这些也都是校企合作需要解决的问题。随着国家对地方本科高校转型发展的重视，各地政府陆续出台了一系列鼓励行业企业参与地方应用型本科高校人才培养的优惠政策。各行业企业需要抓住机会，加强与地方应用型本科高校开展战略合作。

针对地方应用型本科高校在校企合作中面临的上述问题与挑战，北华航天工业学院从学校人才培养现状和学校办学特色出发，在加强与航天企业、航天院所及其他行业或领域企业进行深度合作与产教融合的基础上，将两者合二为一，通过建立“深入融合，全程参与”的校企合作发展模式，实现校企深度融合，全力构建高校和企业“产学用”协同教育、合作共赢的校企合作发展新格局。

针对校企合作中校企双方责权不清、职责不明等问题，北华航天工业学院从学校层面实行充分放权，由各二级学院和单位提出校企合作思路与签订校企合作协议，针对校企合作的时间期限、责权利、合作内容、合作方式、组织模式等方面的内容，达成共识并签订合作协议。在北华航天工业学院，校企合作协议主要包括建立企业实习基地协议与产学研合作协议等类型。

北华航天工业学院作为一所地方应用型大学，坚持立足地方，主动融入地方经济社会发展大局，在“应用”上做足文章，脚踏实地地为地方经济社会发展服务，已成为助力地方治理的思想库和智力源。学校始终坚持应用型办学定位，积极推进“产教融合、校企合作”，实现了办学实力、办学水平和人才培养质量显著提升，服务地方经济社会发展能力持续增强。未来，学校将以应用型示范专业建设为契机，进一步强化应用型专业内涵建设，培养一流应用型人才，全面提升人才培养质量，助推特色鲜明的高水平应用型大学建设。

以北华航天工业学院机械设计制造及自动化专业为例，该专业紧密围绕学校“服务河北廊坊，服务环渤海区域，服务航空航天”的服务面向，以产业需求为导向，突出“偏重工程，体现工艺，强化实践，面向一线”的应用型人才培养模式，不断实践产教融合、校企合作、协同育人的办学特色。2012 年，该专业获批为河北省专业综合改革试点专业；2015 年，该专业被列入河北省本科一批录取专业；2018 年，该专业获批省级一流本科专业建设点；2020 年，该专业获批为国家级一流本科专业建设点。机械设计制造及自动化专业有“河北省高校先进制造技术与生产过程自动化应用技术研发中心”、河北省实验教学示范中心“机械基础实验中心”等教科研平台。近年来，本专业共有 3 门课程获批省级精品课程，取得省级优秀教学成果奖 4 项，其中 2009 年“基于机械创新设计大赛的实践教学研究与应用”和 2017 年“‘产教融合、校企合作’应用型人才培养研究与实践——机械设计制造及其自动化专业综合改革”获得河北省教学成果一等奖。

以北华航天工业学院电子信息工程专业为例，为了培养在电子电路、嵌入式系统、信号与信息处理等领域从事设计、研发、测试、应用、管理等工作的高素质应用型专门人才，该专业以电子信息技术和嵌入式系统设计为中心，以航天系统测控技术为培养特色，坚持服务航天、服务河北、校企合作、产学研联动的办学理念，通过与航天系统、国防工业、大型电子仪器生产企业、电子设备设计研究院所等单位加强校企融合，大力培养基础理论扎实、专业能力强、在嵌入式系统应用、智能检测及传感器技术、信号与信息处理、综合控制网络等应用领域有较强技术优势的工程技术人员，并通过与相关企业开展深度合作实现大学生高质量就业。

以北华航天工业学院工程造价专业为例，该专业与学院土木工程、道桥、建环等土建类专业相互支撑，与管理学专业形成跨学科人才培养，形成了“重技术、精算量、BIM 化”的专业培养特色；教学实施中与行业企业在核心课程授课、实习实训、暑期集训等方面深度合作，不断探索产学研一体化的人才培养机制，并根据教学计划安排、课程体系安排与教学内容设置，实现“1＋4＋X”数字化螺旋式复合应用型人才培养。造价工程专业的“新工科下以‘工学结合・德技并修’产教深度融合・校企协同育人(订单培养——特色班项目)”入选第 54 届高等教育博览会校企合作案例展示项目。该专业也建立了一支适合人才培养模式和课程体系运行所需要的“双师型”结构专业教学团队，配备了完善的造价软件实验室和数量充足的校外实习实训基地，为校企融合与专业发展提供坚实基础和有力支撑。

以北华航天工业学院应用统计学专业为例，该专业立足国防科技工业及中国航天科技人才的需求，基于数据驱动发展及大数据的社会背景，遵循“厚基础、重应用、高素质”的原则，以厚实理论基础、结合案例教学、注重软件应用、开展项目实践的教学方式，构建数学、统计学、经济学、管理学和计算机科学基础理论，运用数据的搜集、处理和分析的基本方法，搭建计算机应用技术相互支撑的知识结构，以“统计应用和数据处理分析”为导向，以“提高应用能力”为核心，通过校企合作平台加强实训实践，提升大学生就业竞争力，实现大学生高质量升学或就业。

产教融合是复合应用型人才培养的“捷径”。北华航天工业学院在人才培养全过程深入推进校企合作与产教融合。在计算机学院，各专业在复合应用型人才培养过程中都十分重视加强校企合作与产教深度融合。学院现有一支高素质的专职教师团队，“双师型”教师比例达 95％以上，拥有 10 余个专业实验室，20 余个校外实习实训基地。学院各专业以行业发展和人才需求为导向，通过企业专家合作授课、校外实习实训、校企联合培养应用型人才等多种方式深入开展校企合作。计算机学院坚持“专业对接产业、人才服务社会”理念，先后创办“廊坊・华航曙光大数据学院”，并与中国航天科工二院二部签了订单式人才培养协议。计算机类各专业重基础、强实践、产教研深度融合，培养的大学生具有较强的理论、实践能力及就业竞争力，是能从事计算机相关领域工作的高层次复合应用型工程技术人才。计算机学院通过专业认知、行业认知、岗位认知等形式，将企业前沿技术带入课堂，助力专业学习，同时将课堂延伸至企业，让大学生通过参与企业的真实工程项目，提升综合能力与就业竞争力。

近十年，计算机学院在夏季学期专项实践教学环节中大力促进校企融合，邀请企业相关项目工程师、技术负责人等来校向学生介绍与讲解企业真实项目案例，并布置相关实习实训项目，通过学生自由组队解决相关工程项目问题，最后由企业教师根据项目验收成果，评定大学生专项实践能力。在专业实验课程教学过程中，计算机学院大力推进校企合作授课，不仅提高了大学生的学习兴趣与学习效果，也切实增强了大学生的实践动手能力。在毕业设计答辩过程中，计算机学院积极邀请企业人员担任校外答辩专家，为提升大学生毕业设计质量提供了宝贵意见。表 6-14 为北华航天工业学院计算机学院校企合作授课情况。

表 6-14 北华航天工业学院计算机学院各专业校企合作授课情况

课程名称	面向专业	企业名称	企业教师研究方向
Linux C 高级编程	计算机科学与技术	北京××科技有限公司	嵌入式/物联网
操作系统	计算机类各专业	北京××科技有限公司	嵌入式/物联网
网络存储技术	网络工程	××公司	网络技术
安全软件开发技术	网络工程	中国××系统集成股份有限公司	网络安全
防火墙与 VPN 技术	网络工程	北京××科技有限公司	网络技术
J2EE 应用开发技术	软件工程	北京××科技有限公司	系统架构、大数据
软件工程基础	软件工程	北京××物联网技术研究院有限责任公司	软件开发
Linux 系统管理	计算机科学与技术	北京××科技有限公司	计算机科学与技术
防火墙技术及系统集成安全	网络工程	河北××有限公司	网络工程
智能家居	计算机科学与技术、人工智能	北京××科技有限公司	计算机科学与技术、人工智能
网络安全技术	网络工程	××科技有限公司	网络安全
高级网络互联技术	网络工程	天津××信息科技有限公司	系统集成
基于 Java 的 Web 综合项目实训	软件工程	北京××教育科技有限公司	JAVAEE、大数据
基于 J2EE 的综合项目实训	软件工程	北京××教育科技有限公司	JAVAEE、大数据
毕业设计	计算机类各专业	北京××研究所、廊坊××科技有限公司、北京××通信技术有限公司、××电力科技开发有限公司、北京××信息技术股份有限公司、北京××数据技术有限公司、北京××物联网技术研究院有限责任公司等	软件开发、大数据、人工智能、嵌入式、网络安全、网络技术等

以计算机学院人工智能专业校企合作与产教融合为例，该专业坚持以人工智能产业发展需求为导向，突出"夯实基础、重视实践、突出创新"的专业特色，重视校企融合，2019 年，学院获批教育部产教融合专项"AI＋智慧学习"人工智能学院。依托"河北省计算机视觉智能检测技术创新中心"和"廊坊市航天智能软件技术重点实验室"科研平台，计算机学院与多家单位建立长期校企深度合作，建有人工智能、软件技术等多个实验室，并与润泽科技等 10 家单位建立了实习实训基地，共同开展人才培养与技术创新等相关工作。

在北华航天工业学院计算机学院，网络工程专业是将校企合作与产教深度融合做得较好的专业之一。2012 年，网络工程专业与中国电信集团系统集成有限责任公司开展校企深度合作，2014 年招收网络与信息安全方向工程硕士研究生，2020 年被评为省级一流专业建设点、学科基础课程"计算机程序设计基础"获得河北省高校精品在线开放课程、网络工程专业核心课程“计算机网络原理”被评为省级一流课程、网络工程专用校企合作案例“新工科背景下‘产教深度融合、校企协同课堂’——创新人才培养模式与实践”成功入选教育部“校企合作 双百计划”典型案例，并获得中国高等教育博览会微信公众号专题推介宣传。2020 年，网络工程专业校企深度合作项目成果“新工科背景下‘产教深度融合 校企协同课堂’——创新人才培养”获得第八届河北省高等教育教学成果二等奖。

网络工程专业依托北华航天工业学院计算机学院省市级、校级优势学科办学，面向全社会培养网络技术和网络安全方面的高级工程技术人才。经过近 20 年的发展和完善，网络工程专业建立了以网络及信息安全人才产业需求、技术能力培养为导向，构建课程体系和设计培养方案，以案例驱动和学科竞赛设计授课模式，提高学生学习兴趣；网络工程专业人才培养始终坚持厚基础、重实践的理念，紧跟行业发展趋势和人才需求导向，深入开展多方面的校企合作，聘请企业工程师现场授课，真实案例引入日常教学，提升了大学生的学习质量和就业竞争力。针对网络工程专业大学生，学院与中国电信系统集成有限责任公司开展了“2.5＋1.5”协同育人模式。在这一人才培养模式下，网络工程专业大学生前两年半在学校接受系统的知识学习与技能锻炼，后一年半时间在中国电信集团系统集成有限责任公司参加企业真实项目实习锻炼与开展毕业设计工作。通过大一至大四的努力学习，网络工程专业大学生的专业技能与综合素质得到螺旋式、渐进式提升，为积极成长为社会急需的复合应用型计算机网络技术人才打下坚实的基础。

2. 邀请企业参与人才培养全过程

随着我国经济发展方式转变和产业结构优化调整，我国各行业企业需要大量复合应用型、技术技能型人才。推动地方应用型本科高校高等教育结构性改革势在必行。我国高校与企业在开展校企合作过程中，往往以高校为主导，企业主要是被动配合高校，高校与企业之间开展短期的、表面性的合作，在合作初期效果较好，但是难以形成长效机制，缺乏校企合作持续发展的动力。为了促使高校与企业之间开展更为深入的合作，部分地方应用型本科高校开始重新审视自身与企业之间的关系，正视双方在人才培养中的共同利益，拓展发展视野，创新校企合作模式，积极满足企业对大学生的实际要求。

为充分发挥企业在地方应用型本科高校人才培养中的作用，满足社会对复合应用型人才的需求，北华航天工业学院十分重视加强与企业之间的沟通、合作，积极邀请行业相关企业参与到专业人才培养方案的制订与人才培养的全过程。近些年，北华航天工业学院的校企合作项目已经突破了传统意义上的实验室共建、毕业设计校内导师和校外导师共同指导等内容，开始重视校企合作的内涵建设，充分发挥高校科学研究与企业成果转化等校企合作附属价值，吸引广大青年教师与大学生到企业中进行实习锻炼。同时，企业也加强与学校的产教融合，派遣企业专家与工程技术人员参与到学校人才培养与教育教学全过程，充分发挥校企合作的项目纽带作用。

以学校网络工程专业人才培养方案的修订与完善为例，2018 版、2021 版网络工程专业人才培养方案修订都是在学校教务处的统一协调下，由计算机学院教学工作委员会根据北华航天工业学院办学定位和人才培养的总体目标，组织制订与修订，由网络工程专业负责人主持培养方案的制订与修订工作。在制订与修订培养方案的过程中，网络工程专业负责人和全体专任课教师通过与应届毕业生座谈、校友调研和座谈、企业走访和研讨、参加教学研讨会、调查问卷、电话咨询等,征求高年级大学生、毕业生、用人单位、校外同行专家的意见,并将其充分体现在本科人才培养方案的修订与完善过程中。北华航天工业学院网络工程专业人才培养方案论证与课程体系制订流程如图 6-5 所示。

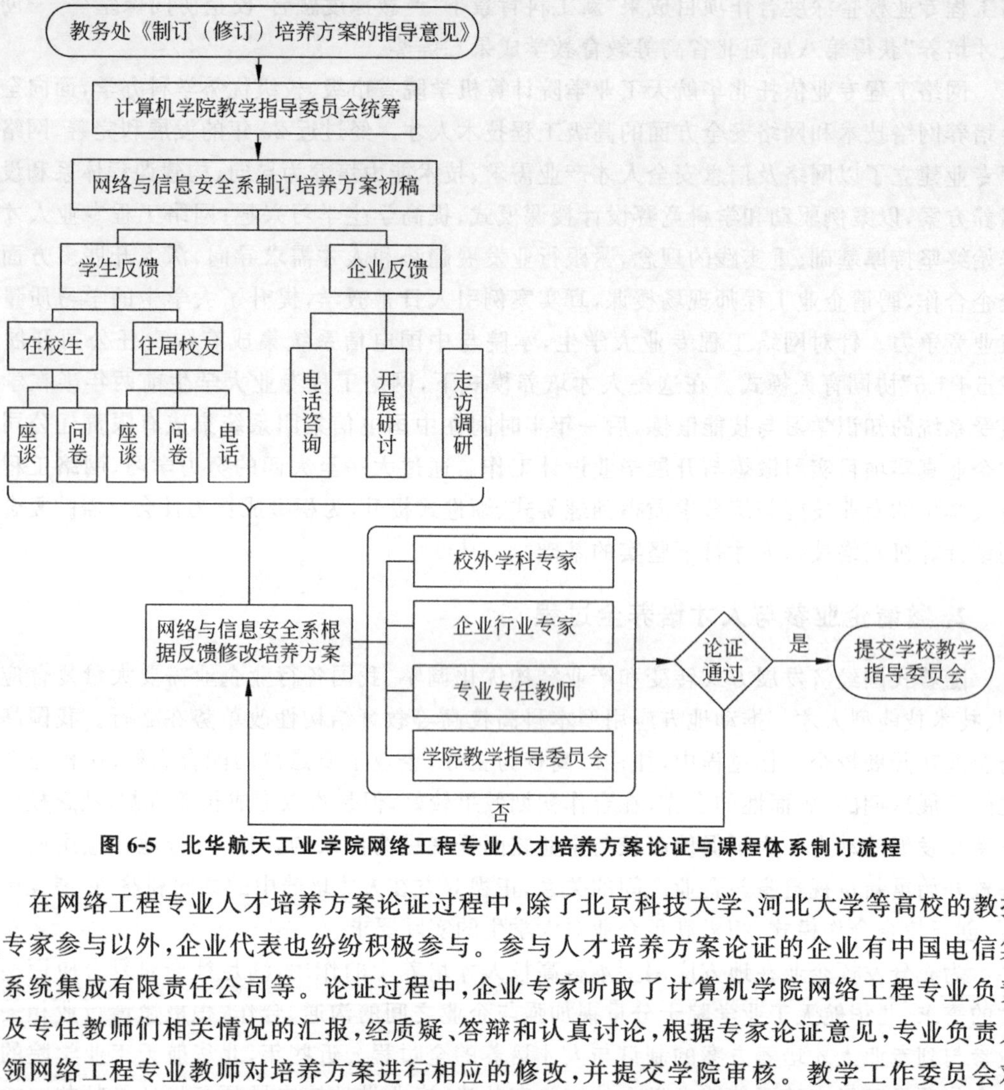

图 6-5 北华航天工业学院网络工程专业人才培养方案论证与课程体系制订流程

在网络工程专业人才培养方案论证过程中,除了北京科技大学、河北大学等高校的教授及专家参与以外,企业代表也纷纷积极参与。参与人才培养方案论证的企业有中国电信集团系统集成有限责任公司等。论证过程中,企业专家听取了计算机学院网络工程专业负责人及专任教师们相关情况的汇报,经质疑、答辩和认真讨论,根据专家论证意见,专业负责人带领网络工程专业教师对培养方案进行相应的修改,并提交学院审核。教学工作委员会对培养方案进行审定,形成培养方案的最终版本。

企业参与地方应用型本科高校人才的培养不仅涉及人才培养方案的论证与修订,还涉及企业提供实习实训场地、校企共用实习设备、企业开展实践教学等方面,也涉及企业参与教材编写、企业招聘毕业生、校企共同开发科研项目,以及高校为企业提供技术开发、技术服务和教学团队师资培养等方面的内容。北华航天工业学院将校企融合视为学校高等教育教学和应用型人才培养的延伸,通过广大师生参与企业实际项目,接触现代企业技术与管理平台,使大学生在实际问题解决过程中不断提升专业技能,积极成长为社会和企业急需的高素质复合应用型人才。

网络工程专业在 2018 版人才培养方案设计、编写和审核课程体系时聘请了诸多行业专家和企业专家参加研讨、咨询等。行业专家主要针对复杂工程问题的理解与实施、毕业要求的观测点和课程体系的设计等问题，提出建设性意见。同时，企业专家参与了网络工程专业的核心课程大纲的修订工作，企业专家参与北华航天工业学院2018版网络工程专业人才培养方案教学大纲修订情况见表6-15。网络工程专业在修订2021版人才培养方案时，也邀请了其中的一些企业专家，通过对2018级网络工程专业大学生近三年的学习情况和能力情况的分析，企业专家进一步提出了改进意见。截至目前，学院为社会输送了一批又一批专业能力和综合素质不断提升的复合应用型人才。

表6-15 企业专家参与北华航天工业学院2018版网络工程专业人才培养方案教学大纲修订情况

课程名称	企业名称	修订建议
网络互联技术基础B	×××公司	建议充分融合复杂工程案例，进一步明确课程目标
信息安全技术概论B	中国××系统集成有限公司	建议将课程内容按照模块归类，分为攻击技术和防御技术两大块
Linux网络服务与管理B	中国××系统集成有限公司	建议增加Linux系统基本操作学时，为后续配置打好基础
高级网络互联技术	北京××通信技术有限公司	建议增加VPN、防火墙等安全类设备及技术的学时
网络编程开发技术B	中国××科技集团公司物联网技术应用研究院	建议缩减HTML基础学时，重点放在B/S架构上
网络存储与云计算技术B	北京××网络实验室	建议增加实践学时
网络安全案例开发	中国××工程研究所	内容较多，建议加大课程学时，或精简课程

校企合作与产教融合在地方应用型本科高校的全面实现主要体现在专业课程体系设计和专业课程教学实施全过程。校企合作需要企业和高校共同设计体现岗位需求的理论课程体系与实践课程体系。基于此，北华航天工业学院学科基础课程主要由高校具有丰富教学经验的专任教师主讲，专业课程则根据课程特点与课程目标，由高校教师和企业专家分别主讲，其中理论学时部分主要由高校教师主讲，实验学时部分可以邀请企业专家来校进行合作授课。在课程教学过程中，加强高校教师和企业教师交流学习，以促使高校教师在真实项目案例讲解与难题解决过程中提升实践技能，同时通过高校教师培训和讲解教育学方法与理论，提升企业专家的理论教学水平，实现高校教师和企业专家理论知识与实践技能共同进步。高校与企业要共同研发编写体现市场需求和应用型能力培养要求的教材，创新教学内容，改革教学方法。

应用型本科高校的诉求是提高人才培养质量，解决大学生就业问题，加速学校发展步伐。企业的诉求是招聘企业优秀人才，获得高校智力支持，促进企业发展壮大。从地方应用型本科高校与行业企业的诉求来看，高校与企业双方存在共同的利益基础，可以通过校企融合，促进资源共享，取长补短，实现互利共赢。北华航天工业学院校企融合模式如图6-6所示。

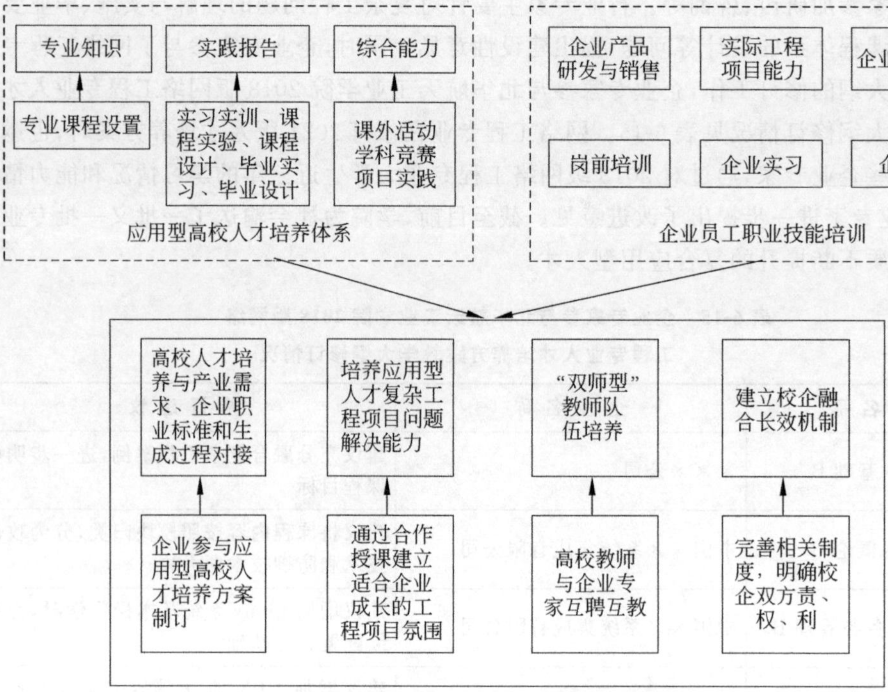

图 6-6　北华航天工业学院校企融合模式

综上所述，北华航天工业学院开展的校企深度融合是学校与企业之间在人才培养方面的深度合作，是培养企业需要的复合应用型人才目标基础上的密切协作，是双方依托各自优势展开的互利共赢的行为。学校除了与企业共建实验中心及拓展实习场地以外，还主动聘请企业专家参与专业课程的讲授、教师能力的培训、科研项目的合作开发、企业产品的合作研发及人才培养方案的修订，取得了较好的成效。计算机学院部分专业与航天院所就计算机人才培养展开的实习锻炼及校企合作，不仅提升了大学生的专业能力，也扩大了大学生的就业方向和就业渠道，促使更多毕业生成功入职航天企业。

3. 建立企业实习实训基地

地方应用型本科高校推动产教融合与校企合作的措施之一就是加强实习基地建设，与企业建立校外实习基地战略合作协议。通过建立企业实习实训基地，使学生真正走进企业，接触企业真实项目，提升自身的实践技能。校企共建实习实训基地是加强校企合作与产教融合，进而实现校企融合的关键及核心。实习实训教学或专项实践教学是地方应用型本科高校加强校企融合、促进复合应用型人才联合培养的核心环节，因此，建立实习实训基地已成为校企合作与产教融合的核心工作之一。

地方应用型本科高校最缺乏的是实践教学环境和学生实习基地，因此，地方应用型本科高校应以企业为主建立实习实训基地，形成大学生实习实训平台，并积极搭建数字化实践平台，实现地方应用型本科高校和企业的实践教师共同实施实验教学与实习实训教学，使实习实训真正落到实处，让大学生走进真实的工作场景，接触企业真实的工程项目，在实践中锻炼提升自身的专业技能应用能力与综合能力。

北华航天工业学院在重视理论知识传授的同时，大力加强对专业基础课程和专业课程的实验室建设，为学生提供尽可能多的实验和实践的机会，以期达到理论与实践的有机结合。学校建有 50 个教学科研仪器设备先进的实验室（中心），教学科研仪器设备总值 2 亿元。学校有河北省军民融合产学研用示范基地、河北省军民融合创新创业中心、河北省高校先进制造技术与生产过程自动化应用技术研发中心、河北省航天产业发展软科学研究基地、河北省院士工作站、河北省技术转移示范机构、河北省中国特色社会主义理论体系研究基地等 17 个国家和省级科技创新平台。校外企业实习基地的建设为大学生开展实习实训提供了良好的平台，有利于培养大学生解决复杂工程项目问题的能力，实现复合应用型人才培养的目标。

以网络工程专业为例，为了确保教室、实验室及设备在数量和功能上满足教学需要，网络工程专业力求通过建立良好的管理、维护和更新机制，与企业开展合作共建实习和实训基地，在教学过程中为大学生提供参与工程实践的平台。截至目前，网络工程专业共有 5 个实验室（11 个机房），可满足各类教学活动需要，各类实验设备完好，便于学生使用；有 21 个校外实习基地，在教学过程中可以很好地为学生提供参与工程实践的平台。此外，学校设有足够的教室（包括多媒体教室、实验室等）用于满足专业教学需要。

北华航天工业学院网络工程专业在大学生解决复杂工程问题能力培养过程中努力实现专业知识体系全覆盖，工程实践能力培养三年不断线，采用从校内课程、企业实习和企业毕业设计三段式教学实施方案，从知识体系到工程能力，从学校到社会的无缝连接式培养。大学生通过完成每学期专业课程及在实习基地开展专业实践课程的学习，实现从大一至大四不同年级与发展阶段上知识内容的不断增加、专业技能的不断夯实、专业实践能力的螺旋式提升，以及综合素质的多元化拓展，提升大学生独立完成复杂工程项目的能力，从而促使大学生获得较强的计算机网络领域的工程技术能力。支撑网络工程专业复杂工程问题的核心课程体系见表 6-16。

表 6-16　网络工程专业复杂工程问题的核心课程体系

课程模块	核心课程	课时	开课学期	课 程 目 标	技 术 目 标	能力目标
网络互联基础课程模块	计算机网络原理	64	4	认识网络通信设备，进行基本的网络连接，并实现设备间的数据通信	完成需求分析文档的撰写、设计合理的网络方案、完成设备选型	网络规划设计能力
	网络互联技术基础 B	56	5	针对园区网的需求和具体网络工程问题，设计合理的实验方案，并进行分析、研究		
	路由交换综合实训	2 周	6	完成规划方案的设计，其中包括设备选型、组网技术选择、IP 地址的规划等内容		
网络服务管理与应用模块	Linux 网络服务与管理 B	56	7	完成常用网络服务的配置	搭建必要的网络服务器，解决日常运行过程中出现的各种问题	网络服务管理与应用能力
	Linux 应用实训	2 周	3	掌握 Linux 的安装、熟悉 Linux 环境		
	网络服务项目综合实训	2 周	10	完成服务器虚拟化平台的搭建，完成基本与服务器相关的网络搭建		

续表

课程模块	核心课程	课时	开课学期	课程目标	技术目标	能力目标
网络安全管理与防护课程模块	高级网络互联技术	64	7	合理规划、设计大型网络方案；合理选择恰当的设备、技术和模拟工具，对问题给出预测和模拟	充分考虑网络可靠性及网络协议可靠性，搭建安全可靠的网络	网络安全管理与防护能力
	网络存储与云计算技术B	56	8	完成Linux和Windows下的磁盘管理的相关配置操作；完成基本IP-SAN存储网络的组建与配置；完成虚拟化系统的使用和管理		
	信息安全技术概论B	56	7	常见的网络防御技术的配置与应用		
	网络安全技术B	56	8	综合应用密码技术、数据库、网络编程技术等知识开发基于C/S架构的安全的网络应用系统		
网络应用系统设计与开发模块	网络编程开发技术B	56	7	运用Python、数据库、HTML等相关知识设计和开发Web应用程序	设计并实现符合案例需求的网络应用系统	网络应用系统设计与开发能力
	数据库原理与应用	64	4	设计并实现一个数据库应用系统		
	软件工程基础	48	5	掌握软件开发的方法、工具和过程		
	Windows编程综合实训	4周	6	应用多文件结构编程，提高程序调试与测试的能力		
企业实践类模块	系统集成项目综合实训	2周	9	大中网络项目总体架构设计，路由设计，广域网连接设计，局域网连接设计，网络可靠性设计，网络资源规划，网络管理规划，服务器管理、云计算系统部署等	完成安全可靠的“两地三中心”案例全部功能	网络规划设计与实施能力、工程实践能力
	网络安全项目综合实训	2周	9	开发出相应的网络安全应用系统或对现有系统进行渗透测试		
	网络工程综合项目实训B	5周	10	培养网络工程项目开发中的流程管理、系统分析与设计、关键技术应用、调试与测试、团队协作等方面的实践能力		

6.2.3 创新高校人才培养模式

1. 开展特色办学

地方本科高校在向应用型高校转型发展的过程中，首先要准确把握地方产业结构，明确自身办学理念和办学定位，对接区域与地方产业链，采取专业化人才培养模式，向社会输送应用型、复合型、技能型和创新型人才。

北华航天工业学院坚持以特色学科引领发展，“空天信息”“航空宇航”“军用计算机”这些航天特色学科和产学研结合的办学特色正在逐步形成。学校党委指出，未来，学校将坚持谋划为先、建设为要，为中心发展提供更多的条件保障，进一步加强与协同单位全面合作，以服务谋支持，以贡献求发展，固本强基，注重围绕京津冀协同发展和雄安新区建设的重大需求，力争特色更特、优势更优，为建设航天强国和区域经济社会发展提供更丰富和更有价值的服务，为建设特色鲜明的高水平应用型大学作出新的更大贡献。

为突出学校办学特色，北华航天工业学院建立了多个协同发展中心、创新中心等，如河北省航天遥感信息处理与应用协同创新中心、河北省微纳卫星协同创新中心等。学校党委书记郝玉龙指出，协同中心的发展与国家战略紧密衔接，未来将继续把目光聚焦于国家重大战略和地方经济社会发展，聚焦核心关键问题，做好统筹协调工作，共同推动协同中心的发展。一是持续推进孙家栋院士提出的县域遥感应用战略，加强成果凝练总结和交流，加大成果共享与应用合作力度。二是以协同中心为纽带打造三大协同体，即校际协同体、校所协同体和校企协同体，从助力中借力，在借力后继续助力。三是在科研领域做好延伸与衔接，为中心承担重大重点项目、产出标志性成果和涌现高层次人才奠定坚实基础。四是发挥中心航天特色优势与服务区域经济发展定位，从学科融合、平台建设、团队组织、成果转化、人才培养等方面下大力气，进一步增强协同创新能力和政产学研用能力。

北华航天工业学院航空宇航学院结合学校和学院办学特色，发挥优秀教师资源和教学试验展教设备，走进企业、社区、中小学，多次开展科技文化讲座、专业技术培训、航模飞行表演，打造航空航天特色科普品牌，激发公众关注航天事业的热情，为赓续航天薪火贡献力量。2023 年 10 月 25 日，河北省科学技术协会公布了入选 2023 年度河北省优秀科技志愿服务活动的 15 个优秀活动名单，北华航天工业学院“箭指苍穹”航空宇航科技志愿服务队成功入选。“箭指苍穹”航空宇航科技志愿服务队开创“科普＋德育”新模式，激发团队协作精神，提升创新能力。科普实践宣讲以“卫星、飞船、火箭、导弹、无人机”为主题，弘扬两弹一星精神、厚植家国情怀。邀请驻地社区、青少年走进校园，参观航天博物馆、重点实验室、协同创新中心，让科技贴近民生。在实验室开放的研学活动中，讲解员对航空航天科普知识进行详细讲解，累计开展仪器及试验参观共 2000 余人次。在无人机飞行展示、航模飞行表演、水火箭发射、纸飞机投掷等体验环节让观众动手操作体验科学魅力、感悟大学精神、培养爱国情怀。

北华航天工业学院始终坚持面向航天航空行业、服务区域经济社会发展的办学特色。近年来，重点建设空天信息、航空宇航、航空服务等航天航空特色学科专业，贡献了一批科研创新成果，为民航服务培养输送了一批复合应用型人才。围绕河北省现代商贸物流产业布局，学校成立了廊坊现代商贸物流研究中心，旨在发挥学校学科专业优势，助力区域现代商贸物流实现高质量发展。面对大兴机场临空经济区的快速建设和中国东方航空股份有限公司(东航)高质量发展格局，学校依托地理位置优势与廊坊市“大智移云”技术优势，加快与航天相关企业开展校企深度融合。

2023 年 11 月 14 日下午，中国东方航空股份有限公司北京分公司一行来北华航天工业学院调研交流，与学校相关校领导与教师代表进行了座谈。东航北京分公司领导对学校近几年为东航输送了大量优秀人才表示感谢，并介绍了东航北京分公司的主要业务内容、规模，以及公司整体实力和未来发展导向。领导表示，东航作为民航主力军之一，始终坚持全力服务国家战略，奋力开创高质量发展新局面，对人才的需求不断增加，领导希望能与北华航天工业学院加强校企合作，发挥校企双方各自的平台优势，共同培养德才兼备的高质量应用型人才。学校领导指出，校企融合有助于培养高质量复合应用型人才，校企双方要共同探索校地合作新模式，在民航服务、机务维修等专业人才培养和商贸物流等方面与中国东方航空股份有限公司北京分公司展开全方位、多领域、深层次合作，以此满足企业对应用型人才的要求,提高大学生就业质量与就业率。

北华航天工业学院遥感信息工程学院聚焦国内外遥感应用领域科学与技术关键性问题,凝练遥感特色学科文化,打造高水平学科平台,培育高水平学科团队,培养高素质学科人才,服务京津冀协同发展等国家战略及区域经济社会发展需求。协同创新中心为河北省发改委等7个单位提供遥感与空间信息技术服务,涉及生态环境、农业林业、自然资源、地质灾害等众多领域。在这些服务过程中,大量遥感科学与技术、空间信息与数字技术专业的大学生积极参与到科研项目研究与服务过程中,锻炼了自身的专业实践技能,提升了自身的就业创业能力。协同创新中心还主动对接华为等16家企业,深度开展产学研合作。面向应用型人才培养,遥感信息工程学院也启动了"遥感铁军课外综合实训教学改革",依托科研项目、校企合作等开展人才培养教育工作,实现了学科建设、科研攻关和教育教学三驾"马车"齐头并进。2020年,遥感信息工程学院共有63名本科生为中国资源卫星应用中心、河北省地质测绘院、廊坊市天星测绘有限公司等单位提供了长达数月的数据产品服务。这体现了遥感科学与技术专业、空间信息与数字技术专业的特色办学之处。

2. 优化专业结构

近几年,为促进大学生就业创业,实现大学生高质量就业,北华航天工业学院把促进高校毕业生高质量充分就业摆在教育强国建设的战略高度通盘考虑,把做好大学毕业生就业工作作为推动教育评价改革的重要抓手,把优化大学毕业生就业服务作为构建优质均衡基本公共教育服务体系的重大任务,把确保大学毕业生就业大局稳定作为稳就业工作的重中之重,准确把握当前大学毕业生就业工作面临的形势,聚焦关键环节,多措并举促进学校毕业生更加充分、更高质量就业。为实现这一目标,北华航天工业学院不断优化本科专业结构。

按照河北省教育厅《关于报送高校专业结构调整方案的通知》要求,北华航天工业学院组织开展了2019—2022年专业结构调整申报工作,对照《河北省教育厅关于印发〈进一步调整优化高等院校学科专业结构的实施方案〉的通知》,紧密对接未来我省经济社会发展和产业转型升级需求,进一步合理规划院系专业建设调整计划,高质量完成年度专业建设调整申报工作,北华航天工业学院在全校范围内开展了专业结构调整工作。以计算机学院为例,在数字技术与人工智能技术快速发展背景下,基于就业情况调研统计,2021年计算机学院新增人工智能专业,同时裁撤物联网工程专业。

为了充分了解学校各专业建设情况、学生学习成效、学生就业情况等专业发展综合情况,北华航天工业学院定期召集学校各二级学院教学院长召开各专业建设情况工作会,并根据河北省关于《进一步调整优化高等院校学科专业结构的实施方案》的通知内容,结合学校专业发展实际情况召开本科专业结构调整工作推进会,从统筹规模、质量、结构、效益、发展、安全等方面指出学校本科专业结构调整工作开展的必要性。

专业结构调整是北华航天工业学院"十四五"规划的重要内容,是推动学校内涵建设的迫切需要,是学校提升办学质量的重要举措。在专业结构调整过程中,学校本着"有所为,有所不为"的思想,紧紧把握学校发展定位,坚持"以工为主、突出应用、强化特色"的办学总思路,优化学校本科专业结构。具体来说,北华航天工业学院力求通过以下几点措施促进本科专业优化调整。一是要提高政治站位,从培养高质量人才角度思考专业结构调整;二是要不忘初心，牢牢把握"立德树人"思想，抓好学校"学风""教风"建设；三是要进一步深化对应用型办学的认识，结合区域经济建设发展情况，立足自身专业建设实际，聚焦于提高应用型人才培养质量，促进专业高质量发展。在全面优化专业结构基础上，学校以提高教学质量与就业质量为核心，以专业结构和人才培养模式的调整优化为重点，以教学内容、方法、手段改革为突破口，以培养高水平应用型人才为目标，全面提升学校教育教学质量。

面对建设高水平应用型大学的挑战，北华航天工业学院积极整合各种办学资源，实现师资力量、教学设施的效益最大化，依靠专业结构调整实现高质量复合应用型人才培养。具体来说，要做到以下三点。一是要坚持质量与效益并重的原则，既要做好专业优化布局调整，又要注重专业内涵建设，突出办学优势与特色；二是要坚持学校统筹与学院主动调整相结合，坚持整体设计、分类指导；三是要进一步提高专业设置与行业产业发展的契合度，认真审视专业前景，用适度超前的眼光谋划本学院的专业发展布局。

"应用型示范专业建设项目"是河北省高等教育综合实力提升工程中的重点任务之一，旨在支持转型发展示范高校向应用型示范专业转变，推动普通本科高校向应用型方向深度转型，以示范专业引领普通本科专业发展，打造一批服务产业转型发展能力较强的高水平应用型专业，为区域经济社会发展培养大批应用型、复合型人才。2023 年河北省普通本科高校应用型转型示范专业遴选结果的 53 个专业通过遴选进入公示中，北华航天工业学院机械设计制造及其自动化、计算机科学与技术 2 个专业分别以全省排名第 2、第 4 的成绩进入公示名单。

3. 完善考评机制

地方应用型本科高校以服务区域经济社会发展和地方行业企业为目标，教育教学过程中应加强对大学生专业技能的培养和综合素养的提高，而改革课程考核评价方式是促进大学生各方面能力培养的重要手段，因此地方应用型本科高校课程考核方法改革应从加强课程过程考核着手，增加过程考核在总评成绩中所占的权重，设置多样化、个性化、全方位的考核题目，改革考核评价标准，激励大学生自主学习，促进大学生专业能力和综合素养的提高。

北华航天工业学院教务处近几年逐渐探索和完善大学生课程考评机制，给予教师一定的成绩评定自主权。例如，在课程期末考核总评成绩中各方面占比分配问题上，学校设定的原评分标准是总评成绩由平时成绩和期末成绩组成，其中平时成绩占 30%，期末成绩占 70%。任课教师可以在此基础上进行适当调整，例如可以将平时成绩占总评成绩的比重调整为 40%或 50%，同样地，期末成绩占总评成绩的比重调整为 60%或 50%，即平时成绩占总评成绩的比重可以适当调高，期末成绩占总评成绩的比重可以适当调低，而不是相反。在学校的这一政策影响下，广大任课教师更加重视对学生进行课程学习的过程考核，适当减少期末试卷成绩占总评成绩的比重；从学生自身而言，由原先的重视期末考试成绩转变为既重视期末考试成绩，也重视平时学习和过程积累的重要性。

在专业课与专业实践课考核过程中，学校任课教师非常重视对大学生应用能力方面的考核。以"计算机程序设计基础"课程为例，由于该课程由理论教学与实验课程两部分组成，而且锻炼与提升大学生的计算机编程能力也是该课程重要的学习目标，因此，计算机学院的相关任课教师改革了"计算机程序设计基础"的课程考评方法，学生课程最终成绩由期末考试成绩和上机操作成绩两部分组成，其中前者主要是指学生在期末试卷上作答的成绩，后者主要是指学生在计算机上进行操作和编程的成绩，两部分成绩分别占期末总成绩的50%。“计算机程序设计基础”课程考评方式的改革，激发了大学生学习计算机编程语言的热情，既夯实了计算机类大学生的专业基础，也提升了他们的运用程序设计语言进行编程的能力。

以学校计算机学院专项实践环节相关课程“程序设计基本能力综合实训”为例，任课教师极其重视学生程序设计能力的培养与锻炼，以项目验收的形式对学生实训课程所要求的计算机程序操作能力进行考评。在校企合作授课过程中，对于一些由校外企业专家进行授课的实践课程，学校给予企业教师充分的自主权，允许企业教师自主设定考评题目与考核成绩组成。关于专项实践教学环节考核方式的改革不仅激发了大学生的学习积极性，也提升了大学生运用专业知识解决工程项目问题的能力，有利于加强大学生实践技能的锻炼，进而成长为社会需要的、具有高端技术技能的复合应用型人才。

在通识通修课的课程考评环节，北华航天工业学院也逐步探索和开展考评机制改革。以“大学生职业规划与就业指导”课程为例，在大一学年主讲职业生涯规划的内容时，学生的课程综合考评成绩由平时成绩和期末成绩组成，其中平时成绩包括出勤情况、课堂表现与平时作业成绩等几部分组成，期末成绩由期末考核得出，期末考核不再是传统的、单一的试卷形式，而是根据大学生个人能力、就业环境与就业形势的变化，制订自身职业生涯规划，期末成绩通过大学生撰写的职业规划报告得出；而在学生进入大三学年时，由于该课程此阶段的主讲内容已成为大学生就业指导方面的内容，此时大学生获得较好的就业能力，包括掌握大学生的就业方向和就业渠道、求职技巧与求职礼仪等，最终成功就业已成为最重要的学习目标。为了成功就业，大学生需要准备一份足够吸引求职单位眼球的简历，于是将个人求职简历制作情况作为考评“大学生职业规划与就业指导”课程的标准，此时该课程的期末成绩即由简历成绩得出。“大学生职业规划与就业指导”课程的最终考评机制的改革，不仅提升了大学生的学习热情与学习积极性，也提升了大学生的职业规划能力与就业能力，有助于大学生积极成长为优秀的、高素质的、适应社会发展要求的复合应用型人才。

为了改善学校课堂效率，提高教学质量，北华航天工业学院部分课程开展了关于“翻转课堂”“二分式教学”“PBL”等方面的改革，并利用数字化平台使用“微课”“慕课”等教学资源，将网络教学和资源引入教学过程，这在一定程度上锻炼了学生的实践技能与计算机操作能力，学生的课堂表现成绩在总评成绩中占有一定的比重，对于调动大学生的学习积极性和推动地方应用型本科高校开展考评机制改革有一定的推动作用。

经过调研，我们了解到，北华航天工业学院已有相当比例的学科基础课、通识通修课、专业课、专业选修课及专业实践课等课程开展了大学生课程考评方式改革。北华航天工业学院计算机学院课程考评方式的类型见表6-17。

表6-17 北华航天工业学院计算机学院课程考评方式的类型

课程名称	面向专业	课程考评方式	创新课程考评方式的原因
计算机视觉应用实践	计算机科学与技术	平时成绩+实验在线考试+课程报告	考查学生对图形图像处理算法的编程与实际应用，采用课程报告与答辩验收的考核形式
Linux服务与管理	软件工程	课程报告	课程实践性较强，运用课程报告形式可以综合考评学生对Linux服务与管理的掌握程度和运用能力

续表

课程名称	面向专业	课程考评方式	创新课程考评方式的原因
大学计算机基础	所有相关专业	实验在线考试	课程实践性强，单纯纸质试卷无法充分考查学生计算机应用水平，以机考的形式可以有效考查学生的计算机理论知识与操作技能
Python 程序设计	应用统计学	平时成绩＋实验在线考试	以实验在线考试的方式既可以考查理论知识学习情况，也可以全面了解学生的程序设计能力
计算机程序设计基础	计算机类相关专业	纸质试卷＋实验在线考试	综合考查学生计算机基础知识学习情况与 C 语言程序学习成效
Web 开发技术实践	人工智能	平时成绩＋实验在线考试＋课程报告	该课程对实践要求较高，重点考查学生对开发工具使用的熟练程度，并能够根据需求编写程序、解决开发过程中的各种问题，最终保证程序的成功运行
J2EE 开发技术 A	人工智能	平时成绩＋实验在线考试＋课程报告	该课程为实践要求较高的计算机专业课程，重点考查学生对开发工具的使用情况，创新实验考试形式及适当增加其成绩比重，有利于锻炼和提升大学生的计算机实践操作能力
计算机专业英语	计算机类相关专业	平时成绩＋课堂表现＋课程大作业	对大学生阅读英文文献资料感触或总结、“翻转课堂”表现及计算机相关项目英文介绍的能力进行综合考评，可以有效考查学生运用英语语言工具开展和介绍计算机工程项目的能力，并提升计算机类大学生阅读计算机英文文献的能力以掌握前沿计算机技术

为提升复合应用型人才培养质量，除计算机学院以外，北华航天工业学院其他各学院相关专业也根据专业人才培养定位及能力要求，大力开展课程考评方式改革与创新。以学校经济管理学院市场营销专业为例，为实现市场营销专业大学生在市场信息分析能力、产品促销能力、营销策划能力、营销管理能力、在线创业能力等专业综合能力的螺旋式提升，学院科学设置课程体系与能力考核体系，在与企业进行互动及合作中确立符合市场人才需求的课程考评标准。北华航天工业学院市场营销专业课程考评方式创新情况见表 6-18。

表 6-18　北华航天工业学院市场营销专业课程考评方式创新情况

能力模块	能力要求	能力体现	专业相关课程	考评方式创新
基础能力（大一阶段＋大二阶段）	市场信息分析能力	掌握市场调研、市场调查报告的撰写、市场信息的分析等能力	经济数学、市场营销学、应用统计学、市场调查与实务等	平时成绩＋课程试卷＋调研报告
初级能力（大一阶段＋大二阶段）	产品促销能力	掌握产品促销的一般技巧，能够撰写产品促销方案，并能够独立的组织实施	客观关系管理顶岗实训、服务营销顶岗实训、商务谈判、商务礼仪、推销技巧顶岗实训等	平时成绩＋调研报告，或促销营销方案
中级能力（大二阶段＋大三阶段）	营销策划能力	谋划产品或品牌的市场推广的能力	消费者行为理论与实务、渠道开发与管理、营销策划与实务（结合比赛）、品牌策划与管理、广告策划与实务等	平时成绩＋调研报告，或营销方案、营销策划比赛成绩

续表

能力模块	能力要求	能力体现	专业相关课程	考评方式创新
高级能力(大二阶段＋大三阶段)	营销管理能力	掌握企业管理的一般原理和财务运行规律,能够进行企业信息的处理,能够制订活动方案并领导实施	基础会计学、现代企业管理、企业信息管理等	纸质试卷＋活动方案设计,或管理决策模拟大赛(企业考评)
发展能力(大三阶段＋大四阶段)	在线创业能力	掌握在线营销的一般步骤、方法、技巧,进行创业的项目选择	创新教育、电子商务运营与管理、网店经营与管理、物流与配送	课程报告＋创新创业项目立项,或线上营销成绩、大学生创业大赛成绩
综合能力(大三阶段＋大四阶段)	市场营销需具备的综合能力	掌握人际交往、团队协作、语言表达、组织管理等多方面能力	社会实践、毕业实习、毕业设计等	实践报告、毕业论文、调研视频等

北华航天工业学院大力推进课程考评方式改革,一方面提高了课程教学质量,不仅夯实了大学生的理论知识基础,也促进了大学生的实践技能提升,促进了复合应用型人才的全面培养;另一方面学生通过参与企业项目或参加专业实践,对企业发展模式、运营方式及企业对人才培养的要求都有了更深层次的了解,有助于促进大学生成功就业。

6.3 加强"双师型"教师队伍建设

习近平总书记指出,"强教必先强师。要把加强教师队伍建设作为建设教育强国最重要的基础工作来抓,健全中国特色教师教育体系,大力培养造就一支师德高尚、业务精湛、结构合理、充满活力的高素质专业化教师队伍。要立足教育强国建设实际需要,加大教职工统筹配置和跨区域调整力度。要弘扬尊师重教社会风尚,提高教师政治地位、社会地位、职业地位,使教师成为最受社会尊重的职业之一,支持和吸引优秀人才热心从教、精心从教、长期从教、终身从教。"

北华航天工业学院现有教职工1000余名,其中高级职称教师380余名,博士、硕士学位教师720余名,具有行业背景或"双师型"教师占80.5%。为促进教师综合素质提升,学校专门成立了教师发展中心,定期开展教师培训工作,成效显著。地方本科高校向应用型转型进入深水区,高校如何在转型中办出特色、办出水平?北华航天工业学院以学科为基础、以"双师型"队伍为抓手、以服务企业地方为导向,探索出了一条校地企深度融合转型发展之路。

(1) 地方应用型本科高校应当明确"双师型"教师的内涵。《北华航天工业学院双师型认定管理办法》中提出:"所谓'双师型'教师,主要指兼具理论教学和实践教学能力的教师,是基于应用型高校对于教师专业能力及素质的实际需要提出来的,又称'双师双能型'教师或'双素质型'教师。"普通高校教师与应用型高校"双师型"教师的区别见表6-19。

表 6-19　普通高校教师与应用型高校“双师型”教师的区别

比较项目	普通高校教师	应用型高校“双师型”教师
师资来源	高校毕业生	高校毕业生及企业家、工程师等
证书结构	毕业证、学位证	毕业证、学位证、执业资格证书、技能证、成果转化证等
能力结构	教学、科研、社会服务能力	教学、科研、指导学生实践比赛、应用技术推广及成果转化能力
学生培养	培养通用人才	培养应用型、技能型、服务型人才
教学场所	校内	校内和校外实习实训基地
自身素质提升	参加校内培训	校内培训和企业挂职锻炼相结合
教学评价主体	高校为主	高校、政府、行业、企业、市场、社会多方参与

(2) 地方应用型本科高校应出台相关的政策文件，完善“双师型”教师考核机制，改革“双师型”教师能力考核评价体系。具体而言，可以通过建立与地方教育行政部门并行的教育督导评估机制、地方高校自我评估制度及第三方评估制度等措施，完善地方应用型本科高校教师督导评估体制。为进一步加强师资队伍建设，优化师资队伍结构，努力建设一支理论基础扎实、具有较强技术应用能力的高水平“双师型”教师队伍，学校制订了《北华航天工业学院双师型教师认定管理办法》，对“双师型”教师的内涵、认定机构、认定条件、认定流程等进行了详细说明。其中，“双师型”教师的认定条件包括“双师型”教师的基本条件和“双师型”教师的专业实践能力或专业教学、科研能力等。《北华航天工业学院双师型教师认定管理办法》的实施，促进了学校“双师型”师资队伍建设，提升了广大专任教师的专业实践能力与综合素质。在这一办法指导下，大量专任教师积极参加各类实践活动、考取职业资格证书，以及参与指导学生科技竞赛、大学生创新创业训练计划项目等。在广大教师的积极认真指导下，学生的科研水平、实践能力、综合素质都得到了螺旋式提升。学校尔雅平台等平台的开设，既推动了教师授课形式的创新，也为大学生提升人文素养与综合能力提供了平台。

(3) 地方应用型本科高校可通过建立校企合作保障体系，完善“双师型”教师培养机制。一方面，地方应用型本科高校教师应定期到企业中参与项目和实践，提高自身实践技能，同时向学生讲授企业案例，提高学生学习兴趣；另一方面，进行合作授课任务的企业教师可提前到高校进行理论学习和授课技能培训，掌握授课技巧，以便更好地讲授实际项目案例和把控课堂授课进度、授课质量。航天二院、中国电信集团系统集成有限公司等大量企业与北华航天工业学院就学生联合培养、导师队伍建设、毕业生就业等开展了合作，尤其是在专业课、专业实践课、专业基础课等课程中开展合作授课、企业导师和校内导师共同指导学生毕业设计等的过程中，“双师型”教师队伍得到快速成长，为培养更多优秀的复合应用型人才创造了条件和奠定了基础。北华航天工业学院提升“双师型”教师队伍素质的举措主要包括促进教师队伍理论素质提升、加强教师队伍实践技能锻炼、推动教师队伍师德师风建设 3 方面。

6.3.1　促进教师队伍理论素质提升

“双师型”教师是当前高校急需的教师资源，但是高校自己培养难度大。北华航天工业学院在转型发展中，努力转变“双师型”师资队伍思想观念，通过教务处、人事处、学校办公室等部门联合组织培训活动、邀请校外专家及企业专家来校开展专场报告、大型座谈研讨会等，使全体教师思想观念得到较大转变，对于学校转型发展也有了更深的认识。各二级学院根据学科专业发展实际与学生素质要求，定期开展理论提升培训及相互交流学习活动，形成了一支支理论强、技能高、素质好的师资队伍。

“双师型”教师队伍是学校复合应用型本科人才培养的中坚力量。为了培养社会急需的应用型、技能型、创新型人才，北华航天工业学院尤其重视教师专业素质的培养与提升。学校人事处教师发展中心每年制订详细的教师培养计划与素质培训专题，各二级学院也从学院自身发展实际出发，制订适合各专业人才建设的教师培养目标、计划及实施方案。在学校与各二级学院的共同培养下，一线专任教师的理论知识素质得到较大提升。

在北华航天工业学院与各二级学院的邀请下，许多企业专家被聘请为专项实践教学教师、毕业设计指导教师与毕业设计答辩专家。与校内一线专任教师相比，企业专家具有丰富的实践经历与项目经历，专业实践技能较强，但是理论知识基础与教育教学方法等仍需要加强和巩固。为了提升企业教师的专业理论素质，学校与企业加强校企融合，邀请企业教师来校参加教学交流活动，由校内教师分享授课经验与教育教学方法，促进了企业教师理论素质的提升，为企业教师更好地开展实践教学活动做了理论上的准备。企业教师在介绍企业真实项目案例过程中，按照高等教育学的相关理论知识和高等教育心理学的相关技术与方法，引导大学生将理论知识用于指导实践，促使大学生的实践能力得到不断加强。此外，由企业教师在掌握高等教育教学方法与技术的基础上负责考评学生的学习情况，也便于企业更好地掌握学校应用型人才的培养情况，从而选择优秀的毕业生入职企业，为企业培养了大量优秀的应用型人才，同时也促进了大学生高质量就业。

6.3.2 加强教师队伍实践技能锻炼

地方应用型本科高校教师队伍是否具备较好的实践技能是影响应用型高校复合应用型本科人才培养质量的重要因素。只有加强地方应用型高校教师队伍实践能力的培养，建设“双师型”教师队伍，并建立健全“双师型”教师队伍考核与激励机制，才能实现应用型高校复合应用型本科人才培养质量的持续性、渐进性、螺旋式上升。

以北华航天工业学院网络工程专业为例，该专业极其重视教师队伍建设，截至 2023 年 12 月，该专业已建有一支精干的、高素质的专职教师团队，所有教师均具有硕士以上学位，其中“双师型”教师占 100%，副教授以上职称及博士学位教师占 70%。网络工程专业教师结构合理、教学质量高、凝聚力强、勇于创新、专业实践经验丰富，这促使毕业生就业渠道不断拓宽，就业服务体系全面完善，就业率和就业质量实现了稳定增长和螺旋式上升。近三年，网络工程专业就业率均在 95%以上。

北华航天工业学院教师队伍实践能力的提升主要包括 6 方面，即引导教师到企业中开展挂职锻炼、组织教师积极申报或参与各类科研项目、引导教师积极参与指导大学生学科竞赛、组织各类教师实践能力提升培训活动、鼓励教师通过实践锻炼考取专业技术任职资格或技能证书、建立健全“双师型”教师队伍考核与激励机制等。

1. 引导教师到企业中开展挂职锻炼

在地方应用型本科高校“双师型”教师队伍建设中，广大一线专任教师需要对“双师型”

教师培养的重要性、“双师型”教师队伍应具备的专业知识、实践技能及综合素质具有明确的认知，在此基础上，积极转变观念，主动到企业中进行挂职锻炼。

(1) 学校在转型发展的过程中，十分重视对教师实践能力的培养，鼓励教师到企业中挂职锻炼。为向教师提供更多可挂职锻炼的企业和机会，学校大力加强校企合作，许多教师借助于“产教融合与校企合作”的平台到企业中挂职锻炼。作为一所地方应用型本科高校，近十年来，北华航天工业学院每年都有近十名专任教师申请到企业中进行挂职锻炼。他们充分认识到“双师型”教师对于复合应用型人才培养的意义，努力提高自身的学习积极性与实践主动性，积极成长为一名学习型教师、知识型教师和实践型教师。

(2) 学校与企业加强沟通与交流，鼓励广大教师在挂职锻炼的过程中，积极参与企业正在进行的工程项目。通过接触真实项目，广大教师深入了解了行业企业对于专业人才的技能要求，使得广大教师能够在教育教学过程中依据这些企业要求设置教学内容、创新教学设计、开展教学方法改革。

(3) 教师挂职锻炼的过程是理论联系实际的过程，也是实践技能不断提高的过程。在北华航天工业学院，教师在企业挂职锻炼的时间一般为 3～6 个月，其中多数教师在企业中进行了为期半年的企业实践。在企业工作实践过程中，教师巩固和深化了自身的专业理论知识，提升了专业实践技能和动手操作能力，并对企业人才招聘、大学生就业及应用型人才技能要求等有了更深层次的认识。在北华航天工业学院计算机学院，近 10 年来，共有多名专任教师到中国电信集团系统集成有限责任公司等互联网企业中进行挂职锻炼，实践技能得到较大提升。

为了加快学校“双师型”教师队伍建设，北华航天工业学院制订了“教师创新教学能力提升”行动计划，组织教师参加省内外的教学方法系列培训进修或利用数字化平台参加网络在线学习，同时做好外聘教师的教学能力提升工作，加强对外聘教师教学方法、教学手段等教学基本功的培训，不断夯实外聘教师的理论知识基础，同时提高他们的专业技能。

2. 组织教师积极申报或参与各类科研项目

为了提升学校教育教学质量，北华航天工业学院努力营造领导重视教学、教师潜心教学、制度激励教学、政策倾斜教学、科研促进教学、管理服务教学、后勤保障教学、舆论导向教学、人人关心教学的教学文化氛围，全面提升本科教育教学质量，尤其是在科研促进教学过程中，学校制订了《科研成果奖励实施办法》等政策文件。

为培养教师较强的科研能力和较高的学术水平，使其胜任学生工程实践能力的培养工作，学校组织并鼓励广大教师积极申报、参与学校组织的及政府部门或政府部门委托相关协会或研究会组织的纵向科研项目，同时鼓励教师加强与企业间的合作，积极开展横向科研项目。在航天科研院所技术开发项目中，学校广大教师在科研项目研究时积累了丰富的工程实践经验。众多同学参与到教师科研项目中，推进了学校复合应用型人才的培养工作。

2013 年以来，计算机学院积极组织专任教师主持申报或参与申报各类科研项目，教师的科研能力与专业实践技能取得了较大提升。其中网络工程专业教师共主持科研教研项目 70 余项，研究经费总额超过 500 万元，广大教师在教学、科研、社会服务等方面取得了优秀的业绩。计算机学院教师主持或参与的科研项目涉及国家自然科学基金项目、河北省自然科学基金项目、河北省科技厅项目、河北省教育厅科研项目、廊坊市科技局项目、学校科研项目，以及教师与企业签订的横向合作科研项目等。在进行科学研究与社会服务过程中，许多学生加入到教师科研团队中来，在教师的指导下，学生的科研能力与专业技能不断得到锻炼和加强。

此外，学校也积极加强与其他高校的科研合作，以期通过高校间的科研合作，提升广大教师的科研水平与实践技能。2023 年 11 月 25 日上午，北华航天工业学院与新疆科技学院在学校东校区召开座谈会，并签署战略合作框架协议。双方在干部交流、科研合作等方面交流交往密切，通过两校战略合作协议的签署，进一步拓展了两校的合作空间，完善了沟通联络机制和工作协调落实机制，在师资队伍联合建设、服务国家重大战略联合攻关、科研合作等方面，实现了优势互补、资源共享，促进了双方人才培养质量的提高，有利于更好地服务国家和地方战略。

3. 引导教师积极参与指导大学生学科竞赛

地方应用型本科高校大学生的成长不仅包括专业知识的学习，还包括大学生心理健康、创新能力、创造能力、工程实践能力等多方面能力的培养。计算机学院教师在开展课堂教学的同时，结合个人科研项目，充当创新创业导师，积极参与大学生的学科竞赛指导与课外科技活动指导。在竞赛方面，学院各专业积极指导大学生参加学科竞赛，从与基础学科相关的 C 语言编程竞赛，到与专业相关的计算机设计大赛、小程序设计大赛、信息素养与应用竞赛、机器人大赛、全国软件专业人才设计与创业大赛等。在大学生报名参加相关学科竞赛后，学院广大专任教师积极参与到指导学生比赛的行列中，取得了丰硕战绩。

近年来，计算机学院近半数以上教师担任大学生学科竞赛与其他课外科技活动指导教师，教师的实践能力与学生的实践能力均获得较大锻炼与提升。其中，网络工程专业共有 10 余名专任教师参与组织并指导本专业大学生参加校级、市级、国家级各类竞赛，其中获国家级、省部级及市厅级奖项达 100 多项，参与学科竞赛学生人数达专业总人数的 60％以上，大学生在学科竞赛活动中大大提升了自身的实践能力与综合素养。

除了计算机学院以外，北华航天工业学院各学院学生也积极参加各类学科竞赛，相关专任教师也在学科竞赛中充分发挥了指导作用。以 2023 年首届全国大学生职业规划大赛为例，学校经济管理学院成长赛道报名学生近 200 名，数十名专任教师担任大赛指导工作。在 2023 年北华航天工业学院大学生创新创业训练计划项目申报过程中，学校材料工程学院近 60 支参赛团队报名，约 300 名学生参加了此项科技活动，学校大约 40 名教师参与了材料工程学院此项科技活动的指导工作。通过指导大学生参加各类学科竞赛，广大教师积极参与到项目实践活动的指导过程中，促进了教师实践技能的提升和复合应用型人才的培养。

4. 组织各类教师实践能力提升培训活动

北华航天工业学院和学校各二级学院采取多种措施培养和提高教师的教学水平和工程实践能力，保证全体专任教师有足够的教学能力、专业水平与实践技能。在这些措施中，学校组织的各类教师实践能力提升培训活动成效显著。

为了提升学校教师队伍综合素质，学校制订了一系列的政策与文件，加快师资队伍建设，提升教师的各项能力。2020 年，学校出台的《北华航天工业学院教师教学工作规范》要求新入职青年教师必须参加廊坊市高校教师岗前培训和学校岗前培训并获得合格；全体任课教师需取得高等学校教师资格证书。对于未取得高等学校教师资格证书的新入职青年教师，不得担任教学任务和进行岗位晋升。

学校发布的《关于进一步加强青年教师队伍建设的若干意见》要求新入职青年教师必须经过 1 年以上的“老带青”导师制培养模式，在助课、助研的同时积极参加实验室建设、管理等工作，考评合格后才能获得主讲教师资格，而且考评过程中新入职教师需要参加微课教学录制及青年教师基本功比赛。

为提升教师的实践教学水平，学校进一步完善全方位、立体化、覆盖教学各环节的教学质量监控体系，发布了《北华航天工业学院教学质量监控与评价管理办法》，在此基础上，各二级学院制订了本学院教师教学质量评价办法。《计算机学院教学质量评价办法》指出要切实推进课堂教学质量评价工作的科学化和规范化，促进教师科学合理地设计教学环节，更好地发挥教学潜力，不断优化教学过程，改进教学工作，提高课堂讲授水平和教学质量，通过听课、学生座谈、学生及督导专家评教、教学文档检查等措施综合评定教学效果。

依据《北华航天工业学院岗位职责规定》，学校对广大教师实行岗位聘任制，且在岗位职责中对教师的教学工作量、科研工作量、学生指导、在职进修、培训学习等都进行了量化规定。为促进全体教师实践能力的提升，学校充分利用数字化技术，构建数字化学习平台，分享优秀教学资源，广大教师通过相互沟通交流和学习，自身实践技能不断得到提升。

北华航天工业学院通过制订上述保障制度和措施，使得专业教师在教学能力方面，尤其是在实践教学能力方面取得了显著进步，使广大专任教师具备了河北省和学校对教师职业能力的基本要求，了解所讲授课程领域的知识前沿，具备相关领域和方向的研究能力。通过参加各类培训活动，广大教师不仅熟练掌握了所讲授课程的教学内容，具备了从事相应课程教学的基本技能和方法，而且具备了一定的、与课程相关的工程实践能力和经验，能够指导学生更好地开展课程实践活动。

为了能够更好地提升“双师型”教师队伍的素质，北华航天工业学院除了严格把关招聘过程以外，还积极对高校教师开展培训活动，丰富广大教师的专业知识，保证广大教师的教学能力、知识体系和专业技能能够不断扩展，并与时俱进。除此以外，北华航天工业学院广大教师群体还充分利用各种网络资源和学习平台，借鉴其他优秀高校关于“双师型”教师教学方法、教学理念、教学模式等方面的具体做法，取长补短，与学校自身发展情况相结合，因地制宜地制订合理的教师培养计划。

5. 鼓励教师通过实践锻炼考取专业技术任职资格或技能证书

北华航天工业学院规定，“双师型”教师的基本条件有两个，即教师首先要具有高等学校教师资格证，并能够熟练主讲两门以上理论课程的在职专任教师。这两个基本条件是“双师型”教师评定的前提条件。在满足“双师型”教师的这两个前提条件的基础上，学校教师可以通过取得国家承认的、与本专业相关的非教师系列中级及以上专业技术任职资格证书（含相当的执业资格证书），或人力资源和社会保障部门、行业相关组织颁发的、与本专业相关的高级工及以上技能等级证书，或具有本专业相关考评员资格证书（如测试员、考评员、培训师等），体育学科教师获国家二级裁判员、B 级或中级教练员资格证书等被评定为“双师型”教师。这些职业资格或职业技能证书的获得，可以充分反映教师的实践水平，因此，学校鼓励教师通过实践锻炼考取专业技术任职资格或技能证书。

地方应用型本科高校教师专业技术任职资格制度要真正发挥作用，还需要相关制度或政策制定者明晰其对于提升教师实践技能与开展应用型高校人才培养的重要性。基于此，学校应加强与社会企业之间的交流及合作，使更多企业加入到对专业技术任职资格或证书考评的过程中，加强社会力量对教师职业资格制度的监督，为地方应用型本科高校培养优秀的复合应用型人才创造良好的社会制度环境，并通过竞争加快教师职业资格制度的发展。在北华航天工业学院，已有多名教师获得了思科 CCNA 证书、软件工程师证书、注册会计师证书等，教师的实践技能不断增强，并在教育教学过程中，将这些专业任职资格证书要求具备的专业才能通过真实案例展示给相关专业学生，提升大学生的专业水平与实践技能。

6. 建立健全“双师型”教师队伍考核与激励机制

在产教融合背景下，为了加强“双师型”教师队伍建设，地方应用型本科高校可以通过采取多种措施提升专任教师的实践教学能力，健全师资队伍考核评价与激励机制。北华航天工业学院坚持把人才强校、人才兴校作为学校发展的不竭动力，把师资队伍建设作为学校最重要的基础性工程来抓，努力打造一支政治素质过硬、师德高尚、业务精湛、敬业奋进、结构合理的高水平“双师型”师资队伍。在学校师资队伍建设过程中，全体教职员工加强思想引领，坚定理想信念；坚持立德树人，崇尚以德立身；勤修教学内功，提升培养质量。

一是拓宽人才引进渠道，重视教师实践经验。学校在招聘教师过程中，由传统重视教师学历转变为既重视教师学历，也重视教师实践经验，并重考虑教师的学历和行业企业工作经历，确保新入职教师的教育教学素养和专业实践能力。在同等学力情况下，学校优先选择有行业企业工作经历的师资力量。以学校计算机学院为例，近三年学院新入职的专任教师中半数以上具有企业工作经历，部分新入职教师兼有高学历和互联网企业丰富项目经验，这对于培养复合应用型计算机专业人才具有积极意义。二是重视校内外交流与沟通。作为一所服务地方和为区域经济社会发展培养复合应用型人才的本科高校，北华航天工业学院努力为全校在职教师、聘请的外校教师及企业教师提供交流、合作的平台，促进校校之间及校企双方开展人才对接工作，在专业知识、职业技能、行业发展及学生心理特点等方面进行沟通交流，建设学校“双师型”师资队伍。三是推进教师考评制度持续改革与完善。地方应用型本科高校教师要根据市场需求变化和行业企业对应用型人才的要求，持续提高自身创新能力与专业水平，动态调整专业知识结构，吸纳学科与专业领域前沿科技研究成果，加强产教融合与校企合作，促进应用型本科高校科研成果转化。

为激励学校教师积极成长为“双师型”教师，北华航天工业学院在近几年教师系列及其他系列高级职称推荐评审量化评分标准中单独对教师实践能力进行了量化。依据学校 2023 年高级职称推荐评审量化评分标准，凡是经学校认定取得“双师型”教师资格的教师，可获得与考核合格的驻村教师和援疆援藏教师同样的社会实践分值。在学校教师职称评定环节中，学校也强调理论知识研究和实践教学研究对于应用型高校转型发展和应用型人才培养的重要性，将科研成果转化率、横向课题数量、社会服务情况等作为教师职称评价的重要指标。

6.3.3 推动教师队伍师德师风建设

习近平在中国人民大学考察时强调，我们的教师既要精通专业知识，做好“经师”，又要涵养德行，成为“人师”，要努力培养担当民族复兴大任的时代新人，培养德智体美劳全面发展的社会主义建设者和接班人。加强应用型本科高校教师师德师风建设，是落实立德树人根本任务、提升教师思想政治素质与道德素质、办好人民满意的高等教育的必然要求。新时代应用型高校教师师德师风建设，关系到党的高等教育方针政策的全面落实，关系到国家科教兴国战略的顺利实施，关系到中国特色社会主义事业薪火相传，也关系到复合应用型人才培养的思想政治素质与道德修养。

建设教育强国和推进中国高等教育实现现代化，必须加强地方应用型本科高校师德师风建设，着力打造一支政治素质过硬、业务能力精湛和育人水平高超的优秀教师队伍。中华优秀传统师德师风文化是当代地方应用型本科高校加强师德师风建设的“根”与“魂”，是新时代打造“大国良师”的历史文化基因。习近平总书记指出，“要加强师德师风建设，引导广大教师坚定理想信念、陶冶道德情操、涵养扎实学识、勤修仁爱之心，树立‘躬耕教坛、强国有我’的志向和抱负，坚守三尺讲台，潜心教书育人。”

加强教师师德师风建设有利于促进地方应用型本科高校教育事业稳定发展。地方应用型本科高校肩负培养地方经济发展和行业企业急需的应用型人才的重任。而在高等教育大众化的大环境下，地方应用型本科高校也将面临全新挑战，更需要加强青年教师师德师风建设，使广大教师能够丰富专业知识储备，提高思想道德素养，从而进一步提升大学生的思想政治素质与道德修养，最终促使地方应用型本科高校复合应用型人才培养的综合竞争力得到全面提升。大力开展教师师德师风建设，是促进地方应用型本科高校人才培养质量发展的有力举措。

北华航天工业学院关于推进教师师德师风建设的举措主要涉及以下几方面。一是引导广大教师树立正确思想观念。从教师入职之日起，学校便积极组织开展各项思想宣传教育工作，通过对先进教师模范事迹的宣传，引导全体教师向模范教师学习。学校以全国优秀教师为榜样，引导学校全体教师积极向黄大年、郑德荣等优秀师德楷模学习，形成正向的思想观念，争做学生满意的优秀教师。二是组织开展多元化的，以“师德师风建设”为内容的培训活动。学校人事处、法制办、纪检监察办公室等部门联合组织了多场关于教师师德师风方面内容的培训活动，组织广大教师定期深入开展师德师风专题教育培训活动，多途径培养广大教师的思想道德修养。三是营造良好的师德师风建设氛围。学校充分利用微信公众号、学校 BBS、微博等互联网平台，宣传学校优秀教师典型，为广大教师树立学习的榜样。四是挖掘专业课程教学中的思政元素。学校大力加强课程思政建设，举办课程思政教学比赛，设置课程思政教研项目，其目的都是让广大教师在将思政元素融入课程教学的过程中，逐渐提升自身思想道德素质。五是完善师德师风考核评价机制。为进一步加强学校师德师风建设，建立健全师德师风考核评价制度，促进教师提升思想政治素质和职业道德水平，有效防止师德失范行为，学校于 2020 年 12 月 7 日颁布实施了《北华航天工业学院师德师风年度考核办法》，考核内容以《高等学校教师职业道德规范》《新时代高校教师职业行为十项准则》为基本依据，具体包括坚定政治方向、自觉爱国守法、传播优秀文化、潜心教书育人、关心爱护学生、坚持言行雅正、遵守学术规范、秉持公平诚信、坚守廉洁自律、积极奉献社会 10 方面的内容。

为了推动教师队伍师德师风建设，北华航天工业学院号召全校教职员工要传承学校优良传统，合力讲好华航故事，选树先进典型，心往一处想、劲往一块使，不驰空想、不骛虚声，多一些主人翁精神、多一些参与意识,锲而不舍,久久为功,走好华航人自己的长征路,以"功成不必在我,功成必定有我"的决心和斗志,以"时时放心不下"的责任感和"事事落实到位"的事业心,凝聚起"创建大学"团结奋进的磅礴伟力。

6.4 提升大学生创新创业能力

随着我国高等教育规模的不断扩大和毕业生人数的逐年增加,大量本科毕业生面临着激烈的市场竞争和严峻的就业形势。在这种就业环境下,国家高度重视大学生自主创业,在高等教育过程中大力开展大学生创新创业能力的培养。尤其是关于"大众创业、万众创新"号召的提出,再一次凸显了当前严峻就业形势下大学生创新创业能力培养的极端重要性。大学生创新创业能力的培养和提升主要包括知识积累、实践锻炼和能力提升3方面。

6.4.1 构建完善理论教学体系

知识是大学生创新创业之本。有了丰富知识武装头脑,大学生才能在创新上和创业中有所作为。创新是发展的动力,而知识又是推动创新的密码。在科技创新日新月异的今天,知识更是创新创业成功的坚实基础。地方应用型本科高校的大学生通过学习知识和积累知识,不仅可以成为一个优秀的人,而且可以成为对社会发展和民族复兴作出卓越贡献的人。大学生知识的学习和积累离不开高校理论教学体系的构建。为了培养社会经济发展和行业企业急需的复合应用型人才,北华航天工业学院努力从教学内容设计、教学方案设计及教学方法改革等方面入手,构建完善理论教学体系。

1. 创新教学内容设计

开展创新创业教育,培养创新创业人才已成为21世纪我国高等教育所要解决的重要问题。创新创业教育的实施是一项有关更新高等教育思想观念、变革高等教育管理体制、推进高校课程教材建设现代化,以及实现高等教育评价科学化的极其复杂的系统工程。在地方应用型本科高校开展创新创业教育必须综合设计,整体谋划,逐步推进。

高校开设的各门课程是由课程育人目标、基本文化成果及学习活动方式组成的,用以指导学校育人规划和引导学生提高认识、丰富知识、提升自己的媒体。应用型高校大学生在校学习期间,主要接受的是各门课程的教育,因此,应用型本科高校教育教学改革的目标和方向最终必须落实在具体课程的设计与讲授过程中,通过课程的具体实施来实现。因此,创新课程教学内容设计和推动课程体系改革是实施创新创业教育的核心环节。开展创新创业教育必须重视课程的改革和创新。应用型本科高校课程主要包括基础课、专业基础课与专业课三大类课程,其中每类课程又覆盖理论课程与实践课程两方面。应用型本科高校课程体系简框如图6-7所示。

课程教学内容的设计和改革是高等教育教学改革的一个难点,因而地方应用型本科高校创新创业人才的培养需要创新教学内容设计,深化教学内容改革。培养具有创新创业能力的复合应用型人才是新时代地方本科高校转型发展过程中关于本科人才培养的主要目标。大学生创新创业能力是一种综合能力,其中创新思维和创业意识则是创新创业能力的基础与核心。创新思维以逻辑思维为基础,通过培养大学生的逻辑思维与发散性思维等非

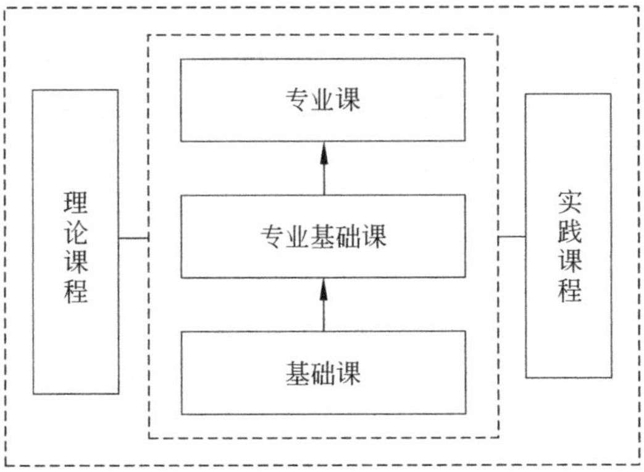

图 6-7　应用型本科高校课程体系简框

逻辑思维，使大学生树立创新思维，从而形成创新创业能力。为了开发大学生的创新思维，教师往往需要通过创新课程教学内容培养大学生的创新思维。例如，学校文理学院及经济管理学院在开展“组织行为学”和“管理学”等课程的授课过程中，面对组织困境，可以结合“大学物理”授课内容中的熵增定律这一知识点，开展跨学科融合式讲解，以拓展大学生的创新思维，通过充分了解组织行为学和管理学中的社会组织呈现的熵增现象及其形成原因，提出解决组织困境的熵减对策。

由于北华航天工业学院是一所以航天为特色的地方应用型本科高校，学校在设计课程教学内容时多结合学科专业特点与复合应用型人才培养的要求，融入航天特色，从基础课到专业基础课再到专业课，形成了一个完整的具有航天特色的知识脉络与专业知识基础。以学校计算机学院“软件测试技术”课程为例，为更好地培养航天企业急需的软件测试人才，计算机学院创新教学内容设计，深化教学内容改革与教学内容创新，结合航天企业具体工程项目，有重点、有层次、全面性、渐进式、显特色地创新课程教学内容，夯实了大学生的软件测试技术基础，为培养更多优秀的航天计算机人才打下了坚实的知识基础。新时代，创新型应用技术人才的培养对广大教师的知识储备与学习能力提出了更高的要求。因此，教师必须不断更新知识储备，努力提高自身的教学质量和科研技能，掌握大量优秀的教学素材，在设计教学内容过程中真正做到融会贯通，才能达到培养复合应用型大学生创新创业能力的目的。

此外，为了提升大学生的创业能力，由学校经济管理学院作为课程责任课单位，开设和主讲了“大学生就业基础”课程。在该课程的理论知识学习阶段，学校根据经济社会发展要求和国内外企业发展情况，逐年更新教学内容，真正做到了知识内容与社会实践的统一，使广大学生在解放思想、实事求是、与时俱进中，不断积累创业知识，了解世界前沿发展动态，从而动态调整个人技能要求，实现个人创新创业能力螺旋式增长。

2. 创新教学方案设计

教学方案是任课教师对单元教学过程的计划安排，是教师开展教学活动的依据，体现了教师的教学特色与教学方法。任课教师的授课效果如何在很大程度上依赖于教学方案设计的质量。教无定法决定了教学方案的多样性。教师创新教学方案设计，一方面可以优化教学内容，突出重点与难点；另一方面也可以提升大学生的学习积极性与学习效果。因此，教师应根据课程目标与课程特点，结合学生成长阶段与专业需求，合理设计教学方案，并根据就业创业需要创新教学方案设计。

在北华航天工业学院计算机学院开设的专业课程中,"计算机组成原理"与"计算机程序设计基础""数据结构""计算机网络原理""操作系统"等课程被视为计算机各相关专业的核心专业课。以"计算机组成原理"为例,该课程由理论学时和实验学时组成,要求学生掌握计算机系统硬件的组成原理、逻辑设计、实现方法和技术。为了提升计算机各专业学生的学习积极性和学习兴趣,同时让学生通过该课程的学习开展独立的计算机组成原理相关方面的验证性实验、设计性实验与创新性实验,学院相关任课教师结合实际工程项目案例,设计理论知识教学方案与实验教学方案,在开展理论教学方案的基础上,促使学生夯实理论知识基础,然后实施实验教学方案,实现了"计算机组成原理"课程从浅层理论知识到深层理论知识,然后又从各层理论知识到相应实验技能的知识体系与实践技能的螺旋式上升。

专业课知识的强化以专业基础课为知识积累,而专业基础课的知识内容又以基础课为积淀。因此,地方应用型本科高校的大学生要想掌握雄厚的专业知识,必须努力学习专业基础课和基础课。其中基础课程的开设为大学生各项技能的掌握奠定了前提和基础。以"大学生职业规划与就业指导"课程为例,为了提升大学生职业规划和就业方面的能力,计算机学院相关任课教师创新教学方案设计,分专题介绍课程相关内容。以该课程就业指导环节为例,在对大学生进行就业指导过程中,任课教师积极开展调研,了解班级学生的就业方向,然后依照这些就业方向,将相关教学内容分为若干专题开展专项授课。总体而言,大学生的就业方向,主要包括找工作、升学、考公、考事业单位、当兵入伍、大学生村干部和支教等多个方向。北华航天工业学院网络工程专业2019—2021年毕业生当年就业方向情况见表6-20。

表6-20 北华航天工业学院网络工程专业2019—2021年毕业生当年就业方向情况

毕业年份	互联网企业	国企	行政事业单位	升学	部队	其他	待就业
2019	39人	15人	2人	2人	0人	2人	3人
2020	30人	29人	2人	3人	2人	2人	2人
2021	56人	5人	2人	1人	0人	2人	2人
平均占比	62.19%	24.38%	2.99%	2.99%	0.99%	2.99%	3.47%

由于北华航天工业学院为地方应用型本科高校,找工作是大学生最重要的就业方向之一,因此,在设计教学方案时,学校广大教师会结合2019—2021年毕业生的就业方向和就业单位等情况开展教学工作。教学方案的创新设计及相关就业案例的选取,极大地提升了学生的学习热情,同时也促使学生依据就业意向单位要求提前做好准备,提升了大学生的就业质量和就业率。网络工程专业2019—2021年就业率情况见表6-21。

表6-21 网络工程专业2019—2021年就业率情况

毕业年份	毕业人数	就业人数	就业率
2019	63	60	95.24%
2020	70	68	97.14%
2021	68	66	97.06%

在教学方案实施的过程中，北华航天工业学院坚持质量依据和考核标准，对本科教学全过程实行目标导引。对于教学活动中的各主要教学环节及教学活动主体，学校和学院都有明确的质量要求，包括课程教学大纲（含实验大纲）编制、课程教学计划、教材选用、课堂教学、课程作业、课后辅导、课程考核等，为教学质量监控和评价提供依据。学校按照“制度—运行—评价—反馈—改进”的机制，定期开展课程体系设置和课程质量评价。在这一机制的影响下，学校教学质量呈现逐年上升态势，毕业生质量也赢得了用人单位的普遍认可。

3. 创新教学方法改革

在地方本科高校向应用型高校转型发展的过程中，传统的教育教学方法已经不能适应地方本科高校培养复合应用型人才的需要。为了提高人才培养的质量，满足高等教育大众化和数字技术快速发展的需要，地方应用型本科高校纷纷探索教学方法改革，提出讨论式、启发式、参与式、探究式的高等教育教学方法。北华航天工业学院大力推进教学方法改革，以期为河北省经济社会发展和京津冀区域行业企业发展培养更多优秀的复合应用型人才。

学校教学方法改革主要体现“以学生为中心、目标为导向”的教育教学理念，引导授课教师深入浅出地解决教学中的重点、难点和疑点问题，重视采用理论联系实际的方法分析与解决复杂工程问题。例如，在学校各门思政课授课过程中，全体思政课教师积极探索教学方法创新，合理地采用课内讨论、分组讨论、翻转课堂、案例教学等教学方法，教学成效显著。为提升大学生的上课“抬头率”，马克思主义学院积极开展实践研学活动，通过实践研学成果进课堂和研学地点现场直播授课行动，激发了大学生学习思政课的热情，促使全校大学生思想政治素质不断提升。近三年，学院探索思政课教学方法改革以来，越来越多的大学生积极参与当兵入伍、扶农支教、义工帮扶及大中小学思政一体化“手拉手”活动等。有许多大学毕业生毅然选择到西北、西南、东北等祖国需要的地方去建设我国的航天事业。

教学方法改革不仅体现在改革理论课教学方法上，也体现在改革实验课教学方法上。在学校实践教学过程中，各专业重点推行基于问题、基于项目、基于案例的教学方法和学习方法，加强综合性、创新性、设计性实践科目设计与应用，加强大学生专业知识学习和职业精神养成，依照国际工程教育认证标准，着力提高大学生解决实际工程问题的能力。此外，学校充分利用信息技术，在“能实不虚”的原则下加强虚拟仿真实验项目的应用，在专业课程或专业方向课程中设置涵盖“理论+设计+制作+测试”的专业综合设计类课程（不少于 3 学分/门），每门至少覆盖 3 门及以上学科专业课程内容，体现“做中学”的教学理念和教学模式，着力提升大学生创新能力、合作能力与实践能力，大学生的综合素质得到多元化拓展。通过充分利用各种网络教学平台开展数字化实践，北华航天工业学院推广了“1+4+X”数字化螺旋式复合应用型本科人才培养模式，并取得了较好的育人成效。

6.4.2　培养学生创新创业素质

在北华航天工业学院，大学生利用学校提供的各种资源与数字化实践平台积极参加各类实践项目、学科竞赛与社团活动，有效提升了自身的创新创业素质。计算机学院依托科协每年组织 IT 科技节、算法竞赛科普知识讲座、“互联网+”申报、“挑战杯”申报、“大学生创新创业”申报等，多层面、多角度强化了班级学生的学习意识，提高了学生的专业技能和综合能力。近三年北华航天工业学院计算机学院学生参加的学科竞赛获奖情况见表6-22。

表6-22 近三年北华航天工业学院计算机学院学生参加的学科竞赛获奖情况

竞赛名称	竞赛等级	获奖等级
全国大学生计算机应用能力与信息素养大赛	国家级	国家一等奖、国家二等奖、国家三等奖
蓝桥杯全国软件和信息技术专业人才大赛决赛/华北赛区	国家级、省部级	国家优秀奖、国家二等奖、国家三等奖、省级一等奖、省级二等奖、省级三等奖
中国高校计算机大赛——团体程序设计天梯赛	省部级	省级一等奖、省级二等奖、省级三等奖
全国大学生软件测试大赛——开发者测试个人赛省赛	省部级	省级一等奖
全国大学生软件测试大赛——Web应用测试个人赛省赛	省部级	省级一等奖
全国大学生大数据技能竞赛——本科组总决赛	国家级	国家三等奖
"新华三杯"全国大学生数字技术大赛决赛/华北赛区	国家级、省部级	国家二等奖、国家三等奖、省级一等奖、省级二等奖、省级三等奖
中国大学生计算机设计大赛决赛/华北赛区	省部级	国家二等奖、国家三等奖、省级一等奖
中国高校计算机大赛——微信小程序应用开发赛2020省赛	省部级	省级二等奖、省级三等奖
华北五省(市、自治区)大学生机器人大赛	省部级	省级二等奖、省级三等奖
中国大学生计算机博弈大赛	国家级	国家三等奖
"火焰杯"软件测试高校就业选拔赛决赛	国家级	国家优秀奖
"工行杯"全国大学生金融科技创新大赛省赛	省部级	省级一等奖、省级二等奖、省级三等奖
河北省大学生"调研河北"社会调查活动	省部级	省级一等奖、省级二等奖、省级三等奖
2021年"挑战杯"河北省大学生课外学术科技作品竞赛省赛	省部级	省级一等奖、省级二等奖、省级三等奖
全国大学生软件测试大赛省赛	省部级	省级一等奖、省级二等奖、省级三等奖
"竞技世界杯"中国大学生计算机博弈大赛	国家级	国家一等奖
河北省大学生程序设计竞赛	省级	省级一等奖
河北省大学生创业计划竞赛	省级	省级二等奖、省级三等奖
践行习近平新时代中国特色社会主义思想冀青工作调研大赛	省级	省级一等奖

6.4.3 提升大学生就业能力

大学生的就业能力关系到大学生能否成功就业及就业后能否胜任岗位工作。北华航天工业学院作为河北省本科高校转型发展示范学校与创新创业改革示范校，十分重视大学生就业能力的培养。为了提升大学生的就业能力，学校采取了多样化举措，包括修订并完善人才培养方案、组织学生到企业中开展实习实训、鼓励学生考取职业资格证书等。

1. 修订并完善人才培养方案

根据大学生就业环境和就业形势，在北华航天工业学院"十三五"规划指导下，学校不断修订并完善人才培养方案学校。最新修订的 2021 版人才培养方案，明确了各专业的服务面向和就业领域，同时也明晰了毕业要求对培养目标的支撑关系，不仅设置了"大学生职业规划与就业指导""大学生创业基础""演讲与口才""公文写作"等课程，重视大学生职业规划能力与就业能力的培养，而且在专业基础课和专业课设置方面，邀请众多行业与企业专家参与，为各专业制订翔实合理的培养方案发挥了重要作用。

经过近 20 年的发展和完善，北华航天工业学院计算机学院以计算机人才产业需求、技术能力培养为导向，不断完善课程体系和培养方案，以案例驱动和学科竞赛设计授课模式，提高学生学习兴趣。以网络工程专业人才培养方案修订为例，计算机学院主要通过高校调研、行业调研、会议评审等多个阶段，就当下学校复合应用型人才培养目标及企业计算机人才要求进行了综合分析，最终确定了 2021 版网络工程专业人才培养方案。北华航天工业学院网络工程专业人才培养方案修订内容见表 6-23。

表 6-23　北华航天工业学院网络工程专业人才培养方案修订内容

阶　段	任　务	结　果
高校调研（第一阶段）	邀请其他高校的教学院长和专业负责人详细介绍相关专业认证工作，然后根据国际工程教育认证标准自上向下设计人才培养方案	加深了对培养目标、毕业要求和课程体系间相互关系的认识，理顺了制订培养方案时的工作思路
行业调研（第二阶段）	与企业高级技术人员和管理人员交流技术发展趋势、人才需求状况等	建立了与地方互联网之间的长期合作关系
会议评审（第三阶段）	多位教育专家和行业专家应邀参加会议评审，从高校教育、行业需求等对培养目标、毕业要求和课程体系进行了全方位评审，肯定了方案中合理的地方，同时提出了中肯的修改意见	培养目标和培养方案能更加突出特色、符合先进的高教理念、适应市场实际需求
最终定稿（第四阶段）	整合人才培养方案修改意见	制订满足产业发展和行业企业需求的、具有一定专业特色的人才培养方案

2. 组织学生到企业中开展实习实训

在北华航天工业学院复合应用型人才培养过程中，各专业始终坚持厚基础、重实践的理念，紧跟行业发展趋势和人才需求导向，全方位深入开展校企合作，聘请企业工程师现场授课，以真实案例引入日常教学，提升了学生的学习质量和就业竞争力。

北华航天工业学院积极组织学生到企业开展专业实习与毕业实习。为提升大学生的就业能力，加强与企业之间的联系，学校专设了夏季学期，由各专业相关任课教师带队组织学生到企业中开展专项实习，使学生的就业能力在解决真实项目问题的过程中得到锻炼和提升。

3. 鼓励学生考取职业资格证书

职业资格证书是展现大学生职业能力的有力佐证。大学生在考取职业资格证的过程中,需要在掌握扎实理论知识的基础上,将理论充分应用于实践当中,从而不断提升自身的职业素质。以北华航天工业学院经济管理学院会计类、财务管理类等专业为例,为提升学生的专业实操水平,学院鼓励学生参加会计初级考试,大部分学生经过大学期间的学习和努力,在毕业之前就已获得初级会计证书,不仅提升了自身的职业素质,而且拿到了入职会计行业的敲门砖。

此外,学校也有相当一部分学生选择在毕业之前考取中小学教师资格证,这也是大学生积极提升自身就业能力的重要体现。大学生基于自身的专业特点、个人专长和兴趣爱好,考取语文、英语、数学、物理、地理、化学、历史、政治、信息技术等各相关学科中小学教师资格证,为自身未来从事中小学教师事业做好了准备。

6.5 培养国际化复合应用型人才

6.5.1 树立国际化复合应用型人才培养意识

习近平总书记指出,“要根据国际形势发展变化,完善教育对外开放战略策略,统筹做好‘引进来’和‘走出去’两篇大文章,有效利用世界一流教育资源和创新要素,使我国成为具有强大影响力的世界重要教育中心,要积极参与全球教育治理,大力推进‘留学中国’品牌建设,讲好中国故事、传播中国经验、发出中国声音,增强我国教育的国际影响力和话语权。要坚持扩大教育对外开放不动摇。深入贯彻总体国家安全观,把牢教育对外开放正确方向和安全底线。”

“一带一路”倡议为我国地方应用型本科高校开展国际化复合应用型人才培养提供了契机。在全面深化改革开放的背景下,培养具有国际化视野的复合应用型人才是我国地方应用型本科高校的人才培养目标之一。为了全面提升应用型人才培养的质量,北华航天工业学院在人才培养过程中树立了国际化复合应用型人才培养的意识,自动化、网络工程、电气工程与智能控制、通信工程等28个专业在制订2021版人才培养方案时,都将培养具有国际视野的复合应用型人才作为人才培养的重要目标。例如,在网络工程专业2021版人才培养方案中,明确提出网络工程专业所培养的复合应用型人才要能够把握计算机网络及网络安全领域的技术发展趋势,具有国际化视野,具有自主学习的能力和终身学习的意识,有可持续发展的能力。

6.5.2 完善中外合作办学国际化复合应用型人才培养方案

2016年6月28日经教育部批准举办,北华航天工业学院与美国圣马丁大学(Saint Martin's University)合作举办本科机械设计制造及其自动化专业教育项目,在此基础上,专门制订了机械设计制造及其自动化(中外合作办学)人才培养方案。机械设计制造及其自动化(中外合作办学)是北华航天工业学院第一个中外合作办学项目。该专业于2017年开始招生,以学校“机械设计制造及其自动化”国家一流专业建设点为办学基础,引入美国圣马丁大学优秀师资,按照ABET认证体系,与圣马丁大学共同制订专业人才培养方案。按照学校与圣马丁大学所签署学分互认协议,学生申请到圣马丁大学修读专业课程,学分修满,可以拿到北华航天工业学院与美国圣马丁大学两所学校的学位证书。美国圣马丁大学成立于

1895 年，距今已有 110 多年的历史。学校位于蕾西(Lacey)，华盛顿州首府奥林匹亚近郊，距离西雅图 1 小时、塔科马半个小时的车程。该地区气候温和，四季常青，风景秀丽。

机械设计制造及其自动化(中外合作办学)专业面向先进制造、航空装备等离散型工业，培养掌握机械产品设计制造、电子技术、计算机技术、测试技术、机电控制、先进制造技术的基础理论和技能，能从事机械制造领域内的设计制造、科技开发、技术经济管理、经营销售等方面的生产管理第一线需要的具有国际视野的高级应用型人才，做德、智、体、美、劳全面发展的社会主义事业建设者和接班人。北华航天工业学院机械设计制造及其自动化(中外合作办学)专业人才培养目标见表 6-24。

表 6-24　北华航天工业学院机械设计制造及其自动化(中外合作办学)专业人才培养目标

目标 1	具备良好的人文科学素养，理解中西方文化差异，熟悉所从事行业领域的法律法规与国际工程技术操作规范，具有环境保护意识和社会责任感，理解并能正确评价所从事的工程实践活动对文化、健康、安全、环境和社会可持续发展带来的影响，坚守职业道德规范
目标 2	具备多学科知识的交叉融合、实践能力和创新能力，能够运用数学、自然科学、工程基础理论、机械专业领域的相关知识及现代先进工具，针对机械专业领域的工程项目，设计有效的解决方案
目标 3	传承航天文化，具有团队合作精神，能够在专业实践和多学科背景下的团队中展现独立工作、团结协作和组织领导能力；能够就本专业领域的复杂工程问题与业界同行、社会公众进行有效沟通和交流
目标 4	具备自主学习和终身学习的能力，具有国际视野，能够通过继续教育或其他渠道更新知识，跟踪自动化技术的发展，积极主动适应不断变化的国际形势和环境

2020 年 4 月，经国家教育部批准，学校与乌克兰哈尔科夫国立茹科夫斯基航天航空大学联合举办通信工程(中外合作办学)专业，该专业隶属于电子信息类，依托于学校电子信息专业硕士点，是电子信息工程的一个重要分支。该专业融合两校的优质教学、科研、实验等资源，以培养有创新能力的通信应用系统开发、设计人才作为首要任务，充分利用驻地产业聚集优势，坚持知识、能力、素质协调发展和综合提高的原则，培养具有国际视野、通晓国际规则、善于国际交流，以及掌握专业领域世界前沿知识与技能的复合型、应用型、国际化专业技术人才。北华航天工业学院通信工程(中外合作办学)专业人才培养目标见表 6-25。

表 6-25　北华航天工业学院通信工程(中外合作办学)专业人才培养目标

目标 1	具有扎实的自然科学基础、强烈的社会责任感、良好的工程职业道德和敬业精神
目标 2	掌握通信工程领域的基本理论和基本知识，能够解决通信与网络方向相关复杂工程技术问题，承担相关技术或产品的研发和实施
目标 3	具备设计、开发、调测、应用通信系统和通信网、物联网的基本能力，具有创新意识和社会责任感
目标 4	能够通过终身学习途径获取知识、提升能力，跟踪技术前沿和发展趋势
目标 5	具有团队意识和良好的沟通能力，能够在多学科团队和跨文化环境下工作

机械设计制造及其自动化(中外合作办学)专业的核心课程覆盖高等数学、概率论与数理统计、大学物理、向量微积分、静力学、动力学、计算机辅助工程、机电一体化、机械设计、流体力学、振动理论、机械工程选修等课程。通信工程(中外合作办学)专业的核心课程覆盖电

路分析基础、模拟电子技术、数字逻辑电路、单片机原理及接口技术、信号与系统、数字信号处理与实现、通信原理、现代通信技术、电磁场与电磁波等课程。通过本科阶段这些课程的学习，机械设计制造及其自动化（中外合作办学）专业与通信工程（中外合作办学）专业的毕业生将在工程知识、问题分析、设计或开发解决方案、复杂机械工程问题研究、使用现代工程工具和信息技术工具、承担社会责任、促进环境保护和可持续发展、团结协作、沟通交流、项目管理与终身学习等方面获得相应的能力。

6.5.3 在国际化人才培养中充分利用远程教育技术

习近平总书记指出，教育数字化是我国开辟教育发展新赛道和塑造教育发展新优势的重要突破口。进一步推进数字教育，为个性化学习、终身学习、扩大优质教育资源覆盖面和教育现代化提供有效支撑。基于教育数字化，充分运用远程教育技术有助于开设线上授课与问题讨论，促进在校学生与美国圣马丁大学的任课教师实现师生互动。学校两个中外合作办学专业在国际化人才培养过程中充分利用远程教育技术，邀请海外业界知名人士开展远程讲座，不仅利用远程平台增设了一些供国内外师生互动讨论的课堂，也加强了中国学生与美国圣马丁大学、乌克兰哈尔科夫国立茹科夫斯基航天航空大学两所大学校本部同专业学生的交流，提高了机械设计制造及其自动化（中外合作办学）专业与通信工程（中外合作办学）专业学生的跨文化交际能力，实现了专业知识共享，增进了专业知识交流，提升了大学生的综合素质。

6.6 本章小结

本章以河北省转型发展示范院校北华航天工业学院为例介绍了学校“1＋4＋X”数字化螺旋式复合应用型人才培养的具体举措，包括加强专业人才培养、促进政产学研深度融合、加强“双师型”教师队伍建设、提升大学生创新创业能力、培养国际化复合应用型人才等。首先，在加强专业人才培养方面，北华航天工业学院主要通过完善人才培养方案、构建素质拓展平台、加强思想政治引领等几方面举措，提升了各专业人才培养的质量。为了培养社会急需的创新型、复合型、应用型人才，学校在制订 2021 版人才培养方案的过程中，不断完善课程体系建设，促进教学设计创新，提升学生实践动手能力；为实现“1＋4＋X”数字化螺旋式复合应用型人才培养目标，学校以比赛促教学，以项目强技能，以活动练素质，积极构建了多元化数字化素质拓展平台；为实现大学生思想政治水平的不断提升，学校从 5 方面入手，加强对青年大学生的思想政治引领工作，包括充分发挥应用型本科高校党委的主体责任、充分发挥思政课教学立德树人作用、大力加强课程思政建设、努力提升教师队伍思想政治素质、建设校园航天文化等。其次，在促进政产学研深度融合方面，基于共生理论研究视角，学校主要通过加强与政府部门的沟通与合作、加强学校自身顶层设计、加强校企合作与产教融合、创新高效人才培养模式等措施，促使复合应用型人才的培养满足产业、行业、企业等各方面发展需求。其中，在校企融合方面，学校主要通过促进产教融合与产学研用协同教育、邀请企业参与人才培养全过程、建立企业实习实训基地 3 方面措施，螺旋式数字化提升大学生的专业技能与综合素质。为了创新学校“1＋4＋X”数字化螺旋式复合应用型人才培养模式，学校积极开展特色办学，优化专业结构，完善考核机制，学校的办学质量得到不断提升。

再次，在加强“双师型”教师队伍建设过程中，学校不仅重视教师队伍理论素质的提升，而且重视教师队伍实践技能的锻炼。此外，学校也积极推动教师队伍师德师风建设，促进教师综合素质不断提升。接下来，在大学生自身创新创业能力的提升方面，学校积极构建完善的理论教学体系，注重培养大学生的创新创业素质，努力提升大学生的就业能力。为了构建完善的理论教学体系，学校创新教学内容设计、创新教学方案设计、创新教学方法改革；为了培养大学生的创新创业素质，学校鼓励学生积极参与教师项目和社会实践，并在学科竞赛活动中不断提升自己的创新创业素质；为了培养大学生的就业能力，学校不仅注重人才培养方案的修订与完善，而且大力组织学生到企业中开展实习实训，并鼓励学生积极考取职业资格证书。最后，在培养国际化复合应用型人才过程中，学校基于长远战略发展需要和规划，树立国际化复合应用型人才培养意识，制订中外合作办学的人才培养方案，并充分利用数字化平台和远程教育技术加强交流与合作，培养市场需要的、高素质的、优秀的复合应用型人才。通过本章内容的介绍，可以对北华航天工业学院“1＋4＋X”数字化螺旋式复合应用型人才培养模式及其具体实施路径有更加深入的了解，有利于为其他地方本科高校开展转型发展工作和提升复合应用型本科人才培养质量提供借鉴价值。

第7章 结论与展望

7.1 结论

在数字技术快速发展的今天,我国经济发展方式转变、产业结构优化调整及各行业企业在发展过程中遇到的各种问题都需要综合运用专业技术与方法加以解决,这就需要地方应用型本科高校大力培养具有扎实专业基础、优秀专业技能和良好综合素质的高质量复合应用型人才。目前,在地方应用型本科高校,传统的人才培养模式已不能满足数字技术发展背景下市场对应用型人才的需求。推动地方本科高校探索培养满足社会发展和行业企业急需的复合应用型人才是地方应用型本科高校管理者和一线教师在转型发展过程中重点研究和思考的问题。关于应用型本科高校人才培养模式的研究一直都是热点问题。如何完善人才培养方案,制订什么样的课程体系,怎样开展教学设计,采用什么样的教育教学方法,如何提升大学生的专业水平、实践能力、综合素质以实现大学生高质量就业是摆在地方应用型本科高校面前的重要问题。

欧洲国家、美国、日本、韩国、新加坡等国建设应用型本科高校的时间相对较早,已形成了比较完善的应用型人才培养机制。德国采用工学结合为导向的“双元制”人才培养模式;瑞士实施企业、学校和培训中心共同参与人才培养的全方位的“三元制”职业教育模式;英国构建了多层次、系统化的应用人才培养体系;美国实施研讨式和研究型教学;日本、韩国和新加坡也不断推进应用型人才培养模式创新。

进入新时代,我国许多高校教师及专家学者对地方应用型本科高校的人才培养模式进行了积极探索,但仍面临诸多瓶颈。在数字经济发展背景下,为了合理利用各种教学资源,地方应用型本科高校必须努力提升大学生的专业技能与综合素质。因此,结合4个年级大学生不同的成长过程,一体化实现大一至大四不同阶段专业技能与综合素质的协同发展,探索“1+4+X”数字化螺旋式复合应用型人才培养模式,对于缓解严峻就业形势具有突出的现实意义。

本书主要围绕如何建立我国地方应用型本科高校“1+4+X”数字化螺旋式复合应用型人才培养模式和机制的问题进行研究,得出的主要结论如下。

第一,近几年来,我国的地方应用型本科高校发展规模、师资力量建设、教育教学经费投入,以及学科竞赛与学校科技活动方面都得到了较快发展,学校管理制度不断完善,学科建设获得长远发展,人才培养质量不断提升。我国教育部、国家发展和改革委员会、财政部联合发布《关于引导部分地方普通本科高校向应用型转变的指导意见》之后,全国各省地方本科高校纷纷向应用技术型高校转型发展,逐步形成了具有一定特色的应用型本科人才培养模式。但是在转型发展中，各地方本科高校仍存在着专业与课程体系设置不合理、“双师型”教师队伍建设不足，实验室建设相对落后、学生实践能力有待加强等问题。

第二，德国、美国、荷兰、日本、新加坡等国的应用型本科高校已形成了具有自身发展特色的人才培养模式。这些学校在教育教学方法改革、大学生个性化发展、学生实践能力锻炼、国际化人才培养、学生学习成效评价等方面均形成了比较成熟的做法。我国部分地方应用型本科高校虽然不断探索人才培养模式改革，但是在人才培养理念、专业设置模式、课程设置模式、教学内容选择、教学方法使用、教学组织形式、教学评价体系、教学管理模式等方面仍存在一定的问题，需要进一步完善优化和创新突破。

第三，我国地方应用型本科高校人才培养模式具有多样性。各所地方应用型本科高校根据自身特点与优势，探索适合本校人才质量提升的培养模式。无论哪所应用型本科高校在人才培养过程中都坚持以德为先、能力为重、全面发展；弘扬科学家精神，教育引导各类人才矢志爱国奋斗、锐意开拓创新；重视专业核心能力培养；培养学生的实践能力；深化产学研用深度融合；培养学生的创新精神与创业意识；拓展学生的国际视野与跨文化交流能力，最终实现地方应用型本科高校复合应用型人才培养服务地方经济、促进社会发展的目标。

第四，我国地方应用型本科高校人才培养模式仍面临诸多瓶颈。例如，教学内容设置不够合理，教学形式单一；传统的教学方法难以满足数字技术发展背景下青年大学生的能力需求；“双师型”教师队伍建设不足；培养方案中的课程体系建设难以满足产业、行业、企业对应用型人才的需求；大学生创新创业能力与综合素质仍有待提升等。为了解决上述问题，我国地方应用型本科高校从人才培养方案修订与完善、促进政产学研深度融合、加强“双师型”教师队伍建设、培养大学生创新创业能力、拓展大学生国际视野等方面入手，探索人才培养模式创新。

第五，“1＋4＋X”数字化螺旋式复合应用型人才培养模式是地方应用型本科高校为培养区域经济社会发展和行业企业需求的复合应用型人才所提出的一种人才培养模式。在“1＋4＋X”数字化螺旋式复合应用型人才培养模式的构建过程中，河北省地方应用型本科高校应基于“1＋4＋X”模式和数字化模式实现复合应用型人才培养质量螺旋式上升，以管理系统理论、教育生态学理论、共生理论、利益相关者理论等为指导，提出提升人才培养质量的创新性举措。需要注意的是，在复合应用型人才培养过程中，要充分发挥政府引导作用，满足行业企业社会需要，积极建设“双师型”教师队伍。

第六，在“1＋4＋X”数字化螺旋式复合应用型人才培养路径方面，河北省地方应用型本科高校应从大学生专业素质培养、通用素质培养、思想政治素质培养、创新创业能力培养等方面入手，提升大学生的专业技能、实践能力与综合能力。其中，通过“1＋4＋X”数字化螺旋式专业理论知识的学习与专业实践技能的锻炼培养大学生的专业素质；通过“1＋4＋X”数字化螺旋式英语水平的提升、计算机水平的提升和综合素质的引领培养大学生的通用素质；通过基于“大思政课”的高校思政课教学设计与改革、思政元素融入专业课程的教学设计与改革，以及思政元素融入公共必修课程的教学设计与改革培养大学生的思想政治素质；通过“1＋4＋X”数字化螺旋式创新创业课程设计、基于“1＋4＋X”模式的学科竞赛参与、实践，以及基于“1＋4＋X”模式的学生科研项目申报与实践培养大学生的创新创业能力。

第七，构建“1＋4＋X”数字化螺旋式复合应用型人才培养模式的目标是一体化实现大学生从大一至大四不同阶段课程体系建设、教学内容设计、教学方法改革等渐进式发展及大学生专业技能、综合素质的协同发展。一是搭建数字化实践平台，共享教育教学资源、学科竞赛经验、优秀创新创业项目成果等，并通过数字化实践提升大学生实践技能，让实践能力通过数字化平台“亮”出来。二是推动教学方法改革，让课堂氛围“活”起来。三是以就业为导向，全面围绕大学生专业技能与综合素质提升，推动校企合作与产教融合，让大学生在真实项目案例中提升分析问题与解决问题的能力。

第八，近年来，河北省地方本科高校纷纷向应用技术型高校转型发展，河北省高等教育获得长足发展。在地方本科高校转型发展过程中，各高校发展规模日益壮大、师资力量日趋雄厚、经费投入不断增加、专业结构日趋合理。以北华航天工业学院为代表的河北省地方应用型本科高校根据学校发展特色与学生成长特点，结合高等教育教学发展规律，探索“1＋4＋X”数字化螺旋式复合应用型本科人才培养模式。学校在人才培养方案的完善、素质拓展平台的构建、思想政治引领的加强、创新创业能力的提升、国际化复合应用型人才的培养等方面采取了多方面的举措，学生的专业知识、实践技能与综合素质得到了全方位的提升，既有效满足了地方经济和行业企业发展对复合应用型人才的迫切需求，也促进了大学生就业率和就业质量的提升。

7.2 展望

推动人才培养模式改革与创新是新时代地方应用型本科高校提升大学生就业质量的必由之路。为了实现大学生高质量就业，地方应用型本科高校应着力构建“1＋4＋X”数字化螺旋式复合应用型人才培养模式，不断修订与完善人才培养方案，综合采取多方面措施，实现数字化螺旋式培养大学生的专业素质、通用素质、思想政治素质、创新创业能力与职业规划能力。具体来说，地方应用型本科高校人才培养模式的创新与改革可以围绕以下五方面展开。

第一，建设教学内容衔接顺畅、知识深度逐渐递增、能力要求逐渐提升的课程内容体系。

第二，基于建构主义教学设计观创新教学设计，全面贯彻以学生发展为中心、以学习成果为导向的教育理念，构建基于信息化时代以“学”为中心的课程教学体系和基于学习成果导向的教学评价体系。

第三，构建以提升大学生专业能力为主线的“4个四”实践教学体系，包括实践教学内容体系、实践教学环境体系、能力训练体系及实践能力体系。

第四，构建素质拓展平台与数字化实践平台，实现以比赛促教学、以项目强技能、以活动练素质，并充分利用各种数字化实践平台，加强专业实践技能与综合能力锻炼，促进大学生综合素质全面发展。

第五，加强校企合作，建设“双师型”教师队伍，全面提升教师专业水平与实践技能。

为了提升应用型人才培养的质量，各地方应用型本科高校应在“1＋4＋X”数字化螺旋式复合应用型人才培养模式构建的过程中，加强政产学研深度融合，重点提升大学生解决复杂工程项目问题的能力。此外，为实现高质量复合应用型人才培养，各应用型高校需改变传统的育人模式，以学生为中心，一体化、全方位、多渠道通过数字化平台培养复合应用型人才。在“1＋4＋X”数字化螺旋式复合应用型人才培养模式下，地方应用型本科高校可以通过不断完善人才培养方案课程体系、探索教学方法改革、创新教育内容与教学形式等，推动大学生自主学习，促使大学生在专业技能、综合能力与道德素质上获得多元化拓展和全面性发展，从而推进应用型本科人才培养质量螺旋式上升。

本书基于“1+4+X”数字化螺旋式复合应用型人才培养模式，全方位设定大学生本科 4 年人才培养目标，一体化设置专业人才培养课程体系和教学计划，全面提升大学生专业技能、综合素质及其他各项能力，数字化实践专业教学资源、学科竞赛资源及其他各类项目或活动。以北华航天工业学院为代表的我国地方应用型本科高校在现有学科建设与专业建设的基础上，力求调动一切积极因素，实现学生理论知识、实践技能与综合素养的有机融合与共同提升；以提高人才培养质量为目标，以实现大学生高质量就业为导向，以培养社会经济发展和行业企业需要的复合应用型人才为指引，构建“1+4+X”数字化螺旋式复合应用型本科人才培养模式，极具推广应用价值。

参考文献

[1] 雷·海蒙德.数字化商业：如何在网上生存和发展[M].周东，倪正东，关威，译.北京：中国计划出版社，1998.

[2] 孙成志，刘明霞.管理学[M].5版.大连：东北财经大学出版社，2014.

[3] 习近平.习近平谈治国理政：第二卷[M].北京：外文出版社，2017.

[4] 吴林富.教育生态管理[M].天津：天津教育出版社，2006.

[5] 潘强，许钟元，刘旭.高校网络思想政治教育生态系统构建研究[M].北京：中央编译出版社，2019.

[6] 任凯，白燕.教育生态学[M].沈阳：辽宁教育出版社，1992.

[7] 贺祖斌.高等教育生态论[M].桂林：广西师范大学出版社，2005.

[8] 胡春蕾，黄文龙.高等教育生态视角下的高校人才培养模式探索[J].内蒙古社会科学：汉文版，2013(1)：152-156.

[9] 郭庆，海莺，徐翠锋等."三维四层"跨学科复合应用型人才培养模式的探索与实践[M].西安：西安电子科技大学出版社，2021.

[10] 袁纯清.共生理论及其对小型经济的应用研究(上)[J].改革，1998(2)：101-105.

[11] Leydesdorff L, Meyer M. The Triple Helix of University-Industry-Government Relations[J]. Scientometrics，2003，58(2)：191-203.

[12] 弗里曼.战略管理：利益相关者方法[M].王彦华，梁豪，译.上海：上海译文出版社，2006.

[13] 罗索夫斯基.美国校园文化：学生·教授·管理[M].谢宗仙，周灵芝，马宝兰，译.济南：山东人民出版社，1996.

[14] 章跃，朱永江.工程应用型本科教育内涵及其人才培养模式建构[J].国家教育行政学院学报，2009(7)：7-9，39.

[15] 周碧琼，曹石珠，黄敏.应用型本科高校产教融合动力机制探析[J].湖南学院学报，2020，41(6)：102-106.

[16] 教育部，国家发展改革委，财政部.关于引导部分地方普通本科高校向应用型转变的指导意见[EB/OL].http://www.moe.gov.cn/srcsite/A03/moe_1892/moe_630/201511/t20151113_218942.html.

[17] 张德祥，王晓玲.学科知识生产模式变革与"双一流"建设[J].江苏高教，2019(4)：7-14.

[18] 布鲁纳.教育过程[M].上海师范大学外国教育研究室，译.上海：上海人民出版社，1973.

[19] 邓子娟，张小兵.雇主视角下大学生就业能力的质性研究[J].扬州大学学报：高教研究版，2021(5)：91-98，112.

[20] 覃福祥.谈谈如何培养班干部的组织管理能力[J].教育界，2018(5)：10，24.

[21] 余姿.贫困大学生人际交往能力现状探析[J].现代交际，2013(4)：204-205.

[22] 赵祉霖.本科类院校学生职业规划能力的现状调查及对策研究[J].科技资讯，2016(4)：121-122.

[23] 王翠萍.大学生思想政治素质的整体性及启示[J].学术论坛，2012(3)：198-202.

[24] 习近平.在同各界优秀青年代表座谈时的讲话[N].人民日报，2013-05-05.

[25] 邢鹏飞.当前大学生思想政治素质实证研究[J].江西师范大学学报：哲学社会科学版，2014(1)：34-43.

[26] 习近平.思政课是落实立德树人根本任务的关键课程[J].求是，2020(17)：4-16.

[27] 中共中央宣传部.习近平新时代中国特色社会主义思想学习问答[M].北京：学习出版社，2021.

[28] 中共中央马克思恩格斯列宁斯大林著作编译局.列宁全集：第45卷[M].北京：人民出版社，

2017：240.

[29] 吴婷，曾一帆，曾立基.基于 AHP 的应用型高校大学生创新创业能力评价研究[J].江西青年职业学院学报，2015(6)：21-24.

[30] 孔祥超，大学生学科竞赛与专业教育的耦合[J].文教资料，2020(36)：197-198.

[31] 陈建西，刘纯龙.项目管理学[M].成都：西南财经大学出版社.2005.